Jürgen Wipfler

Geheimnisvolle Kraichgausagen

Eine abenteuerliche Zeitreise durch die Sagenwelt des Kraichgaus – mit Erklärung und Kommentierung

verlag regionalkultur

Titel:	Geheimnisvolle Kraichgausagen
Untertitel:	Eine abenteuerliche Zeitreise durch die Sagenwelt des Kraichgaus – mit Erklärung und Kommentierung
Autor:	Jürgen Wipfler
Umschlag:	Charmaine Wagenblaß, Melina Lamadé (vr)
Satz:	Melina Lamadé (vr)
Herstellung:	verlag regionalkultur (vr)

ISBN 978-3-95505-423-6

Bibliografische Information der Deutschen Bibliothek
Die Deutsche Bibliothek verzeichnet diese Publikation in der Deutschen Nationalbibliografie; detaillierte bibliografische Daten sind im Internet über http://dnb.de abrufbar.

Diese Publikation ist auf alterungsbeständigem und säurefreiem Papier (TCF nach ISO 9706) gedruckt entsprechend den Frankfurter Forderungen.

Weitere Bände zur Sagenwelt des Schwarzwaldes sind in Vorbereitung.

Ubstadt-Weiher • Heidelberg • Speyer • Stuttgart • Basel

Verlag Regionalkultur GmbH & Co. KG
Bahnhofstraße 2 • D-76698 Ubstadt-Weiher
Tel. 07251 36703-0 • *Fax* 07251 36703-29
E-Mail kontakt@verlag-regionalkultur.de
Internet www.verlag-regionalkultur.de

Inhaltsverzeichnis

Vorwort

Die Sagen des Kraichgaus erzählen von abenteuerlichen Erlebnissen, von unerklärlichen Vorgängen wie auch von Geld- und Liebesdingen. Da finden sich Erzählungen von verborgenen Schätzen, es gibt Sagen von Gespenstererscheinungen, vom Hexenglauben und Aberglauben, vom Gold der Alchemisten, von Freimaurern sowie von berühmten Gestalten wie Goethe, Philipp Melanchthon und Doktor Faust. Diese geheimnisvolle Welt samt ihren historischen Gemäuern, ihren Erlebnissen und Hoffnungen machen den besonderen Reiz der Sagen aus. Und – die Ereignisse der Sagen sollen sich tatsächlich zugetragen haben.

Dieses Buch möchte die Sagen unserer Gegend lebendig werden lassen, indem es diese Geschichten erklärt und kommentiert. Dabei geht es weniger um literaturwissenschaftliche Fragestellungen, sondern es geht um den zentralen Inhalt dieser Überlieferungen, um die rätselhaften Erlebnisse, die die Menschen gemacht haben. Gibt es derartige Ereignisse wirklich? Sind sie tatsächlich übersinnlich, unerklärlich? Gibt es auch heute Menschen mit derartigen Erlebnissen? Es gibt aktuell Wissenschaftler aus den Grenzgebieten der Psychologie und der Anomalistik, die sich mit diesen Phänomenen beschäftigen. Von ihren Forschungsergebnissen und Theorien wird berichtet. Alte Sagen und moderne Forschung kommen auf diese Weise zusammen.

Die Sage erzählt also von Ungewöhnlichem und erhebt den Anspruch, geglaubt zu werden. Wie steht es um die Glaubwürdigkeit der Sagen? Wagen wir es und vergleichen unsere Sagen mit dokumentierten Parallelen aus damaliger und heutiger Zeit. Es ist erstaunlich, was es hierzu an kaum bekannten Dokumenten gibt. Der Verfasser behauptet, was die Sage erzählt, kann sich durchaus so ereignet haben. Viele ihrer außergewöhnlichen und übersinnlichen Phänomene gibt es tatsächlich. Auch heute noch.

In diesem Buch wird der Versuch gemacht, Sagen nach Ihrer Entstehungszeit aufzureihen. Wir kommen so zu einer Zeitreise durch die Welt der Kraichgausagen, streifen entlang dem Fluss der Zeit durch die Jahrhunderte, in denen die Ereignisse der Sagen stattgefunden haben bzw. die Sagen entstanden sind. Es kommt zu eindrucksvollen Begegnungen mit Menschen und ihren Erlebnissen. Unsere literarische Reise beginnt mit Sagen aus den ersten Jahrzehnten des 20. Jahrhunderts. Dann geht es weiter durch die vielfältige Sagenwelt des 19. Jahrhunderts, durch die Zeit der Romantik zur Renaissance, ins Mittelalter und noch weiter zu

Sagen aus ganz alten Zeiten. Die Zeitangaben zu den Sagen befinden sich neben der Überschrift. Die grau unterlegten Texte sind die Sagen, danach folgen die Erklärungen.

Das Buch verwendet den großen Kraichgaubegriff. Das ist im Norden der Bereich bis nahe Heidelberg und im Osten der Bereich bis zum Neckar. Im Süden bildet die Linie Karlsruhe – Pforzheim den Übergang zum Schwarzwald. Zusätzlich wurden einige Legenden aus den angrenzenden Gebieten aufgenommen. Insgesamt wurden 100 Sagen und Geschichten ausgewählt und kommentiert. Der Verfasser wünscht Ihnen eine spannende Reise durch die geheimnisvolle Sagenwelt des Kraichgaus. Die Reise beginnt mit einem Schatzgräberabenteuer.

Jürgen Wipfler
Ettlingen, im Oktober 2023

SAGEN AUS NEUERER ZEIT

1929 Schatzsuche im alten Schloss

Die folgende Geschichte hat sich 1929 in M. begeben. In diesem Dorfe wollte man wissen, dass im Keller des alten Schlosses ein Schatz vergraben liege, der unter bestimmten Bedingungen zu heben sei. Der Keller müsse aufgegraben werden, die letzte Platte dürfe aber erst in der Neujahrsnacht beim Zwölfuhrschlagen gehoben werden; allerdings müsse der, der diesen letzten, unheimlichen Akt vollziehe, sterben. Keiner wollte sich opfern, und sie nahmen die Platte schon vorher weg. Ihre Enttäuschung, als sie kein Geld fanden, war wohl nur halb so groß, da sie die letzte Bedingung zur Hebung des Schatzes nicht erfüllt hatten.

Kein Gold. Kein Silber. Aber eine aufregende Schatzsuche im alten Schloss war es. Diese mitternächtliche Geschichte soll sich 1929 in dem Kraichgauort „M." begeben haben. Überliefert wurde der Text nur vier Jahre später von dem Heimatforscher Carl Krieger. Der Ort wurde von ihm mit „M." anonymisiert, um damals Aufsehen zu vermeiden.

Immer ist es eine ungewöhnliche Welt, die uns in den Sagen begegnet. Hier wird erzählt, dass im Keller eines alten Schlosses ein Schatz vergraben sei. Ist das realistisch? Es wurden immer wieder Wertsachen vergraben, vor allem in Kriegszeiten. Daher war es nicht aussichtslos, nach Schätzen zu suchen. Doch woher kommen die rätselhaften Ansichten von den bestimmten Bedingungen, von der Neujahrsnacht und dem Zwölfuhrschlagen? Die Antwort findet sich in der Zeit der großen Schatzgräberabenteuer des 16. bis 18. Jahrhunderts. Die Schatzsuche war damals neben den rechtlichen Themen (was ist ein Schatz[1], wem gehört juristisch der Schatz?) zugleich ein Erlebnis übersinnlicher Art. Dazu gehörte die Ansicht, dass es für eine Schatzhebung günstige Zeiten gibt, die der erfolgreiche Schatzgräber kennen muss. Das sind z. B. die Johannisnacht (24. Juni) und die Silvesternacht. Dies gehört zu den bestimmten Bedingungen, von der diese Sage spricht. Mitternacht und vor allem die Silvesternacht, das sind Wendepunkte der Zeit. In diesen Zeiten galten Schätze als leichter zugänglich. Das Ungewöhnliche an dieser Sage ist, dass in der Gegenwart des 20. Jahrhunderts dieses alte Denken und Treiben immer noch präsent war.

Weitere Ansichten der alten Schatzsucher waren: ein unterirdischer Schatz kann auf übersinnliche Weise wandern, insbesondere plötzlich in die Tiefe sinken oder aus der Tiefe bis zur Erdoberfläche aufsteigen und sichtbar werden; er konnte sich sogar vorübergehend in wertloses Material verwandeln, z. B. in Kohle oder Steine. Diese Ansichten gab es tatsächlich. Ebenfalls zu den besonderen Bedingungen gehörte ein strenges Schweigegebot während der Schatzhebung, das im obenstehenden Text jedoch nicht erwähnt wurde.

Die Vorgänge des Seelischen (Unbewussten) entziehen sich häufig der Vernunft. Bei unseren Schatzgräbern trafen sich der Glaube an das Übersinnliche und die Hoffnung, reich zu werden. Doch war hierzu im Volksglauben überliefert, dass gelungene Schatzhebungen kein Glück bringen, oder gar, dass der Schatzgräber bald sterben müsse, wenn er Erfolg hat. Man mag das alles als abergläubischen Unsinn ansehen. Doch galten damals Begegnungen mit der übersinnlichen Welt als risikobehaftet; das war bekannt aus vielfältiger Lebenserfahrung. Die Bedenken der Schatzsucher vom Schloss „M." erscheinen daher glaubhaft. Manchmal wurde tatsäch lich Gold gefunden, wie In der nächsten Geschichte zu sehen ist.

Hier, im Schloss Michelfeld, da könnte die Schatzsuche gewesen sein

1921

Das Gold unter der Diele

Eine Bäuerin aus G. erzählte: „Meine Mutter starb, ohne uns vorher sagen zu können, dass sie Goldstücke unter der Diele ihrer Schlafkammer versteckt habe. Mehrfach kam sie nachts wieder und versuchte jammernd, die Diele zu heben. Mein Bruder fasste sich ein Herz, holte das Geld hervor und meine Mutter kam nicht wieder.“

Mit so etwas muss man erst einmal klarkommen. Menschen erleben immer wieder Außergewöhnliches, auch heute ist das noch so. Die Erbin in unserer Geschichte hat wiederholte Erscheinungen ihrer verstorbenen Mutter, mit immer demselben Verlauf. Solche Erlebnisse werden aus allen Zeiten überliefert. Es sind Geschichten, die die einen erschrecken und über die andere lachen. Spielt uns bei diesen Erlebnissen das Gehirn einen Streich?

Meist enthalten Sagentexte mehr, als auf den ersten Blick erkennbar ist. Zunächst ist zu sehen, dass es bei dieser Geschichte nicht ein anonymer Sagenerzähler ist, der das Erlebnis überliefert, sondern die betroffene Person selbst, mag es eine Bäuerin aus Gochsheim oder Gondelsheim gewesen sein. Beginnen wir mit unseren Untersuchungen dort, wo die Spuren dieser Sage aufhören – bei den Goldmünzen.

Goldmünzen sind Gegenstände von hohem Wert, sie waren gesetzliche Zahlungsmittel in Deutschland bis zum Ausbruch des Ersten Weltkriegs.[1] Wer damals solche Münzen versteckte, hatte sein Geld durch die Zeit der Kriege und der Inflation gebracht. Das Papiergeld wurde immer weniger wert, bis 1923 die Währung völlig zusammenbrach. Das ist der Zeithintergrund dieser Sage. Damit ist auch das Motiv erkennbar, warum die Bäuerin ihre Münzen versteckt hatte.

Wir können als nächstes den Erlebnissen der beiden Geschwister nachgehen, den Erben der Münzen. „Mein Bruder fasste sich ein Herz …“, heißt es. Die wiederholten Erscheinungen der verstorbenen Mutter haben die Geschwister emotional mitgenommen, sie können zudem bei den Betroffenen das Weltbild ins Wanken bringen. Lassen sich die Erscheinungen erklären? Der rational eingestellte Kritiker kann als „Erklärung“ vorbringen, die Vorgänge seien Hirngespinste oder Zufall. Doch andere Ansichten sind denkbar. Lassen wir zunächst die Frage beiseite, ob es Geister gibt, und beschäftigen uns stattdessen mit der Wirkung dieser Vorgänge auf die Betroffenen. Die Erscheinung wurde als identisch mit der Mutter erkannt, sie zeigte sich in menschlicher Gestalt, nicht nebelhaft. Es ging um Unerledigtes. Die Erscheinungen hörten dann auf, als man ihre Botschaft verstand: die versteckten Münzen zu heben. Das ist der Kern dieser Geschichte. Das versteckte Geld wurde tatsächlich gefunden. Was die Bäuerin sah, waren keine Hirngespinste.

Die Erscheinung war etwas Nichtmaterielles, denn sie hinterließ keine physischen Spuren, sie konnte z. B. die Dielen nicht anheben. Wie solche Erscheinungen zustande kommen, das ist eine spannende Frage. Es könnte sich um die Seele der verstorbenen Mutter handeln. Oder um etwas, das trotz ihres Todes noch am Irdischen gebunden blieb. Das wären übernatürliche „Erklärungen“. Heute gibt es Wissenschaftler, die sich derartiger Fragen annehmen. Ihre Forschungsgebiete nennen sich Anomalistik und Parapsychologie. Wir werden ihren Forschungsarbeiten mehrmals begegnen.

Es gibt eine weitere Erklärungsmöglichkeit: ungewöhnliche Vorgänge müssen nicht zugleich übernatürlich sein. Die Erscheinungen lassen sich auch als Bewusstseinsvorgänge erklären. Wir können damit eine Erklärung geben, die mit unserem heutigen Weltbild vereinbar ist. So ist denkbar, dass die Tochter in frühkindlicher Zeit ihre Eltern über Goldmünzen und deren Versteck sprechen hörte. Etwas, das aus ihrer Erinnerung völlig entschwunden war. Jetzt, im Zusammenhang mit dem aufwühlenden Todesfall, versucht das Unterbewusstsein der Erbin, ihr dieses Gold-Thema wieder bewusst zu machen. Das Bild der Mutter ist im eigenen Inneren der Tochter vorhanden, es kann daher als Erscheinung (wie ein Traumbild) nach außen projiziert werden.[2] All diese Erklärungen werden für die Erben nicht so wichtig gewesen sein. Hauptsache war, dass sie die Münzen gefunden haben und die Erscheinungen aufhörten. Das alles ist trotz der Aufregungen ein gutes Ende. Ob die beiden Erben in ihrer Erbschaftssteuererklärung die nachträglich gefundenen Goldmünzen angegeben haben?

1910

Spuk in Doktor Fausts Geburtshaus

Im Geburtshaus Fausts in Knittlingen wollte man früher zur mitternächtlichen Stunde ein beängstigendes Rumoren des Faust gehört haben. Aber es stellte sich schon vor Jahrzehnten als das Rasseln der alten Turmuhr heraus.

Es gibt Persönlichkeiten in der Kulturgeschichte, die auch nach Jahrhunderten nichts von ihrer Faszination eingebüßt haben. Zu ihnen zählt der Doktor Faust, eine der berühmten Persönlichkeiten des Kraichgaus. Unsere Geschichte vom spukenden Faust mit seinem unheimlichen Rumoren in Knittlingen hat Karl Weisert 1968 in seinem *Heimatbuch Knittlingen* im Kapitel „Von alten Sagen, Aberglauben und altem Brauchtum" überliefert.

Nicht jede Sage hat etwas Übersinnliches als Ursache, sondern kann, wie man sieht, sich auch als einfacher Irrtum erweisen. Immerhin, den geheimnisvollen Doktor Faust – der Magier, Astrologe und Alchemist – den hat es wirklich gegeben. Er war in der Zeit von ca. 1480 bis 1540 unterwegs, auch in unserer Gegend. Faust ist immer für eine abenteuerliche Geschichte gut, doch hier war es nichts mit faustischem Spuk. Das mitternächtliche Rumoren in Fausts Geburtshaus hatte eine natürliche Ursache, es kam von der Turmuhr der Kirche, die neben Fausts Geburtshaus steht – eine Erklärung, die einen vielleicht etwas schmunzeln lässt.

Gegenüber dieser Kirche befindet sich heute das sehenswerte Faust-Museum mit Exponaten zu Faust als historischer Persönlichkeit, sowie Faust als Sagengestalt und Faust in der Dichtung Goethes. Aus Knittlingen ist ein notarieller Kaufbrief erhalten aus dem Jahr 1542, der dieses Gebäude neben der Kirche als das Geburtshaus Fausts bezeichnet. In diesem Haus wurde ein seltsamer Wandschrank gefunden, sowie ein kleiner Zettel, der die magische Sator-Arepo-Formel zeigt. Das ist ein Buchstabenquadrat, das im Volksglauben als Amulett verwendet wurde, z. B. zur Abwehr von Hexen. Auch sind an diesem Wandschrank die Zeichen der vier Elemente angebracht, die Zeichen für Feuer, Wasser, Erde und Luft. Das alles sind dingliche Zeugnisse des Glaubens früherer Zeit.

Es sind zugleich Zeichen, die von Magiern, Astrologen und Alchemisten verwendet wurden, zu denen Faust gehörte. Diese kleine Sage um Fausts Geburtshaus hat als Hintergrund einiges zu bieten, auch wenn für das Rumoren letztlich eine natürliche Ursache gefunden wurde.

Knittlingen, Faust-Museum

SAGEN AUS DEM 19. JAHRHUNDERT

1894

Im Wandel der Zeit

In der Silvesternacht hörten manche Leute in der Gemeindekelter von Eichelberg ein starkes Geräusch. Das war der Keltergeist, ein alter weißbärtiger Mann, der eine lange Pfeife raucht und ein Keltermesser trägt. Das Erscheinen dieses Geistes kündigt ein gutes Weinjahr an.

Was im Leben einmal war, das kommt nicht mehr zu uns zurück. Doch für dieses Etwas, das in der Kelter spukt, ist es, als wäre die Zeit stehengeblieben. Es scheint, als wäre der freundliche Keltermeister immer noch irgendwie hier.

„In der Silvesternacht …“, so beginnt diese Sage. Silvester wie auch Neujahr gehören zur Übergangszeit (Wendezeit) zwischen den Jahren. Im Volksglauben ist das eine Zeit, in der übersinnliche Begegnungen leichter möglich sind, in denen vielleicht sogar ein Einblick ins Jenseits möglich ist. Ein starkes Geräusch in der Kelter, ein Klopfen oder was immer es war, wird von den Leuten als vom Keltergeist verursacht gedeutet. Dies zeigt, dass die früheren Erscheinungen des alten Mannes mit Pfeife, Bart und Keltermesser im Ort bekannt waren (Erwartungshaltung). Ebenso war die Deutung des Spuks als Voraussagung eines guten Weinjahres im Ort bekannt.[1]

Über derartige Geschichten ist schon viel geschrieben worden. Doch sind die Geister in derartigen Erzählungen real? Die Begriffe Geister, Gespenster und Spuk werden heute umgangssprachlich meist synonym verwendet. Eine kritische Sicht zu diesen Dingen hat die Naturwissenschaft. Überraschend mag trotzdem sein, dass derartige Vorgänge heute ein wissenschaftlich interessantes Phänomen geworden sind. Es gibt Wissenschaftler der Parapsychologie und der Anomalistik, die sich Menschen mit derartigen Erlebnissen annehmen. Von ihnen wird der Begriff „Geistererscheinung“ bevorzugt, wobei dieses Wort mehr auf die

Erfahrung des Phänomens (Erscheinung) Wert legt, unabhängig davon, ob es wirklich Geister gibt. Einen Überblick zum derzeitigen Stand der Forschung bietet das Handbuch der wissenschaftlichen Anomalistik: *An den Grenzen der Erkenntnis* (2015), insbesondere das Kapitel „Erscheinungen" (S. 188ff.), bearbeitet von Gerhard Mayer und Eberhard Bauer.[2] Darin heißt es: „Die Erfahrung einer Geistererscheinung gleicht der Wahrnehmung einer Person, eines Tieres oder eines unbelebten Objekts, wobei der entsprechende Gegenstand dieser Wahrnehmung physikalisch nicht präsent ist." Menschen sehen also etwas, das in unserer (diesseitigen) Welt physisch nicht existiert. Die Fragen sind: Sind Geister Wesen, die objektiv in unserer Welt auftauchen können, oder sind diese Erscheinungen Gebilde unserer Fantasie bis hin zu krankhaften Halluzinationen?

Die Wissenschaft weiß, dass sie nicht alles weiß. Doch Geister passen nicht in ihr naturwissenschaftliches Weltbild. Sie entziehen sich jeglicher wissenschaftlicher Kontrolle, damals wie heute. In den Jahren und Jahrzehnten vor 1894 war die Menge an wissenschaftlich gesichertem Wissen zum Bereich des Übersinnlichen gering. Das begann sich zu ändern. Parallel gab es damals weitere erstaunliche Forschungsergebnisse: Wilhelm Conrad Röntgen entdeckte 1895 die unsichtbaren Röntgenstrahlen. Ab 1896 gab es eine Aufregung in der Wissenschaft, als entdeckt wurde, dass das Element Radium sich in Radon umwandelt, wobei man bisher davon ausging, dass die Elemente unveränderlich seien.

Damals, 1894, wurde von englischen Wissenschaftlern eine Forschungsarbeit zum Thema Erscheinungen veröffentlicht, der *Census of Hallucinations*[3]. Begründet wurde diese Forschungsarbeit von der englischen Gesellschaft für psychische Forschung, der Society for Psychical Research (S.P.R.), gegründet 1882. Der Census der S.P.R. legte besonderen Wert auf „verdical hallucinations", also wahrheitsgetreue Halluzinationen, die innerhalb einer bestimmten Zeitspanne mit einem „äußeren" (objektiven) Ereignis im Leben des Berichterstatters signifikant übereinstimmen, worunter auch Erscheinungen fielen.[4] Aus neuerer Zeit stammt die Fallsammlung über Erscheinungen von C. Green und C. McCreery (1975) mit 850 Fällen aus den Jahren 1968 bis 1974 in Großbritannien. Eine Fallsammlung von Erlendur Haraldsson[5] mit 337 neuen Fällen wurde 2009 veröffentlicht. Vorfälle, von denen uns die Sagen erzählen, wie Spuk und Erscheinungen, werden auch heute erlebt.

Die Wissenschaftler, die das sog. Übersinnliche erforschen, nennen ihr Forschungsgebiet Parapsychologie bzw. Anomalistik. Die klassischen

Forschungsfelder der Parapsychologie sind die Außersinnliche Wahrnehmung (ASW) und die Psychokinese (PK). Zur Außersinnlichen Wahrnehmung zählen Gedankenübertragung, Hellsehen sowie der Blick in die Zukunft. Zur Psychokinese rechnet vor allem der Spuk. Mit „Para“ wird ausgedrückt, dass es um etwas geht, das über das Gewöhnliche (das Naturgesetzliche) hinausgeht oder neben ihm hergeht. Die Bezeichnung Parapsychologie wurde von dem Professor der Psychologie Max Dessoir 1889 vorgeschlagen, also etwa zu der Zeit unserer Sage. Untersucht wurde in dieser Zeit: Gibt es derartige Vorfälle wie z. B. Erscheinungen und Wunderheilungen tatsächlich oder basiert das alles auf Zufall, Irrtum, Hirngespinsten oder Betrug? Falls es diese Vorgänge gibt, falls sie „echt“ sind, können wir sie erklären? Über die an diesen Fragen arbeitenden Forschungsgesellschaften sowie die Sicht ihrer Kritiker wird für den interessierten Leser im Anhang berichtet.[6]

Bibliothek des IGPP in Freiburg

In der Spinnstube von Bretten

1885

Bei einem Brettener Vorsetzabend wollte der Gastgeber noch spät in der Nacht in den Keller, um Most zu holen. Er kam mit großem Schrecken in die Stube zurück und erzählte, dass ihm im Keller ein Geist eine heftige Ohrfeige versetzt habe. Als die Gäste das nicht glauben wollten und ihn auslachten, gingen zwei beherzte junge Männer in den Keller, wo ihnen das gleiche geschah. Schließlich getraute sich niemand mehr, in den Keller zu gehen.

Diese Sage führt uns in eine Spinnstube nach Bretten. Die Spinnstuben (auch Kunkelstuben oder Vorsetz genannt) waren damals ein beliebter Treffpunkt der Dorfbewohner, vor allem der jungen Leute. Dabei wurden an den Spinnrädern Garnarbeiten erledigt, danach gesungen, getanzt und Geschichten erzählt. Beliebt waren Geistergeschichten. Es wurde von Selbsterlebtem berichtet sowie alte Geschichten weitererzählt. Von guten Erzählern konnten solche Geschichten ins Unheimliche gesteigert werden. So wurden in den Spinnstuben manchmal ungewöhnliche Erlebnisse zu haarsträubenden Sagen weiterentwickelt. Wir haben einen Sagenschatz, der aus vielen Sagen mit einer Nähe zur Wirklichkeit besteht und Sagen, die die Fantasie zu Gruselgeschichten weiterentwickelt hat – so wie diese Sage von Bretten.

Wir können kurz einen Blick auf die Erzählsituation werfen. Da sind die (meist unbekannten) Sagenerzähler, da sind die Zuhörer, dazu die Anlässe und Orte, bei denen Sagen erzählt werden – wie hier in einer Spinnstube. Die Erzählsituation in den Spinnstuben ist eine andere als im Kreis der Familie. Auch die Einstellung der Zuhörer ist interessant: Wird an die Wahrheit dieser erzählten Geschichten geglaubt oder halten die Zuhörer diese Sagen für objektiv unwahr?

Was in der Sage vom nächtlichen Brettener Vorsetzabend passiert sein soll, heißt „Geisterohrfeigen". Es müsste allerdings ein übelgelaunter Geist gewesen sein, der an diesem Abend plötzlich im Keller als ungebetener Gast auftaucht und als Spuk Menschen erschreckt. So etwas ist – das wissen wir heute aus der parapsychologischen Forschung – für Spuk untypisch. Gerade wenn ein Beobachter am Spukort diese Vorgänge untersuchen möchte (wie hier die „beherzten" Männer), dann spukt es gerade nicht. Sehr wahrscheinlich haben sich die Männer in der Brettener Spinnstube auf Kosten der Mädchen diesen Gespenster-Unfug einfallen lassen, um ihnen einen Schrecken einzujagen.

Spinnstubentreffen waren nicht immer gern gesehen, als „Brutstätten des Aberglaubens" wurden sie bezeichnet. Doch das Erzählen der entsetzlichen Geschichten hatte einen Vorteil: die jungen Damen waren den Anträgen der jungen Männer auf Begleitung für den Heimweg nicht abgeneigt.

Schloss Gochsheim („Der Schlosshund von Gochsheim" →)

Der Schlosshund von Gochsheim

1883

Der Schlosshund von Gochsheim umkreist nachts die Stadt. Mehrere Leute, die von der Vorsetz heimgingen, sahen ihn in verschiedenen Ortsteilen. Er geht auch im Schloss um und hat goldene Glocken umgehängt.

Manchmal spukt es doch! Vielleicht sogar in Gochsheim in seinen verwinkelten Gassen. Sagen von umgehenden Hunden sind nicht ungewöhnlich. Was dabei zu sehen ist, sind allerdings nicht verstorbene Hunde, sondern es sollen Seelen von Menschen sein, die früher hier gelebt haben, die ihrer Verfehlungen wegen etwas abzubüßen haben. Die Aspekte ihres Charakters zeigen sich in der Tiergestalt, z. B. als Kröte oder als Hund. Die in der Sage genannten Leute nehmen dieses Etwas, das spukt, als Gestalt eines Hundes wahr. Es ist eine Erscheinung und kein materieller Hund, der da gesehen wurde. Die Glocken aus Gold haben etwas mit den Verfehlungen des Verstorbenen zu tun (z. B. Betrug mit Gold). Es zeigt sich so etwas wie die langen Schatten der Vergangenheit, die einen Menschen nicht loslassen. Diese Vorstellungen gehören zum Geisterglauben des 19. Jahrhunderts und sind zugleich ein seit Jahrhunderten existierender Volksglaube.

Von dem armen Schlosshund von Gochsheim gibt es eine weitere Sage, in der dieser Hund mit Augen, die tellergroß sind, geschildert wird. Er zieht eiserne Ketten hinter sich her, die schrecklich klirren, und das Schlosstor springt von alleine auf, wenn er darauf zugeht. Hier ist zu erkennen, wie sich eine Sage in den Spinnstuben zu einer völlig überdrehten Spuksage „weiterentwickeln" kann. In der zuvor erwähnten Forschungsarbeit „Census of Hallucinations" wurden 25 Berichte von Erscheinungen von Tieren erfasst. Berichte von Tierspuk gibt es, wie man sieht, nicht nur in den Sagen.

1880

Die Wasserguckerin von Zeutern

Um 1880 hauste in Zeutern eine Frau, die unter dem Namen „Wasserguckerin“ bekannt war. Dieser Frau sagte man eine Art „Zweites Gesicht“ nach, jedenfalls betrieb sie mit Hilfe eines Glases Wasser die Kunst des Wahrsagens. Sie stellte ein mit Wasser gefülltes Glas auf den Tisch, setzte sich davor, wisperte in das Glas hinein, worauf sich das Wasser trübte. Augenzeugen berichteten seinerzeit, dass das Wasser auch manchmal aufgesprudelt sei. Wie das immer so geht, wenn man keine natürliche Erklärung weiß, so geriet die Frau in den Verdacht, mit dem Bösen im Bunde zu stehen. Einige Besucher behaupteten, jedes Mal, wenn die Alte die Kunst des Wahrsagens ausübte, schaue der leibhaftige „Gottseibeiuns“ aus dem Speicherfenster heraus.

Der Zulauf zur Zeuterner Wasserguckerin aus der ganzen Umgebung war groß. Die Geistlichen in Zeutern, Odenheim, Eichelberg, Elsenz usw. hatten ihre liebe Not mit der Wasserguckerin. Ihr Gebaren wurde als krasser Aberglaube abgetan.

Die Kundschaft der Wasserguckerin bestand zum größten Teil aus Liebespaaren, die wissen wollten, ob es zur Eheschließung kommt, wie sich die Ehe, die Zukunft usw. gestalten wird. Selbst Geschäftsleute nahmen die Hilfe der Wasserguckerin in Anspruch. Sie fragten an, ob es sich lohne, in eine Sache Geld hineinzustecken. Die alten Berichte sagen nun, dass die Wasserguckerin in manchen Fällen die Wahrheit traf.

So erstaunlich es klingen mag, derartiges gibt es tatsächlich. Zu dieser Sage sind dokumentierte Parallelfälle bekannt. Als „Kristallsehen" wurden damals solche Verfahren bezeichnet. Kristalle oder mit Wasser gefüllte Gläser oder spiegelnde Flächen spielten dabei eine Rolle. So beschreibt Theobald Kerner in seinem Buch *Das Kernerhaus und seine Gäste* (1897) die Tätigkeit einer Wasserschauerin aus der Nähe von Weinsberg.[1] Die Schriftstellerin Adelma von Vay veröffentlicht 1877 *Visionen im Wasserglas*, der französische Psychiater Pierre Janet (1859–1947) beschäftigte sich mit diesen Phänomenen, ebenso wie englische und deutsche Parapsychologen.[2]

Die Wasserschauerin aus Zeutern hat es wirklich gegeben. Sie hat – wie der Leiter des Projekts *Zeuterner Sagen* des Heimatvereins Ubstadt-Weiher, Theodor Stengel, dem Autor mitteilte – vermutlich im Vorderen Gässchen gewohnt. Ihr Name war leider nicht mehr zu ermitteln, doch gab es früher ältere Personen, die noch über sie gesprochen haben.[3]

Der Frau aus Zeutern sagte man eine Art „Zweites Gesicht" nach, heißt es zu Beginn der Sage. Dieser Begriff wird meist synonym mit „in die Zukunft sehen" gebraucht. In der Sage soll diese Bezeichnung erklären, warum die Frau die Zukunft voraussagen konnte. Das mit Wasser gefüllte Glas diente ihr als Hilfsmittel, um in einen abgesenkten Bewusstseinszustand zu kommen. Das ist ähnlich wie bei einer Selbsthypnose durch die Fixationsmethode. Heute ist das alles gut bekannt. Das gefüllte Wasserglas wird intensiv angeschaut, bald zeigen sich geübten Personen Bilder oder ganze Handlungen auf der Wasseroberfläche. Die Wasserguckerin hat diese visualisierten Denkvorgänge, die aus ihrem Unterbewusstsein aufsteigen, zu deuten.

In der Sage geht es auch darum, wie sich diese seltsamen Vorgänge erklären lassen. Da eine natürliche Erklärung damals nicht gegeben werden konnte, musste der Teufel dafür herhalten, „der leibhaftige Gottseibeiuns", wie es in der Sage heißt. Die Frau gerät in den Verdacht, mit dem Bösen im Bunde zu stehen. Der Teufel schaut sogar aus dem Speicherfenster heraus, wenn die Frau sich mit dem Wahrsagen beschäftigt. Und das Wasser soll sich getrübt haben, ja manchmal aufgesprudelt sein. Hier sind in die Erzählung wieder phantastische Behauptungen hineingeraten. Heute bevorzugen die Wissenschaftler eine natürliche Erklärung: durch den abgesenkten Bewusstseinszustand können (evtl. zuvor paranormal erhaltene) Bilder und Eindrücke aus dem Unterbewusstsein der Wasserguckerin in ihr Wachbewusstsein aufsteigen. Außerdem: Jeder, der mit Menschen zu tun hat, z. B. jeder Gastwirt, Friseur, Astrologe, erwirbt im Lauf der Jahre eine Menschenkenntnis durch seine Erfahrung. Dabei spielen unbewusste, intuitive Vorgänge eine große Rolle. So sagt das Auftreten des Kunden eine Menge über ihn aus. Sein Händedruck, die Kleidung, die Mimik sagen mehr über eine Person aus, als man dies für möglich hält. Ein guter Astrologe, eine gute Kartenlegerin weiß allein vom Auftreten des Kunden schon allerhand über ihn, noch bevor dieser etwas gesagt hat. Diese ganz normalen psychologischen Vorgänge werden meist unterschätzt.

Jeder Beruf hat seine Traditionen, Regeln und Tricks. Die Dame aus Zeutern bietet ihre Palette an Leistungen an, kennt sich aus in Liebes- und Finanzangelegenheiten. Die Liebe ist immer ein Wagnis, Finanzinvestitionen sind es ebenso. Beide betreffen die Zukunft. Die Menschen vertrauen sich der Frau aus Zeutern mit ihren Sorgen an. Für viele Kunden waren die Gespräche mit ihr besondere Augenblicke im Leben. In den Gesprächen verstehen es derartige Ratgeber, von ihren ersten Eindrücken intuitiv Zutreffendes über die Persönlichkeit ihrer Kunden zu sagen. Das wirkt auf die Kunden. Diese Aussagen führen zu der Annahme, dass die Deutungen der Zukunft ebenso zutreffend sind.

Die Wasserguckerin aus Zeutern schaut weiter auf ihr Wasserglas, sie schildert die Eindrücke. Wir wissen, dass spontane paranormale Erfahrungen (z. B. Gedankenübertragung, Hellsehen) durchaus vorkommen, doch diese gewissermaßen auf Kommando und kontrolliert zu erzeugen, gelingt nur selten. Im Sagentext selbst heißt es mit Vorsicht, „dass die Wasserguckerin in manchen Fällen die Wahrheit traf."

Den Pfarrern bereitet die Wasserschauerin reichlich Unbehagen. Es sei krasser Aberglaube, was die Frau aus Zeutern macht. Schauen wir dazu in ein Lexikon dieser Zeit, den Brockhaus von 1875. Dort steht zu lesen: Aberglaube ist das, was dem christlichen Glauben und der wissenschaftlichen Erkenntnis widerspricht, was falscher Glaube ist. Aberglaube wurde zudem als abwertender Begriff verstanden, als Mangel an Bildung. Damit sind nicht nur Ansichten gemeint, wie die Angst vor der Zahl 13 oder dass gefundene Hufeisen Glück bringen, sondern gemeint ist der „magische Aberglaube", der Glaube an Hexenzauber, Geister, Jenseitskontakte usw. Die Zeit der Wasserschauerin von Zeutern ist schon lange vorbei, doch ihre Themen sind noch immer aktuell.

Teures Haus in Heidelsheim

1878

Ein Mann wollte seinem Nachbarn das Haus abkaufen. Der Besitzer gab es aber nicht gerne her. Aber merkwürdig, in dem Haus fing es an zu spuken! Jede Nacht zwischen zwölf und ein Uhr klopfte es auf dem Speicher. Das ist gewiss ein unruhiger Geist, dachten die Bewohner, man musste der Sache auf den Grund gehen. Ein Vorsetzabend sollte den Spuk ans Tageslicht bringen. Während man unten in der Stube tat, als ob nichts wäre, hatte sich der Polizeidiener im Speicher auf die Lauer gelegt, um das Gespenst abzuwarten. Punkt zwölf Uhr kam aus dem Nachbarhaus eine männliche Gestalt mit einer Stange herüber, schlich auf den Speicher und klopfte. Da sprang der alte Polizeidiener aus seinem Versteck hervor, packte den Klopfer und sagte: „So, du bist der Geist!"

Diese vergnügliche Geschichte einer Nacht ist überliefert von Otto Härdle in: *Heidelsheim* (1960). Die Erzählung hat es geschafft, im Kapitel „Sagen – von Hexen und Geistern" abgedruckt zu werden.

Die kleine Stadt Heidelsheim bietet ihren Besuchern ein Flair historischer Bauwerke: sehenswerte Türme, ein barockes Stadttor, Reste der Stadtbefestigung und Fachwerkhäuser. Eines der damaligen Häuser ist der Schauplatz unserer mitternächtlichen Geschichte. Der Grund für die Inszenierung, das Motiv für diesen versuchten Betrug war, den Verkauf des Hauses zu ermöglichen sowie den Kaufpreis nach unten zu manipulieren. Immerhin, der Kaufinteressent war ein Mann mit Fantasie: ein Haus, in dem es spukt, ist weniger wert. Spuk kann ein Haus unbewohnbar machen. Aus diesen Gründen kam der Mann auf die Idee, einen Klopf-Spuk zu inszenieren von einem Geist, der im Diesseits herumklopft. Betrug, das kommt überall vor, auch im Bereich von Geistererscheinungen. Allerdings lässt sich nicht jeder Spuk als Betrugsfall erklären.

1875

„Ein Schoppe Wein un zwei Schoppe Wasser …“

Ein früher als Weinfälscher bekannter Wirt muss jetzt an der Markgrafenhalde, an der Grenze zwischen Münzesheim und Unteröwisheim, „laufen“. Leute, die nachts zwischen elf und zwölf Uhr dort vorbeigingen, hörten die Rufe: „Ein Schoppe Wein un zwei Schoppe Wasser gibt au e Maß!“

Ein unsichtbarer Geist, der zu Lebzeiten als Wirt seine Gäste beim Weinausschank betrogen haben soll, muss „laufen“, d. h. er muss umgehen, spuken. Ein bisschen gruselig ist diese Geschichte schon. Gesehen hat man den geisternden Wirt nicht, nur gehört. Gewöhnlich bleibt das Jenseits stumm. Durch das Umgehen wird offenbar, was im diesseitigen Leben unbestraft blieb; das sind die kleinen Betrügereien, die der Wirt nun immer wieder zugeben (rufen) muss. Es ist eine Rechtssage, die wir hier vor uns haben. Das Rechtsempfinden sieht darin eine Buße durch das Jenseits. Allzu schlimm ist das Umgehen müssen für den Wirt nicht, denn er muss sich nicht zeigen und er kann erlöst werden, d. h. nach einiger Zeit ist es mit dem spuken vorbei. Außerdem sind juristisch gesehen seine Straftaten verjährt. Diese Betrugsgeschichte mag einen wahren Kern haben, allerdings, es müsste schon ein dünner Wein gewesen sein, den der Wirt serviert hat, denn er hätte mit zwei Dritteln Wasser aufgefüllt. In solchen Geistergeschichten wird schon mal stark übertrieben. Schoppen und Maß, das waren früher im süddeutschen Raum Hohlmaße.

Nachts zwischen 11 und 12 Uhr soll damals der Wirt rufend unterwegs gewesen sein. Also zur Geisterstunde. Diese beginnt um Mitternacht und dauert bis ein Uhr. In manchen Gegenden wird auch die Zeit zwischen 11 und 12 Uhr in der Nacht als Geisterstunde bezeichnet. Oder die gesamte Zeit von Sonnuntergang bis Sonnenaufgang gilt als Geisterstunden. Spätestens beim ersten Hahnenschrei müssen die Geister verschwinden. Wenn sie das doch nicht tun, müssen Abwehrmittel wie z. B. das Glockenläuten helfen.

Eine Hexe als Wespe

1870

In Weiler (Nähe Sinsheim) arbeitete eine Frau „hinter den Gärten", eine andere schenkt deren Kind unbemerkt eine Ofennudel. Mitten in der Nacht fängt das Kind an zu schreien und sagt seiner Mutter, dass eine Wespe es immer steche. Am nächsten Tag geht der Vater des Kindes zu der des Brauchens kundigen, im weiten Umkreis bekannten „Wasserguckerin" nach Zeutern. Sie rät ihm, die Frau, die sein Kind beschenkt hatte, sein Haus nicht mehr betreten zu lassen, er selbst aber solle in nächster Zeit vor dem Nachtläuten immer daheim sein. Er folgt ihrem Rat, und das Kind wird gesund.

Kaum zu glauben, Hexenkunst im Jahr 1870! Mit so etwas muss man erst einmal klarkommen. Die Zeit der Hexenverfolgung war schon lange vorbei. Der letzte Hexenprozess im Kraichgau fand in Fürfeld 1716 statt, doch der Glaube an Hexen war in der Bevölkerung immer noch vorhanden. Das zeigt sich sogar in dieser Sage. Von einer Hexe darf man keine Speise annehmen. Denn die Hexe bekäme damit Macht über die beschenkte Person von dem Augenblick an, in dem diese die Speise gegessen hat. Derartige Ansichten finden sich in den Hexenprozessakten früherer Zeit, d. h. selbst gebildete Menschen haben das früher geglaubt.

Die Frau soll, wie die Überschrift der Sage zeigt, ihre Gestalt in eine Wespe verwandelt haben, um so unerkannt in das Haus zu gelangen. Die Verwandlung in ein Tier ist für uns heutige Menschen ein Unsinn. Die Verwandlung gehörte jedoch in den Jahrhunderten der Hexenverfolgung zum Glauben an die zauberischen Fähigkeiten einer Hexe. Vor allem die Verwandlung der Hexe in eine Katze ist eine beliebte Erzählung, die sich mehrfach in den Sagen findet. Bewirkt werden soll die Verwandlung mit Hilfe einer Zaubersalbe und mit Zaubersprüchen. Hexensalben gab es wirklich. Sie sind aus dem Giftschrank der Geschichte bekannt. Über die Wirkungen derartiger Mixturen sind wir heute gut informiert. Die psychogenen Bestandteile finden sich in Zubereitungen aus Pflanzen, die Atropin u.ä. wirkende Stoffe enthalten, sie können Flughalluzinationen auslösen.

Die Wasserguckerin von Zeutern wird hier genannt als eine des Brauchens kundige Frau. Brauchen bedeutet vor allem, mit Kräutern, Gebeten, Segens- und Zaubersprüchen zu arbeiten. Tatsächlich gab es damals sog. Braucher, zu denen man ging, wenn Krankheiten von Mensch und Tier zu heilen waren oder, wie hier, wenn es um Hexen ging. Die Sprüche und Handlungen, mit denen diese Braucher arbeiteten, waren zwar geheim, doch manche des Brauchens kundige Personen haben sie in ihren Brauchbüchern handschriftlich notiert. Einige dieser Bücher sind noch vorhanden, z. B. aus Menzingen, Mühlbach, Kirchardt, Reihen und Bahnbrücken.[1] Auch in Östringen waren Braucher tätig.[2]

Die Braucherin ergreift Gegenmaßnahmen. Seltsamerweise fehlt dieser zentrale Bereich im Text der Sage vollständig. Nur etwas über das Nachtläuten und das Verbot, die Frau nicht ins Haus zu lassen, wird erwähnt. Über derartige Gegenmaßnahmen sind wir aus den Brauchbüchern informiert. Es gab christliche Abwehrmittel, z. B. das Kind mit Weihwasser zu besprengen oder das Haus mit Weihrauch auszuräuchern, dazu werden Gebete in diesen Büchern genannt. Am Gebäude ließen sich über den Eingangstüren von Haus und Stall christliche Schutzzeichen anbringen, das waren häufig die Drei-Königs-Initialen C + M + B.

Das kirchliche Nachtläuten (Abendläuten) wird zusätzlich in der Sage genannt. Das Abendläuten zeigt das Ende des Tages an; die Zeit danach bis zum Morgenläuten gehört – den Vorstellungen von damals zufolge – den Geistern und Hexen. Die Hexe kann dem Vater und dem Kind in dieser Zeit bis zum Morgenläuten nicht schaden, wenn er sich im geschützten Haus befindet. So zu denken, das würde bei uns allen Gesetzen der Vernunft widersprechen, doch das Weltbild war damals eben ein anderes.

Heidnische Abwehrmittel waren z. B. das Pentagramm[3], oder die Sator-Arepo-Formel (ein magisches Buchstabenquadrat) am Haus anzubringen. Beides galt als hinderlich für Hexen. Nach dem Glauben dieser Menschen waren das nicht einfach nur Zeichen, sondern Kontaktzeichen zu den Kräften der übersinnlichen Welt. Sie sollen das Böse abhalten. Es war sogar möglich, dass christliches wie auch heidnisches Gedankengut kombiniert wurde. Zauber und Segen gingen hier oft Hand in Hand.

Das verschwundene Schloss

1865

In einem Seitentälchen des Schwarzbaches liegt das Gewann „Weihergrund“. Dort ist es nicht ganz geheuer. Seinen Namen hat es daher, dass ehedem ein kleiner See oder Weiher in seinem Gebiet lag. Mitten im Wasser ragte eine Insel empor, auf der ein prächtiges Schloss stand. Längst sind die Mauern verschwunden und dem Erdboden gleichgemacht. Da stieß eines Tages ein Bauer beim Pflügen auf eine Anzahl größerer Fundamentsteine. Am nächsten Tag nahm er ein starkes Hebeeisen mit. Er grub und grub; doch alle seine Bemühungen waren umsonst. Zu allem Unglück rutschte ihm das Eisen aus der Hand und verschwand in der Tiefe. Wohin mag das Werkzeug gefallen sein? War's eine Erdspalte oder ein Keller? Der Bauer erschrak so sehr, dass er nichts mehr anrührte und so rasch wie möglich nach Hause lief. Die Geschichte wurde schnell in der ganzen Gegend bekannt.

Unangenehme Erlebnisse haben die Eigenschaft, lange im Gedächtnis zu bleiben. Der Bauer aus Eschelbronn meint, er sei mit der Unterwelt zusammengestoßen und ist damit in eine Extremsituation geraten. Selbst noch im frühen 20. Jhd. war der Hang zum Übersinnlichen ein besonderes Merkmal der Kraichgauer Bauern. Dazu kam, dass sie sich vor besonderen Orten (alte Schlösser, Kreuzwege) und Zeiten (Raunächte, Mitternacht) fürchteten. Kritischer gegenüber diesen Ansichten war die Einstellung der gebildeten Bevölkerung. Die bäuerliche Welt war durchsetzt mit einem abergläubisch-hintergründigen Weltbild (Hexen, Wildes Heer, Brauchen usw.). Daher ist das Erschrecken des Bauern verständlich. In dieser Sage ist gut zu erkennen, wie sich aus einem individuellen Erlebnis in Verbindung mit dem Volksglauben eine Sage entwickeln kann: kollektives Weltbild und individuelles Erlebnis verbinden sich und bilden den Grundstein zu einer Sage.
Das verschwundene Schloss gab es im 15. Jhd. Es war eine Wasserburg bzw. ein Wasserschloss, das später abgerissen wurde.

1862

Das Weinklopferle

Es ist ein Geist, der in Gestalt und Kleidung einem ehrbaren Küfermeister vom Anfang des vorigen Jahrhunderts gleichen soll. In einem alten, tiefen Keller, nicht weit vom Marktplatz in Weinsberg, treibt er sein Wesen. Schon oft hat das eine oder andere, das in diesen Keller hinabgestiegen, um Wein zu holen, den Geist gesehen und ist nicht wenig erschrocken, wenn es den unheimlichen Küfermeister hinter einem Fass hervorkommen sah, aber getan hat er keinem etwas.

Dieses Klopferle verhält sich das ganze Jahr still und bescheiden, aber in den heiligen Nächten um Mitternacht zwischen zwölf und ein Uhr, da hört man durch die Kellerlöcher herauf plötzlich ein lautes Klopfen, als treibe man die Reifen an, kurz, man könnte meinen, es sei ein Küfer unten in bester Arbeit. Sieht man aber im Keller nach, so ist kein Mensch unten.

Schaurig und wunderbar. Doch mit einem Hausgeist wie dem Klopferle kann man leben, trotz des Erschreckens, wenn er hinter seinem Fass hervorkommt. Das Weinklopferle zeigt sich unter dem Jahr als alter Küfermeister, es tut keinem etwas zuleide, allenfalls klopft es in den heiligen Nächten (Weihnachten, Ostern usw.) etwas herum und das nur um Mitternacht. Wie es im Jenseits aussieht, davon erzählen solche Spukgestalten nichts.

Bei den Erfahrungen mit dem Weinklopferle handelt es sich – wenn man die Sache ernst nimmt – um einen Fall des ortsgebundenen Spuks, d. h. die Erscheinung ist an einen bestimmten Ort gebunden (den Weinkeller). Dieser Spukvorgang kommt dort immer wieder vor. Die Erscheinung des Klopferle wurde von vielen Personen seit gut 150 Jahren gesehen. Wollen wir diese Vorgänge als krankhafte Halluzination erklären, dann hätten alle Personen, die diese Erscheinung wahrnahmen, mit psychischen Störungen zu kämpfen gehabt.

Grenzerfahrungen wie in dieser Sage haben schon viele Menschen durch die Jahrhunderte erlebt und sie versuchten, diese Erfahrungen zu erklären. Heute wissen wir, dass unser Gehirn in der Lage ist, Erscheinungen zu produzieren. Erinnern wir uns an die Definition von Erscheinungen: „Die Erfahrung einer Geistererscheinung gleicht der Wahrnehmung einer Person, eines Tieres oder eines unbelebten Objekts, wobei der entsprechende Gegenstand dieser Wahrnehmung physikalisch nicht präsent ist" (Handbuch für Anomalistik). Inzwischen ist unter den Wissenschaftlern der Parapsychologie und Anomalistik evident, dass Geistererscheinungen verschiedene Ursachen haben. Geisterbilder können von einem Menschen wahrgenommen werden, wenn bestimmte Bereiche seines Gehirns mit einem Magnetfeld stimuliert werden oder das Gehirn nichthörbaren Infraschallwellen ausgesetzt ist. Auch durch hypnotische Suggestionen lassen sich derartige Geistergebilde erzeugen.

Denkbar ist beim Weinklopferle auch „ein Gedächtnis des Ortes": Hat der Küfer vielleicht Anfang des vorigen Jahrhunderts (des 18. Jhds.) in der Weihnachts-Mitternacht gearbeitet und ist er in einer solchen Nacht gestorben? Hat sich durch sein Erschrecken über seinen plötzlichen Sterbevorgang im Zusammenhang mit den Glaubensvorstellungen von den „heiligen Nächten" sein Schrecken von seiner Seele abgespalten und führt nun ein verborgenes Eigenleben? Wird dieses Etwas später von sensiblen Personen bemerkt und in ihrer Wahrnehmung als die Erscheinung eines Küfers dargestellt? Es wäre eine Möglichkeit. Was hier gespukt hat, wäre dann nicht die Seele des verstorbenen Küfers, sondern nur ein abgespaltenes Etwas.

Bedeutsam ist der letzte Satz der Sage: „Sieht man absichtlich im Keller nach, was dort klopft, so ist das Klopferle nicht zu sehen." Das ist typisch für Spuk – kommt jemand, um den Spuk nachzuweisen, dann spukt es gerade nicht. Das ist in der heutigen Spukforschung nicht anders. Es lässt sich als Kritiker argumentieren: es ist nichts zu sehen, weil es Erscheinungen real nicht gibt. Doch die Betroffenen beteuern, dass sie etwas gesehen, etwas erlebt haben, deshalb sind sie ja erschrocken. Das eine ist das Phänomen (z. B. eine Erscheinung) und das andere ist seine zutreffende Erklärung: ist es ein Geist oder sind es unbekannte seelische Vorgänge? Über Erlebnisse dieser Art konnten die Betroffenen damals nicht immer mit jemanden reden. Das ist heute nicht viel besser. Über Zeitreisen, Urknall und Außerirdische kann man diskutieren, aber über Geister und Spuk – das geht zu weit.

1862 Kann man einen Geist fotografieren?

Die Sage vom Weinklopferle ließ sich auf 1862 datieren. Dies ist zugleich das Jahr, in dem die paranormale Fotografie[1] („Geisterfotografie") begann. Der amerikanische Fotograf William H. Mumler fertigte in seinem Studio in Boston ein Selbstbild an. Auf dem Foto war außer ihm noch eine Art Gestalt zu sehen, obwohl sich niemand außer ihm bei der Aufnahme im Raum befand. War die Ursache dieses „Extras" eine schlecht gereinigte Fotoplatte? Oder wurde etwas Unsichtbares fotografiert? Jedenfalls war diese Aufnahme der Beginn der paranormalen Fotografie. In den 1860er und 1870er Jahren wuchs das Interesse an derartigen Fotos, auch in Europa.

Würden sich solche Erscheinungen wie das Weinklopferle auf Fotos dokumentieren lassen, dann wäre das ein starkes Indiz, dass solche Erfahrungen echt sind. Doch einen Geist auf ein Foto zu bannen, das ist nicht einfach. Derartige Fotos lassen sich nicht auf Kommando herstellen.[2] Doch solche Fotos existieren. Meist sind sie unabsichtlich zustande gekommen. Nur gibt es kein einziges Geisterfoto, das mit Sicherheit als echt bezeichnet werden kann. Jedes dieser Bilder könnte gefälscht sein, z. B. durch eine Doppelbelichtung. Es kamen bei diesen Aufnahmen der ersten Jahrzehnte Irrtümer vor, auch gab es Betrug; viele Bilder waren unscharf – dass Hinterbliebene darauf Verstorbene erkennen wollen, verwundert nicht.

Das Thema paranormale Fotografie ist heute präsent. Es gab 2005 eine Ausstellung zum Thema paranormale Fotografie in Paris und in New York. Im Augustinermuseum in Freiburg fand 2021 eine Ausstellung zu den Arbeiten des Fotografen Leif Geiges statt. Geiges war von 1949 bis in die 1970er Jahre der Fotograf von Hans Bender. Bender (1907–1991) war Professor für Psychologie und Grenzgebiete der Psychologie an der Universität in Freiburg i. Br. sowie der Gründer des Instituts für Grenzgebiete der Psychologie und Psychohygiene e.V. (IGPP). Geiges dokumentierte mit fotografischen Mitteln Benders Forschungen zu Spukfällen und zu parapsychologischen Experimenten. Weitere Informationen hierzu finden sich im *Handbuch der Anomalistik*, 2015, S. 451ff., bearbeitet von G. Mayer.

SAGEN AUS DER ZEIT DER ROMANTIK

Die Epoche der Romantik ist eine für die Sagen bedeutsame Zeit. Es sind die Jahrzehnte von etwa 1790 bis hinein in die 1850er Jahre. Das Interesse, auch der Gebildeten, an den Sagen, war zu dieser Zeit groß. Die Erzählungen von ungewöhnlichen Erlebnissen wurden gesammelt und aufgezeichnet. Die Brüder Grimm gaben 1816 und 1818 die *Deutschen Sagen* in zwei Bänden heraus. Vor allem sie waren es, die den Begriff der Sage entscheidend prägten, wobei sie erstmals die Sagen von den Märchen unterschieden. Bedeutende Sagensammler im süddeutschen Raum waren Bernhard Baader, der 1851 die *Volkssagen aus dem Land Baden und der angrenzenden Gebiete* herausgab, für Württemberg ist Ernst Meier zu nennen mit seinem Werk *Deutsche Sagen, Sitten und Gebräuche aus Schwaben*, 1852. Wir verdanken diesen Romantikern und Sagenforschern viel, andernfalls wären die meisten alten Sagen für immer verlorengegangen.

Die Epoche der Romantik hatte, geistesgeschichtlich betrachtet, ein anderes Weltbild als unsere Zeit mit ihrer rationalen Einstellung, samt unserer Naturwissenschaft und Technik. Die Romantik neigte zum Gefühlsbetonten, Seelischen bis hin zum Wunderbaren. Man interessierte sich für Themen, denen wir in den Sagen oft begegnen: Jenseitserfahrungen, Spuk, Träume, Hellsehen, Hypnose, die verborgenen Seiten der Natur. Die Bezeichnung Hypnose wurde 1843 durch James Braid bekannt, sie baut auf den Erfahrungen des „Animalischen Magnetismus“ auf, einer Lehre und Heilmethode, mit der der Arzt Franz Anton Mesmer (1734–1815) außergewöhnliche Heilungserfolge erzielte; wie auch der Arzt und Dichter Justinus Kerner (Weinsberg) mit seiner berühmten Patientin Friederike Hauffe (Kürnbach). Diese neuen Erfahrungen wurden literarisch verarbeitet, insbesondere durch E. T. A. Hoffmanns Werke „Der Magnetiseur“ (1813) sowie „Der unheimliche Gast“ (1818). Zur Malerei der Romantik gehören die stimmungsvollen Bilder von Caspar David Friedrich „Kreidefelsen auf Rügen“ (1818) und Carl Gustav Carus „Erinnerung an Rom“ (1831). Auch Philosophen wie Kant und Schopenhauer beschäftigten sich in dieser Zeit mit dem Übersinnlichen. Die „Nachtseite der Natur“ wurde das damals genannt. Auch Goethes Faust, dieses geniale Werk, gehört in diese Zeit, veröffentlicht 1808 und 1832.

1850

Drei Liebesorakel

Wenn ein junges Mädchen an einem ihrer eigenen Haare einen Ehering anbindet und diesen in einem Glase schweben lässt, während sie die drei höchsten Namen sagt, kann sie erfahren, wie lange sie noch ledig ist. So oft wie der Ring an die Wand des Glases klirrt, so viele Jahre wird sie noch ledig sein.

Die jungen Mädchen schälen vorsichtig einen Apfel. Wenn sie dann die ungebrochene Schale hinter sich werfen, verschlingt sie sich zum Anfangsbuchstaben des Vornamens ihres künftigen Liebsten.

Das Bleigießen zeigt den Jungfern, was der spätere Liebhaber von Beruf ist. In Helmstadt wird der Hl. Thomas um die Erscheinung des oder der Zukünftigen angefleht.

Es gibt Themen, die bleiben immer jung. Und wer würde nicht gerne in die Zukunft schauen? Mit Orakeln wird in diesen drei Geschichten die Zukunft befragt. Als Orakel können auch Kartenlegen, Pendeln, Handliniendeutung, Traumdeutung und Horoskope benutzt werden. Bei den Liebesorakeln geht es um die Wahl des Richtigen. Hier sollen die Orakel Hinweise geben. Die heiratswilligen jungen Frauen bestürmen die Zukunft mit Fragen nach dem „Wer“ und „Wann“, sie wollen wissen, wer der Richtige ist und wann man ihm endlich begegnet. Die drei einfachen Orakel beruhen zwar auf Zufallsverfahren, doch ist zu bedenken, dass die jungen Frauen sich in einer bedeutsamen Situation befinden, in der ihr Unterbewusstsein versuchen soll, mittels des Orakels eine Antwort zu geben. Die Verbindung der Liebe mit dem Übersinnlichen, das ist ein Thema seit Jahrtausenden.

Das erste Orakel erinnert an das Pendeln. Diese Methode wurde schon in der Antike zur Zukunftsdeutung benutzt. Das Pendel bewegt sich dabei nicht auf übernatürliche Weise, sondern durch unwillkürliche feine Muskelbewegungen, gesteuert vom Unterbewusstsein der jungen Frau. In unser Orakel mischt sich Christliches („…die drei höchsten Namen …“) hinein.

Das zweite Orakel ist ein Wurforakel. Der Sinn des Rückwärtswerfens liegt darin, dass der Zustand, ledig zu sein, beendet sein soll. Der Apfel ist schon seit der Antike ein Liebessymbol. Er erinnert an die Paradiesäpfel der Bibel.[1] Ein weiteres Wurforakel ist das Schuhwerfen. Es war besonders gut bekannt. Hier wirft das Mädchen – meist am Andreasabend – rückwärts einen Schuh über den Körper. Die Schuhspitze zeigt nach dem Wurf in eine bestimmte Richtung – aus dieser soll der Zukünftige kommen.

Auch das Bleigießen war als Orakel bei den jungen Leuten sehr beliebt (Bretten, Oberderdingen). Geschmolzenes Blei oder Zinn wurde in eine Schüssel mit Wasser gegossen. Aus den Figuren, die das erkaltete Blei bildet, wollten diese Mädels von einst, ähnlich wie auch schon beim Apfelorakel, den Anfangsbuchstaben des Vornamens des künftigen Liebsten deuten. Aus anderen Gebilden wollten sie auf seinen Beruf schließen. Ein Gebilde, das sich als Hammer deuten lässt, zeigt an, dass der Künftige ein Handwerker ist. Hier ist die Fantasie gefragt. Bleigießen wurde in der Andreas-, Thomas- und Christnacht oder an Silvester praktiziert. Übrigens, heiraten soll man bei zunehmendem Mond, heißt es, dann sei der Ehe reicher Kindersegen gewiss. Die Kirche sah Orakel nicht gern. Wahrsagerei[2] war von ihr durch viele Konzilsentscheidungen verboten. Manchmal wurden Orakel nicht nur am Gedenktag eines Heiligen ausgeführt, sondern der Heilige wurde in den Orakeln direkt angerufen, zur Mithilfe. Vor allem waren das die Heiligen Andreas und Thomas.

Gegen die Liebeskrankheit gab es damals probate Rezepte: Die schlechten Eigenschaften des treulosen Geliebten bzw. der Geliebten sich immer wieder vorstellen oder auf Reisen gehen oder – sich anderweitig umsehen.

1849

Angekettete Bücher

In ganz Schwaben weiß das Volk viel von dem 6. und 7. Buch Mose zu erzählen. Es sind Wunder- und Zauberbücher, welche untrügliche Mittel enthalten, sich unsichtbar zu machen, die Sonne scheinen und Regen fallen zu lassen, Gewitter zu bewirken u. dgl. Die Tübinger Universitätsbibliothek soll noch eine uralte Bibel mit diesen beiden Büchern Mose nebst anderen Schriften, die in den gewöhnlichen Bibeln nicht vorkommen, besitzen. Sie liegt aber in schweren Ketten, und es ist unter strenger Strafe verboten, diese Bücher zu drucken.

Früher hat einmal jemand darin gelesen, aber zu lange, da ist er in die Luft geflogen und nicht wieder erschienen. Ein anderes Mal lasen zwei Studenten darin, da kam der leibhaftige Teufel zu ihnen und rasselte gewaltig mit seinen Ketten, also, dass sie sich entsetzten und laut um Hilfe riefen. Da sagte man ihnen, sie sollten alles, was sie gelesen, nur rückwärts noch einmal lesen, was sie auch sogleich taten, worauf der Teufel verschwunden ist. Seitdem aber bewahren vier Professoren die Schlüssel zu den vier verschiedenen Schlössern, die an jener Bibel liegen, so dass ein einziger sie jetzt nicht mehr öffnen kann. Ebenso erzählt man in Bretten, dass bei einem Rabbiner das siebente Buch Mose an einer Kette liege.

Das sind haarsträubende Geschichten. Zauberbücher im Kraichgau, gibt es so etwas? Nun, das 19. Jahrhundert war eine Zeit, die sich auf das Fabulieren verstand und Sagen bewegen sich grundsätzlich zwischen Realität und Fiktion. Doch *Das 6. und 7. Buch Moses* (auch: Mosis) gibt es wirklich. Eines der ersten gedruckten Exemplare von 1849 wird in der

Württembergischen Landesbibliothek Stuttgart aufbewahrt. Ausleihen kann man es nicht, doch werden nachgedruckte Exemplare zum Kauf angeboten. Diese Bücher kommen auch in Sagen des badischen Kraichgaus vor, das 7. Buch Mose, z. B. in Sagen aus Gondelsheim, Stupferich und Bretten.

Diese wunderlichen Bücher gehören zur Zauberliteratur. Der Inhalt besteht hauptsächlich aus Anrufungen an Elementargeister, das sind die Geister von Feuer, Wasser, Luft und Erde, z. B. wird für eine Schatzsuche die Hilfe von Erdgeistern bevorzugt. Diese Bücher zeigen viele magische Zeichen für Zauberhandlungen. Es gibt verschiedene Ausgaben, d. h. es wurden verschiedene Texte von den Verlegern kombiniert und mit dem abenteuerlichen Titel *Das 6. und 7. Buch Mose* versehen.

Dass Moses der Verfasser sein soll, ist jedoch weit hergeholt. Moses wird auf die Zeit von ca. 1.300 v. Chr. datiert und Zauberei wird in den fünf Büchern der Bibel, die ihm als Verfasser zugeschrieben werden, grundsätzlich abgelehnt. Die Generalvorschrift dafür ist im 5. Buch Mose, Kapitel 18,10 zu finden. Wenn in der Bibel das 1. bis 5. Buch Mose enthalten sind (Erschaffung der Welt, 10 Gebote usw.), woher kommt dann ein 6. und ein 7. Buch Mose? Es gibt sehr alte Schriften, die als „Griechische Zauberpapyri" bezeichnet werden. Ihre Entstehungszeit ist das 2. Jhd. v. Chr. bis 5. Jhd. n. Chr. Dort ist von einem 8. und sogar von einem 10. Buch Mose die Rede. Aus dem anschließenden Mittelalter sind keine Schriften bekannt, die Moses als Verfasser von Zauberbüchern nennen. Erst in jüngerer Zeit tauchen derartige Handschriften auf. Diese Schriften sind also nicht so alt, wie man vielleicht vermutet, und sie haben nicht Moses als Verfasser.

Angekettete Bücher: Bücher anzuketten, das war im Mittelalter und noch in der frühen Neuzeit (ab 16. Jhd.) eine übliche Methode, um wertvolle Bücher vor Diebstahl zu schützen. Oder diese Bücher lagen auf dem Pulttisch einer Bibliothek, sie waren dort angekettet, so dass sie nicht herabfallen konnten, also ein Schutz vor Beschädigung. Derartige Bücher wurden als Kettenbücher, lat. liber catenatus, bezeichnet; die Kette war am Einband befestigt. Heute werden wertvolle Bücher und Handschriften in Bibliotheken, z. B. Landesbibliotheken, nicht ausgeliehen, sondern sind dort nur in Lesesälen zugänglich, wobei der Leser bewacht wird. Dort gibt es heute gelegentlich noch derartige Kettenbücher.

Rückwärtslesen: Das Rückwärtslesen der Zaubersprüche soll in der Sage als Gegenmittel dienen, es soll den verursachten Zauber umkehren. Das ist in der Magie ein altes Verfahren. Auch die seltsamen Magischen

Quadrate (Zahlen- und Buchstabenquadrate) lassen sich vorwärts und rückwärts lesen. Ob sich die Vorgänge beim Rückwärtslesen so ereignet haben, wie es in der Sage ausformuliert wurde? Durch einfaches Rückwärtslesen den Teufel zwingen, dass er höllenwärts verschwindet?

Studenten: Der Sagentext versucht, Angst und Schrecken zu steigern. Ein Etwas, das aussieht wie der Teufel, eine Gestalt, wie man sie als Teufel von Bildern kennt, etwas, das nicht von dieser Welt ist, das schrecklich mit Ketten rasselt, das – so kann man es sich vorstellen – wird zu tausend Ängsten bei den Studenten führen. So können wir davon ausgehen, die ängstlichen Studenten haben diese äußere Gestalt des Teufels der kollektiven mythischen Fantasie (Bilder von Geistern, Hexen, Teufeln usw.) entnommen, mit denen die Welt des Volksglaubens angefüllt ist. Wer Sagen mythisch-psychologisch interpretieren will, dem wird diese Deutung wohl zusagen. Es spricht auch einiges dafür. Tatsache ist: Bei der Beschäftigung mit derartigen Schriften kommen solche Erscheinungen bei sensiblen Personen durchaus vor. Eine andere Deutung dieser Sage geht von einem wahren Kern aus, der fantastisch ausgeschmückt wurde.

Ein Buch, das es nicht geben darf: Obwohl das 6. und 7. Buch Mose, wie der Text sagt, nicht gedruckt werden darf, wurde es dennoch gedruckt. Das Verbot machte die Sache interessant. Falls diese Bücher wirklich so gut sind, dass man sich damit unsichtbar machen kann, ja sogar den Teufel erscheinen lassen kann, dass sich Herausgeber, Verleger und Drucker großen Gefahren aussetzen, indem sie sich über das Verkaufsverbot hinwegsetzen – dann „muss“ ein hoher Kaufpreis akzeptabel sein!

Vorlautes Reden ... 1848

Ein paar Weiber gingen von Bauerbach nach Gochsheim. Am Schafrain, der Staffel mit den 99 Stufen, die von der Gochsheimer Vorstadt auf kürzestem Wege zum Kirchplatz führt, da kam, fast gar bei der letzten Treppe, Gold aus dem Boden heraus. Die Weiber füllten ihre Marktkörbe und Schürzen und es wollte gar kein Ende nehmen. Da sagte so ein vorlautes Lästermaul: „Do guck na, s' kommt allfort noch meh!“ Da hat's augenblicklich aufgehört.

Gochsheim überrascht seine Besucher mit einem Schloss, einer Treppe aus vielen Stufen, sowie mit seiner Altstadt. Gochsheim ist eine der Schönheiten des Kraichgaus. Schönheit und Gold, da gibt es in Gochsheim einen Zusammenhang. Doch haben wir in dieser amüsanten Sage fantastische Übertreibungen. Im 19. Jahrhundert sind die Schatzsagen nicht mehr wie früher voller merkwürdiger Dinge, denen wir noch begegnen (z. B. arme Seelen als Schatzhüter). Nur das Schweigegebot aus alter Zeit war noch zu beachten.

1848 kam es zum Goldrausch in Kalifornien. Fast hätten wir auch einen Goldrausch hier in Gochsheim erlebt, doch es kommt zum üblichen Schluss: das Reden bringt die Frauen um den Schatz. Das Schweigegebot gilt, egal ob es sich um Worte des Erstaunens oder Erschreckens handelt. Selbst Lachen bei der Schatzarbeit lässt dem Volksglauben nach einen Schatz wieder verschwinden. Auch dieser Schatz war leider nur Schein.

Gold ist ein schön-glänzendes, aber sehr schweres Metall. Bei einem Gewicht von 19,3 Gramm pro Kubikzentimeter kann man keine Einkaufskörbe damit füllen, ohne dass diese durch das Gewicht zusammenbrechen. Dasselbe gilt für die Schürzen der Frauen.

1848

Im Löwen in Rauenberg

Im „Löwen" in Rauenberg übernachtete einst ein Viehhändler. Da er abends am Wirtstisch mit seinem Geld vornehmlich klapperte, erwachte in dem Wirt die Habgier. Mit Hilfe seiner Magd ermordete er den Mann. Gemeinsam verwischten sie die Spuren des Verbrechens. Als dann der Wirt starb, fiel am Tage seiner Beerdigung das Wirtshausschild herunter: alle, die bei dieser ruchlosen Tat geholfen haben, müssen umgehen. Zehn Jahre stand das Haus leer, weil niemand darin wohnen wollte. Um 1840 kam ein Geistlicher und bannte die Geister in einen Suttenkrug. Der vorletzte Löwenwirt, der mittlerweile verstorbene Altbürgermeister Theobald Greulich, fand bei Kellerumbauten tatsächlich einen versiegelten Krug, der aber leer war. Er legte Münzen und Briefmarken hinein, verschloss ihn wieder und ließ ihn im Keller einmauern.

Hier sind wir in ein Spukhaus geraten[1], es ist in der Sage die Stätte eines ortsgebundenen Spuks. Als Ursache der seltsamen Vorgänge wurde in der Sage ein unaufgeklärter Mord aus dem 19. Jahrhundert angenommen.

Wer so einer Erscheinung begegnet, der muss das erst einmal verarbeiten. Diskutiert wird heute in diesem Zusammenhang, ob es so etwas wie ein Gedächtnis des Ortes gibt (trace-theory), in dem frühere Schrecken oder Untaten ihre Spuren hinterlassen haben. Außergewöhnliche Vorgänge würden dabei nicht nur im menschlichen Gehirn gespeichert, sondern auch unsichtbar an einem Ort. Diese Speicherungen könnten dort später sensiblen Menschen ins Bewusstsein kommen. Das sind Vorgänge jenseits der sinnlich wahrnehmbaren Welt. Falls die Hypothese vom Gedächtnis des Ortes zutrifft, wäre es nicht die Seele eines Verstorbenen, die hier gesehen wird, sondern das im Gedächtnis des Ortes gespeicherte Wissen gerät später als Erscheinung ins Wachbewusstsein eines Lebenden.

Leider werden in dieser Sage die Spukvorgänge nicht genau beschrieben. Sind es nur Erscheinungen der Verstorbenen oder ist es aggressiver Spuk mit Klopfen und Gepolter? Der einzige konkrete Hinweis ist das heruntergefallene Wirtshausschild. Um den Spuk zu vertreiben, wandten sich die Betroffenen an einen Geistlichen. Hierbei sind vor allem Kapuziner und Jesuiten gemeint. Es geht in dieser Geschichte nicht darum, den Spuk zu verstehen, nach seiner Ursache zu suchen, sondern man will den Spuk nur loswerden. Das ist der Kern dieser Sage.

Angewandt wurden von den Geistlichen bei dieser Arbeit Gebete, Befehle, Bibeltexte, Kreuzzeichen und Weihwasser. Dann wurde der vermutete Spukgeist in ein Behältnis gebannt, in unserer Sage in einen Jauchekrug. Das Behältnis wird weggetragen und der Spukgeist bekommt einen anderen Aufenthaltsort zugewiesen, weitab von menschlichen Häusern, z. B. wird das Behältnis vergraben in einem Wald. Dort kann der Geist weiter spuken, bis er erlöst ist.[2] So wurde das früher gehandhabt. Noch etwas verdient besondere Beachtung: das Geistervertreiben hat sogar biblische Grundlagen[3], bei dem nach kirchlicher Ansicht selbst Höllengeister vertrieben werden können (Exorzismus). Auch bei Spukfällen in heutiger Zeit wird häufig geistlicher Beistand hinzugezogen. In einer Studie zu 54 Spukfällen wurden in 45% der Fälle religiöse Zeremonien durchgeführt. Diese umfassten Gebete, Aussegnungen der Räume, auch der kleine Exorzismus wurde angewandt.[4]

Gehen wir weiter auf Spurensuche in dieser Zeit. 1848 ist zugleich das Jahr, in dem der Spiritismus begann. In diesem Jahr gab es im Haus einer Familie Fox in Hydesville (USA, Staat New York) unerklärliche Klopfgeräusche. Auf der Suche nach der Ursache des Klopfens meldete sich ein „Geist" durch Klopfgeräusche. Frau Fox fragte diesen nach dem Alter ihrer Tochter Catherine – es erfolgte die richtige Antwort (Anzahl der Schläge). Auch die Altersangaben der übrigen Kinder wurden korrekt angezeigt. Durch weitere Fragen und Antworten ergab sich, dass der Urheber der Klopfgeräusche der Geist eines in diesem Haus wegen seines Geldes ermordeten Händlers sei, eine Parallele zu unserer Sage.[5] Tatsächlich wurde hier später, als eine Kellerwand einstürzte, ein Skelett entdeckt. Die Neuigkeit einer Verbindung mit Verstorbenen verbreitete sich damals im Nu, auch in Europa. Eine Alternative zu der Meinung, dass es ein Geist sei, der da klopft, wurde damals nicht geprüft.

Der Spiritismus geht davon aus, dass die Seele (oder ein unsterbliches Etwas) den leiblichen Tod überlebt und dass ein Kontakt mit den Verstorbenen sich herstellen lässt. Zum Spiritismus gehören Séancen,

Tischrücken und vor allem die Medien als Mittler zwischen Diesseits und Jenseits; dazu die Kunden, die – aufgeschlossen der übersinnlichen Sphäre gegenüber – diese Dienste in Anspruch nehmen. Spiritismus ist ein absichtlicher Versuch des Kontaktes zur Welt der Verstorbenen.

Vorgänge solcher Art gab es in Europa früher schon hunderte Male, z. B. im Mesmerismus. Doch für Amerika war das etwas Neues. Der Spiritismus kam bald in großem Stil nach Europa. Hier hatten wir die christlichen Ansichten von Himmel, Hölle und Fegefeuer. Jetzt gab es eine Lehre vom Jenseits, die der Kirche widersprach. Im Spiritismus gibt es keine Lehre von der Erbsünde und keine ewige Verdammnis, denn die Seelen könnten sich im Jenseits bessern. Die Verstorbenen melden sich über die Medien und sagen (meist), dass es ihnen gut gehe. Das ist etwas, das die Hinterbliebenen tröstet. Und wo Leben ist, da ist auch Hoffnung. Das Bild vom Jenseits begann sich zu wandeln. Das Jenseits war keine undurchdringliche Grenze mehr.[6]

Sind das echte Botschaften aus dem Jenseits oder abergläubische Fantastereien? Die spiritistische These (Verstorbene als Ursache von Klopfgeräuschen, Erscheinungen usw.) ist weder beweisbar noch widerlegbar. Die Ursache der Klopfgeräusche könnte auch in den damals noch zu wenig erforschten Eigenschaften der menschlichen Psyche liegen. Um das herauszufinden, begannen mutige Wissenschaftler (Psychologen, Physiker, Philosophen) ab den 1860er Jahren damit, sich diese Themen des Jenseits anzunehmen. Sie untersuchten die Vorgänge und die Personen, die angaben, die Kontakte zum Jenseits herzustellen (die Medien). Untersucht wurde dies auch hinsichtlich Betrügereien, was manchmal nachgewiesen wurde. Psychologiehistorisch betrachtet waren diese Untersuchungen und Forschungen die Geburtsstunde der modernen Parapsychologie.[7]

Aktuelle Literatur zu diesem Thema:

- Bertram Schmidt: *Der andere Bezug – Gute Totengeister in Weltliteratur, Wissenschaft und Religion*, 2022.
- Ina Schmied-Knittel (Hrsg.): *Science und Séance*, 2023.

Gaukeleien?

1843

Auf dem Markte zu Schwäbisch-Hall zeigte ein Gaukler seine Künste. Eben wunderten sich die Zuschauer über einen Hahn, welcher einen Wiesbaum im Steiß stecken hatte und damit klappernd die vielen Staffeln der Michelskirche hinauf hüpfte, als ein Mädchen mit einer Tracht Futter dazukam. Da in dieser ein Kleeblatt mit vier Blättlein war, so erkannte das Mädchen des Gauklers Blendwerk und rief den Leuten zu: „Ei, was wundert ihr euch denn? das ist ja ein Strohhalm, was der Hahn im Hintern hat!" Dies verdross den Gaukler, augenblicklich stieß er dem Mädchen das Bündel Futter vom Kopfe und verblendete es dann so, dass es glaubte, durch ein Wasser zu waten, und deswegen den Rock bis über die Knie aufhob, zum großen Gelächter der Anwesenden.

Einer Dame unter den Rock zu sehen, das war nicht erlaubt. Trotzdem werden derartige Geschichten von etlichen Orten erzählt. Gaukler waren die Attraktion auf den Jahrmärkten, sie zogen von Ort zu Ort, auch durch die Kraichgaustädtchen. Darunter waren Akrobaten und Jongleure, andere verkauften Elixiere wie früher die Theriakhändler. In der Sage kommt ein solcher Gaukler in die Stadt und führt seine Kunststücke vor. Dieser Gaukler hatte einiges drauf. Die Zuschauer geraten in seinen Bann. Ist es glaubwürdig, was da überliefert wird?

Derartige Phänomene werden in der Hypnose-Literatur beschrieben und als Gruppenhypnose bezeichnet. Mit der Hypnose, wie sie ein Arzt oder Psychotherapeut anwendet, haben solche Spektakel-Aufführungen wenig zu tun, denn von einem Therapeuten wird meist nur eine leichte oder mittlere Hypnosetiefe angewandt und keine Tiefenhypnose[1]. Eine moderne Form der Hypnose ist die „Straßenhypnose". Wenn Sie heute in einer Innenstadt einen Hypnotiseur sehen, der ein Schild aufgestellt hat mit dem Text: „Hypnose, kostenlos", dann handelt es sich um einen

Straßenhypnotiseur, der die Passanten in eine Schnellhypnose versetzt, wenn sie damit einverstanden sind.

Der Begriff Hypnose wurde 1843 bekannt, insbesondere durch den Arzt James Braid[2]. Das Verfahren der Hypnose hat sich aus dem Mesmerismus des 18. Jahrhunderts entwickelt. Beim Mesmerismus wurden hypnoseähnliche Zustände durch sog. Passes durchgeführt, das sind Streichungen entlang des Körpers eines Patienten. Dies führt bei ihm zu veränderten (hypnotischen) Bewusstseinszuständen.

Ein Wiesbaum ist eine schwere Holzsäule. Das vierblättrige Kleeblatt gilt als Glücksbringer. Es soll auch vor Verzauberung schützen, jedenfalls nach damaliger Ansicht. Dieser Meinung nach würde das vierblättrige Kleeblatt das Mädchen unwissentlich in die Lage versetzen, den hypnotischen Trick (Wiesbaum statt Strohhalm) zu durchschauen. Indem jedoch der Gaukler der jungen Frau plötzlich das Bündel Futter vom Kopf stößt, gerät sie in einen Schreckzustand, den der Gaukler nutzt, um sie in eine Schnellhypnose zu versetzen. Eine Schnellhypnose lässt sich bei einer Person einleiten durch Überrumpelung (z. B. ihren Kopf plötzlich drehen), danach hat der Hypnotiseur etwa eine Sekunde Zeit, um sie zu hypnotisieren. Er gibt ihr dann rasch einen hypnotischen Befehl, eben in dieser Sekunde, z. B. den Befehl „Schlaf!", dazu kommen weitere Anweisungen. Gelingt ihm das, so führt die Person, falls sie sich jetzt in einem tiefen hypnotischen Zustand befindet, meist unsinnige Anweisungen des Hypnotiseurs aus, wie im Sagentext beschrieben. So etwas gibt es wirklich. Es ist jedoch nichts Übernatürliches.

Hexerei in Kleinsteinbach

1841

Als im Frühjahr 1841 zwei Mädchen nachmittags auf dem Feld von Kleinsteinbach grasten, entstand plötzlich bei ihnen ein Wirbelwind. „Wirf deinen linken Schuh hinein!“, sagte die eine zur anderen, worauf diese erwiderte: „Tue du es!“ Da zog jene ihren linken Schuh aus und warf ihn in den Wirbel und augenblicklich war letzterer weg und auf dem Platze stand eine Frau aus dem Dorfe. Ohne den Mädchen, die sie anredeten, zu antworten, ging sie sogleich fort, und jene wussten nun, dass die Frau mit Recht als Hexe verrufen war.

Hexenglaube 1841 in dem beschaulichen Ort Kleinsteinbach. Sagen sind oft unglaubliche Geschichten. Sie gewähren jedoch einen Einblick in das Denken ihrer Zeit. Der knappe Text beschreibt einen beginnenden Wetterzauber. Diese fremdartige Gedankenwelt war damals, Mitte des 19. Jahrhunderts, noch Bestandteil des Volksglaubens. Nach heutigem Wissen ist Wetterzauber wirkungslos. Dass die Hexe einen Wetterwirbel machen kann, beruht nach den Vorstellungen der damaligen Zeit auf ihrem Vertrag mit dem Teufel. Wetterzauber bedeutet, dass eine Hexe durch ihren Zauber mit Hilfe des Teufels einen Wirbelwind erzeugen kann, in dem sie sich zeigt und von da aus Gewitter, Regen, Sturm und vor allem Hagel hervorruft, z. B. um Ernten zu vernichten. Der Grund dafür ist Bosheit oder Rachsucht oder die Hexe hat diese Untaten im Auftrag des Bösen zu erledigen.

Es gibt weitere Sagen solcher Art. So bei Ernst Meier *Schwäbische Sagen*, Bd. 1, S. 257 aus Derendingen. Dort finden sich weitere Details:

„Wenn auf der Straße ein Wirbelwind entsteht, den man Windsbraut nennt, so rührt das von den Hexen her. Dann muss man nur ein Messer, das mit drei Kreuzen versehen ist, hineinwerfen, so kann die Windsbraut keinen Schaden anrichten.“

Das Messerwerfen ist hier als Gegenzauber zu verstehen. Wirft man an Stelle des Messers den linken Schuh in den Wirbel („Windsbraut“) hinein, so lässt sich im Wirbel die Hexe erkennen, heißt es. Andere Sagen erzählen, dass man auch eine Kappe oder eine Schürze in den Wirbel hineinwerfen kann, dadurch ist die Hexe ebenfalls gezwungen, sich in ihrer menschlichen Gestalt zu zeigen. Falls die Hexe durch ein geworfenes scharfes Messer verletzt wird, muss man jedoch ihre Rache fürchten.[1]

Die Ursache von plötzlichen Wetterumschwüngen, die in einem kleinen örtlichen Bereich toben, war den Menschen früher unbekannt. Sie wurden als von bösen Geistern oder zauberkundigen Personen wie Hexen und Magiern verursacht angesehen. Zur Abwehr derartigen „Hexenwetters“ wurde Glockenläuten eingesetzt, oder mit geweihten Kugeln in die Wolken geschossen.

Noch kurz zu 1841. Das Sagenereignis ist nicht sehr alt. Die Zeit der Hexenverfolgung war damals, 1841, bereits lange vorbei, zumindest die offizielle Hexenverfolgung. Der letzte Hexenprozess in Deutschland fand 1775 in Kempten statt[2], in der Schweiz zuletzt 1782. Den letzten Hexenprozess im Kraichgau gab es in Fürfeld 1716; der Fall zog sich bis 1751 hin.[3]

Wurde diese Geschichte damals in Umlauf gesetzt, um eine bestimmte Frau aus dem Ort in Verruf zu bringen? Es heißt im Text, „… dass die Frau mit Recht als Hexe verrufen war“. Wir können bei einem derart kleinen Ort davon ausgehen, dass bekannt war, welche Person gemeint war. Vielleicht hatte sie gewisse Kenntnisse über Heilung, besaß Kräuterbücher, hatte seltsame Gewohnheiten, war vielleicht zänkisch, war aus der Dorfgemeinschaft ausgegrenzt. Dass man durchaus in den Ruf, eine Hexe zu sein, geraten konnte, das zeigt ein Vorfall aus dem nicht weit entfernten Ort Großglattbach aus dieser Zeit. Es ist die Geschichte einer Frau Sarah Geyer, die eine Frau im Dorf beschuldigte, eine Hexe zu sein. Dieser Vorfall ist tatsächlich geschehen, es ist ein dokumentierter Fall aus dem Jahr 1836.

Tanz in der Fastenzeit

1840

In Rohrbach am Gießhübel wurde einmal in der Nacht vom Fastnachtsdienstag auf Aschermittwoch noch nach zwölf Uhr getanzt. Da kam ein Jäger, nahm ein Mädchen und tanzte mit. Ein anderes frommes Mädchen, welches an der Türe zusah, bemerkte, dass der Jäger Geißfüße hatte, und als sie es den Umstehenden mitteilte, verschwand er vor aller Augen. Darauf haben die Rohrbacher nie mehr in die Fasten hinein tanzen mögen.

Dieses Geschehen ist nicht ohne Humor gezeichnet. In alten Sagen, Legenden und im Schwank ist der Teufel eine beliebte Figur. Es gibt den Teufel als Jäger, Tänzer und Liebhaber. Es gibt den armen Teufel, dem in Wetten unlösbare Aufgaben gestellt werden, z. B. dass er in Weihwasser baden muss oder eine Treppe bis in den Himmel bauen soll. Es gibt die Sagen von den Kartenspielern und dem Teufel und von den Keglern und dem Teufel. Das bedeutet: am Sonntag nicht Kartenspielen oder kegeln, schon gar nicht während des Gottesdienstes, sonst „holt einen der Teufel".

In dem kleinen Ort gab es die Gasthäuser „Zum Löwen", den „Ritter" und das „Batzenhäusle", das als Spukort bekannt war[1]. In diesem „Batzenhäusle", in dem es Tanz gab und große Schlägereien, da könnte unsere Sage entstanden sein. Was in Rohrbach getanzt wurde, darauf kommt es nicht an; anstößig war allein, dass an Aschermittwoch getanzt wurde, dass in der kirchlichen Fastenzeit getanzt wurde. An Aschermittwoch beginnt die österliche Bußzeit. Aschermittwoch ist wie der Karfreitag ein strenger Fastentag.

„Wo Tanz ist, da ist der Teufel", lautet ein alter christlicher Spruch. Der Teufel zeigt sich in vielerlei Gestalt in den Sagen. In unserer Sage kommt er nicht mit Schwefelgestank aus der Hölle daher, sondern ist gut gekleidet. Doch es gibt bei ihm einen Mangel. Ein frommes Mädchen bemerkt, dass er Tierfüße hat. Das Mädchen macht den Trubel des Tanzens nicht mit, es steht unter der Türe und beobachtet das Geschehen. Am letzten Satz ist dies zu sehen: „Die Rohrbacher haben nie mehr in die Fasten tanzen mögen."

1840

Irrlichtersagen

Wolfartsweier: Auf den dortigen Feldern wandelt in den Adventsnächsten ein blaues Licht, das bis zum ersten Hause von Wolfartsweier kommt und dann wieder zurückgeht.

Diese Sage benennt in nur einem Satz ein Phänomen, das überall bekannt war: das Irrlicht. Irrlichter sind seltsame Flämmchen, die oft nur wenige Sekunden lang in geringer Höhe über dem Boden schweben, bis sie erlöschen. Meist sind sie klein und von blauer Farbe. Manchmal haben sie menschliche Gestalt. Der Hintergrund solcher Adventsgeschichten ist das Thema Diesseits und Jenseits. Irrlichter sind nach einem seit Jahrhunderten existierenden Volksglauben Erscheinungsformen von Geistern, die als Feuergeister sichtbar werden. Vor allem seien Irrlichter die Seelen von ungetauft verstorbenen Kindern oder Seelen von Grenzsteinversetzern, die nach dem Tode nicht zur Ruhe kommen. Diese Ansichten verschwimmen mit dem auf ähnlichen Gedanken basierenden christlichen Glauben an die armen Seelen aus dem Fegefeuer. Wir haben also das Phänomen Irrlicht (die Wahrnehmung) und wir haben das Thema, was ein Irrlicht wirklich ist.

Advent ist die Zeit der vier Wochen vor Weihnachten (25. Dezember). In dieser Zeit sind dem Volksglauben nach Hexen und Geister aller Art unterwegs: feurige Männer, weiße Frauen, das wilde Heer, auch die Irrlichter. Die Körperlichkeit dieser Totenseelen als Irrlichter ist weitgehend aufgelöst, die Totenseele erscheint nur noch als Licht. Meist sind Irrlichter harmlos, sie leuchten einem Wanderer nachts für den rechten Weg, doch manche Irrlichter führen Wanderer wirklich in die Irre.

Wissenschaftler wollen allen Möglichkeiten nachgehen. Ihre naturwissenschaftliche Erklärung: Irrlichter sind brennende Fäulnisgase in sumpfigen und moorigen Gegenden, chemisch Schwefelwasserstoff (H2S) oder Methan (CH4). Auch Glühwürmchen und leuchtende Pilze wurden schon als Erklärung herangezogen. Die Gegend der Felder von Wolfartsweier[1] grenzt an Au, heute Durlach-Aue. Dort war früher ein Auwald mit einem Sumpfgebiet. Die naturwissenschaftliche Erklärung des blauen Lichts ist daher plausibel. Zumindest in diesem Fall.

Bei dem Phänomen der Irrlichter ist wieder die Frage, ob es sich im Einzelfall um natürliche Vorgänge handelt (H2S, CH4) oder um eine übersinnliche Begegnung. In manchen Sagen zeigen Irrlichter ein intelligentes Verhalten, z. B. kommen sie auf Menschen zu, die sie beschimpfen oder angreifen, wie in einer Sage aus der Gegend von Pforzheim. Diese Sage behandelt das Thema „Schüsse auf Geister" und soll hier kurz aufgeführt werden.

Ein Jäger sah bei Nacht in den Weinbergen zwei blaue Lichtlein vor sich herüber- und hinüberschweben. Nachdem er dies eine Weile angesehen hatte, schoss er danach, worauf er aber jämmerliche Schläge bekam und vier Wochen lang krank im Bett liegen musste.

Was soll man von einer derartigen Geschichte halten? Hat der Jäger auf dem Nachhauseweg eine Schlägerei angefangen, dabei den Kürzeren gezogen, dann diese übernatürliche Geschichte erfunden, damit er nach seiner nächtlichen Heimkehr nicht als Verlierer dasteht? Vielleicht. Im Volksglauben wird gern erzählt, dass es Geister übel vermerken, wenn auf sie geschossen wird, die Kugel kommt dann auf den Schützen zurück oder es gibt von ihm Prügel. So muss der Jäger vier Wochen lang mit Schmerzen das Bett hüten. Immerhin, im Vergleich zu einem Totengeist – wenn einem etwas weh tut, weiß man, dass man noch lebt!

Nachdenklich macht ein dokumentierter Fall aus dem Pfarrhaus von Cleversulzbach. Damals war der Dichter und Pfarrer Eduard Mörike (1804–1875) dort tätig (1834–1843). Sein Mitarbeiter Sattler schildert zwei rötlich-blasse handgroße Flämmchen, die am 29.11.1840 um 20:30 Uhr in seinem Schlafzimmer an der Wand auftauchten. Er berührte eines der Flämmchen, es verschwand daraufhin. Dann tauchte es daneben wieder auf. Mehrmals wiederholte er diesen Vorgang. Er betrachtete dies alles etwa fünf Minuten lang. Die Wand zeigte danach keine Spuren. Also nur ein Spuk und kein echtes, materielles Feuer. Mörike erlebte in seiner Amtszeit in Cleversulzbach mehrfach Spukphänomene (klopfen, pochen, tappen) und berichtete hierüber. Auch den Pfarrern vor Mörike war dort solcher Spuk bekannt.[2]

1836

Der weiße Hexenkuchen

Am Tage der Gochsheimer Kirchweihe rief einmal eine dortige Frau, die allgemein als eine Hexe galt, ein kleines Mädchen zu sich und schenkte ihm ein Stück schönen, weißen Kuchens. Ohne davon zu essen, nahm das Kind den Kuchen mit nach Hause, wo seine Mutter, als sie erfahren hat, woher er komme, ihn gleich in die Küchenkammer verschloss. Am anderen Morgen fand sie, statt seiner, ein Stück groben Schwarzbrots, worin eine Menge Menschenhaare eingebacken war.

Ist das eine der verrückten Geschichten aus der Welt des Aberglaubens? Eine Frau gerät in Verdacht, dem kleinen Mädchen schaden zu wollen, z. B. dass es krank werden soll, wenn es von dem geschenkten Kuchen isst. Die Mutter weiß, was hier zu tun ist, sie schließt sofort den Kuchen weg. Die Zählebigkeit dieses Glaubens an Hexen und Schadenzauber war den Geistlichen und Ärzten der Region während dieser Jahrzehnte ein vertrauter Sachverhalt.[1] So wurden z. B. 1836 in Großglattbach (Nähe Mühlacker) von einer Frau Sara Gayer Hexereivorwürfe gegen eine Einwohnerin Großglattbachs erhoben. Diese hätte einem Bewohner des Dorfes, Adam Kühnle, eine Krankheit angehext, indem sie ihn einen verhexten Zwiebelkuchen mit eingebackenen Schuhnägeln (!) verzehren ließ.

Dies alles gründet auf den alten Hexenvorstellungen und ist nicht nur in den Sagen zu finden, sondern auch in Dokumenten. In Hexenprozessakten von Parallelfällen der früheren Jahrhunderte waren geschenkte Hexenkuchen zum Zweck eines Schadenzaubers als Anklagepunkte aufgeführt. In weiteren Prozessakten tauchen Aussagen zu Hexenkuchen auf, die sich nach einiger Zeit als faules Holz oder Pferdemist herausgestellt hätten. Im letzten Hexenprozess, der im Kraichgau stattfand, in dem Ort Fürfeld, ging es im Gericht u. a. um das Geständnis, dass die Beschuldigte Kindern eine Hexensalbe in einem Kuchen zu essen gegeben habe.[2] Diese Dinge wurden Mitte des 19. Jahrhunderts noch für möglich gehalten.

Von Silvester und Neujahr

1835

Dem Bleigießen in der Silvesternacht wurde in früheren Jahren große Bedeutung beigemessen. Die Zeichen und Figuren, die sich dabei ergaben, wurden als Boten des Schicksals angesehen. (Bretten)

In der Neujahrsnacht wurden drei schutzbringende Kreuze über der Stalltüre angebracht. (Carl Krieger: *Kraichgauer Bauerntum*)

Die Burschen zogen in der Silvesternacht unter die Fenster ihrer Liebsten und schossen ihnen das neue Jahr an. (Östringen) **Ein Sinnzeichen der Lebenskraft ist das Schießen, Lärmen und Tollen an Neujahr.** (Oberderdingen)

Bräuche gibt es vielerlei: religiöse Bräuche bei Taufe, Hochzeit und Weihnachten, Bräuche gibt es im Jahreslauf z. B. an Fastnacht, Silvester und Neujahr, auch Grundsteinlegung und Richtfest zählen zum Brauch. Im Brauch erleben wir oft eine Welt, mit der wir es parallel in den Sagen zu tun haben. Bräuche deuten auf einen hinter liegenden Sinn hin. Bei Silvester und Neujahr geht es um die Bedeutung der Zeit, daher die Orakelbräuche wie Bleigießen und Schuhwerfen als Liebesorakel. Der 31. Dezember ist der übliche Bilanztermin in der Welt der Unternehmen, mit Rückblick auf das vergangene Jahr und Ausblick auf das neue Jahr.

Silvester und Neujahr sind Tage, die aus der Ordnung der alltäglichen Welt herausfallen, bei denen ein Blick in die Zukunft möglich erscheint. Es sind Übergangszeiten, wie auch die gesamte Zeit der Raunächte zwischen Weihnachten und Dreikönig. Jeder kann – auch heute noch – versuchen, sich hier vom Trubel des Alltags freizumachen, sich einzulassen in diese Zeit. Nachdenken über das was war, was ist und was kommen mag, frohes Beginnen und frohes Scheiden. Nachdenken darüber, was seine Wünsche sind, Nachdenken über die Zeit des Lebens. Dazu gehört, Ordnung zu machen im Haus und im eigenen Inneren.

Silvester, der letzte Tag des Jahres, ist nach dem am 31. Dezember 335 verstorbenen Papst Silvester I. benannt. Es ist der Gedenktag dieses Papstes. Silvester I. war Papst von 314–335.

Drei Kreuzzeichen: Das Kreuzzeichen ist das zentrale Symbol der christlichen Kirche, das Zeichen der Auferstehung. Im Volksglauben findet es sich als Schutzzeichen gegen Hexen und böse Geister. Es wurden ein oder drei Kreuzzeichen an Türen oder Fenstern aufgemalt, vor allem an Neujahr und an anderen Tagen, an denen mit dem Umgehen von Hexen und Geistern gerechnet wurde. Es ging um den Schutz des Hauses und der Tiere – um den Schutz des Vermögens. So war es damals. Ob im Einzelfall Kreuzzeichen aus rein christlichem Glauben oder aus magischem Weltverständnis oder aus christlich-magischem Glauben angebracht wurden, wäre im Einzelfall zu hinterfragen. Denn das Kreuzzeichen ist nicht nur ein christliches Symbol. Es wird auch als Amulett verwendet. Zahlreiche Hinweise zu den Verbindungen von Religion und Volksglauben finden sich in einem Monumentalwerk dieser Zeit: *Deutsche Mythologie* (1835), geschrieben von Jacob Grimm.

Das Neujahrsschießen gehört zum Lärmbrauchtum. Früher war das ein Brauch, um böse Geister zu vertreiben. Karl Weisert berichtet im *Heimatbuch Knittlingen*, 1968, S. 236 vom Neujahrsschießen und dem Sich-näher-kommen der Jugend in den Vorsitzabenden dieser Zeit. Vorsitz-Abende mussten vom Kirchenkonvent genehmigt sein. Hierbei wurden Bedingungen gestellt: „Es dürfen sich schlechterdings keine ledigen Purschen in Gesellschaft der ledigen Weibspersonen sein. Die Dauer des Zusammenseins in der Kunkelstube darf nicht länger als bis nachts 10 Uhr sein. Geistige Getränke dürfen nicht genossen werden.“ Nun, so kommen die jungen Leute nicht weiter, dann muss eben in der Silvesternacht unter dem Fenster der Liebsten etwas gemacht werden, z. B. geschossen werden.

Das Schießen geschah meist mit Gewehren. Die Feuerwerkspulver konnten damals noch selbst hergestellt werden. An manchen Orten war früher auch das Neujahrsschießen verboten, z. B. in Sinsheim. In einer Neujahrnachtsordnung heißt es: „Nach 10 Uhr darf in den Wirtshäusern nicht mehr gesungen werden. Das Schießen wird mit Geld bis zu 25 Gulden oder mit Gefängnis bis zu acht Tagen bestraft.“ (aus: Wilhelm Bauer: *Sinsheimer Leben*, 1995, S. 161) Manchmal wurden die jungen Burschen, wenn sie der Familie angenehm waren, nach dem Schießen in das Haus der Liebsten gebeten und bewirtet. Dann war das Schießen vor dem Haus allerdings vorbei.

Mit Goethe durch die Sagenwelt

1832

Wir kennen Johann Wolfgang von Goethe (1749–1832) vor allem als Dichter von Weltrang. Darüber hinaus war Goethe Jurist, Naturwissenschaftler und Finanzfachmann. Er hat sich zudem mit Phänomenen und Vorkommnissen beschäftigt, mit denen wir es in den kommenden Sagen zu tun haben: Aberglaube, Erscheinungen und Magie sowie Schatzgräber und die Geheimbünde der Freimaurer und Illuminaten. In seinem Lebenswerk, dem Faust, findet sich vieles von diesem bemerkenswerten Wissen. Kurzum, Goethe war ein gebildeter Mann mit scharfem Verstand und starker Intuition. Er ist der Richtige, der uns nun durch die Jahrzehnte seiner Zeit begleiten kann.

In Goethes früher Studentenzeit gab es ein tief in sein Leben eingreifendes Ereignis, das besondere Erwähnung verdient. Die angewandten Mittel halfen gegen eine schwere Krankheit nicht. Erst ein ungewöhnlicher Arzt heilte ihn auf heftiges Drängen seiner Mutter mit einer alchemistischen Medizin. Es ging dabei um ein trockenes Salz von alkalischem Geschmack, das in Wasser aufgelöst von dem Patienten geschluckt wurde, worauf rasch Besserung und schließlich Heilung eintrat. Im 8. Band von *Dichtung und Wahrheit*, seiner Autobiographie, schildert Goethe dieses Erlebnis an der Grenze zwischen Leben und Tod. Goethe führte danach selbst alchemistische Experimente in Frankfurt durch, er fand Interesse an den Büchern von der Kunst zur Verwandlung der Metalle.[1]

Goethe glaubte, dass ein Blick in die nahe Zukunft möglich ist, ebenso berichtet er aus eigenem Erleben von Gedankenübertragungen (Gespräche mit Eckermann, 7.10.1827). Goethe vermochte Phänomene wie Ahnungen, Telepathie und den Blick in die Zukunft von unsinnigem Aberglauben abzugrenzen. So macht er sich lustig über den Zahlenaberglauben seiner Zeit, dies mit der berühmten Szene vom Hexeneinmaleins:[2] „Du musst verstehn! / Aus Eins mach Zehn, / Und Zwei lass gehen, / Und Drei mach gleich, / So bist du reich, / Verlier die Vier! / Aus Fünf und Sechs, / So sagt die Hex', / Mach Sieben und Acht, / So ist's vollbracht: / Und Neun ist Eins, / Und Zehn ist keins. / Das ist das Hexen-Einmaleins." Ein Meisterwerk des Unsinns. Das führt uns zum Zahlenaberglauben des Kraichgaus.

1831 Geheimnisvolle Zahlen und Zeichen

In Bretten gilt die Zahl 13 als Unglückszahl. Man vermeidet daher, 13 Gäste einzuladen, 13 Blumen zu verschenken, im Hotel das Zimmer 13 zu beziehen und am 13. eines Monats wichtige Dinge zu erledigen. In Obergrombach hält man wie fast überall die Zahlen 13 und 17 für Unglückszahlen und 10 und 12 für glücksbringend. Die Bauern machen im Kraichgau über ihre Stuben- und Stalltüren 3 Kreuze oder die Anfangsbuchstaben der Heiligen Drei Könige: C.M.B. Das Pentagramm ist ebenfalls über dem Eingang zu sehen.

Ohne Zahlen können wir keine Wissenschaft betreiben. Mit Zahlen vermögen wir etwas zu berechnen (Zahlen quantitativ nutzen), darüber hinaus können wir in ihnen eine qualitative Bedeutung suchen, sie als Symbole nutzen. Das gilt vor allem in der Numerologie[1]. Bei den einfachen Formen der Numerologie wird versucht, Charaktereigenschaften und Zukunftsthemen eines Menschen aus seinem Namen (der in Zahlen umgewandelt wird) und aus seinen Geburtstagszahlen abzuleiten, ähnlich wie in der Astrologie aus dem Horoskop des Geburtsaugenblicks. Auch die Kabbalistik, eine jüdische Mystik und Esoterik, beinhaltet eine Zahlenlehre. Schließlich sind auch in der Bibel manche Zahlen von Bedeutung. Doch die obigen Zahlendeutungen aus Bretten[2] und Obergrombach[3], die 13, 17, 10 und die 12, das sind wirklich abergläubische Ideen, ebenso die Einteilung von Zahlen in Glücks- und Unglückszahlen. Trotzdem, einige Menschen haben selbst heute ein komisches Gefühl, wenn sie der Dreizehn begegnen, vor allem, wenn es zur Verdopplung der Unglückszeichen kommt: Freitag, der Dreizehnte!

In den drei Kreuzen sah man die heilige Dreifaltigkeit und in den Buchstaben C. M. B. die segnende Kraft der Heiligen Drei Könige (Dreikönigszettel 1778). Das Pentagramm (Drudenfuß) ist das Gebilde eines fünfzackigen Sterns, das in einem Zug gezeichnet werden kann. Es dient(e) im Volksglauben vor allem zur Abwehr von Unheil (Verluste, Krankheiten).

Das Schanzenweible

1830

Das Schanzenweible war eine alte und kleine Frau, die sich immer auf ihren Stock stützte, um eine Krankheit vorzutäuschen, wenn die fleißigen Bauern vorbeifuhren oder liefen. Sie wohnte in der Nähe des Schanzwegles. Wem sie übel gesinnt war, dem spielte sie einen Possen, sobald er nachts durch das Schanzwegle musste. Oft ließ sie eine schwarze Katze, die am Schwanze ein feuriges Lämplein trug, vorbeispringen, um so einem Angst zu machen. Wer also nachts durch das Wegle ging, musste sich vor der Alten in acht nehmen.

Das Schanzenweible in Königsbach-Stein: Sie wohnte in der Nähe der Kirche beim Friedhof. Wer sie war und wie sie hieß, ist nicht mehr bekannt. Als Possen werden ihre Unternehmungen bezeichnet, man kann sich den Spaß der alten Frau gut vorstellen wie auch die Schrecken der Männer, die geflohen sind. In der Nacht alleine unterwegs sein, da hat mancher ein mulmiges Gefühl, vor allem beim dunklen Weg am Friedhof entlang, einem Grenzbereich von Leben und Tod. Und plötzlich ein feuriges Etwas, das auf einen zukommt. Ist es ein Gespenst? Oder ein unheimliches Irrlicht aus dem Fegefeuer?

Schließlich ist herausgekommen, dass die alte Frau vom Schanzenwegle hinter diesen Dingen steckte. Für uns ist das eine vergnügliche Geschichte. Goethe hätte an der Sage vom Schanzenweible bestimmt seine Freude gehabt. In seinem Faust kommt der Teufel Mephisto in der Gestalt eines feurig-schwarzen Pudels vor, der Faust und seinen Gehilfen Wagner bei einem Spaziergang umkreist. Hierbei lässt Goethe seinen Faust über diesen Pudel sagen: „Und irr' ich nicht, so zieht ein Feuerstrudel auf seinen Pfaden hinterdrein. Der Kreis wird eng, schon ist er nah!" Darauf Wagner: „Du siehst! Ein Hund, und kein Gespenst ist da."

1829 Das Haus der Friederike Hauffe

Bis heute hält sich die Sage, dass es in ihrem Haus am Marktplatz in Kürnbach gespukt habe. Von Lichterscheinungen, zuckenden Blitzen in den Zimmern ist die Rede, und von lärmenden Stimmen in der Nacht – letztere dürften der Realität entsprochen haben, denn Friederike Hauffe besaß offensichtlich die Gabe des zweiten Gesichts. Die anerkannten Wissenschaften können bis heute keine rechte Erklärung für derartige Visionen bieten.

Das Haus der Friederike Hauffe, in dem sie von 1821–1826 wohnte, gibt es heute nicht mehr, es wurde im Rahmen der Dorfsanierung 1977 abgerissen.[1] Noch in den 1970er Jahren wurde in Kürnbach dieses Haus als das „Geisterhaus" bezeichnet. Dies haben mehrere Personen aus dem Dorf dem Verfasser bestätigt.

Friederike Hauffe, geb. Wanner, gehört zu den bekanntesten Persönlichkeiten des Kraichgaus. Die schöne Frau mit den weißen Leinenkleidern kam 1801 in Prevorst (bei Löwenstein) zur Welt. Schon als Kind besaß sie ein Ahnungsvermögen, hatte voraussagende Träume und konnte mit der Wünschelrute umgehen. In die Literatur ging sie ein als „Die Seherin von Prevorst", wie der gleichnamige Titel des Buches von Justinus Kerner sie nennt. Dieses Buch ist 1829 erstmals erschienen und wurde ein Klassiker in der Geschichte der Erforschung des Paranormalen.[2]

Es wird viel erzählt von derart ungewöhnlichen Dingen. Doch vielen Sagen liegen reale Begebenheiten zugrunde. In obiger Sage sind leider die Spukvorgänge nur minimal bezeichnet, doch werden derartige Vorfälle aus vielen Jahrhunderten detailliert berichtet. Zeitlich parallel zu unserer Sage wird von spukhaften Lichterscheinungen (wandernde kühle Flämmchen) aus dem Pfarrhaus des nahen Ortes Cleversulzbach berichtet, die der Pfarrer und Dichter Eduard Mörike dort während seiner Amtszeit (1834–1843) erlebt hat, ebenso dessen Amtsvorgänger. Mörike berichtet davon in seinen Tagebuchaufzeichnungen. Es gibt Zeiten, in denen die Menschen ein starkes Interesse an derartigen

Themen zeigen. Dazu zählt das Zeitalter der Romantik, in dem wir uns hier befinden.

Auf der Suche nach einer Erklärung sind für Wissenschaftler derart ungewöhnliche Erfahrungen wie bei Friederike Hauffe (Spuk, Hellsehen usw.) eher befremdliche, störende Vorfälle, schon deshalb, weil es ihrer Ansicht nach keine plausiblen Erklärungen im Rahmen ihres wissenschaftlichen Weltverständnisses gibt. Paranormale Phänomene entziehen sich weitgehend wissenschaftlicher Untersuchung. Sind es bei Friederike Hauffe Halluzinationen einer Geisteskranken? Sind ihre eingetroffenen Voraussagen weiter nichts als Zufälle? Heike Drechsler schreibt in ihrem Buch *Kürnbach* (aus dem der Sagentext stammt) zutreffend, dass die anerkannten Wissenschaften keine rechte Erklärung bieten. „Grau ist alle Theorie", heißt es. Dass Erfahrungen wie Wahrträume, Ahnungen, Erscheinungen, auch Nahtoderfahrungen vorkommen, das zeigen die Ergebnisse von Bevölkerungsumfragen aus mehreren Jahrhunderten. Dass diese Erlebnisse real sind, entsprach damals dem Wirklichkeitsverständnis vieler Menschen. Es gibt hunderte alter und neuer Schriften, die sich mit derartigen Themen befassen. Zu ihren Autoren zählen Goethe, Luther, Paracelsus, Novalis, Kerner, Agrippa von Nettesheim, Droste-Hülshoff, Mörike, Storm sowie aus neuerer Zeit C. G. Jung.

1825 Die Seherin von Prevorst

Auch diese glänzenden Gegenstände erweckten ihr geistiges Auge. Vor zwei Jahren habe sie [Friederike Hauffe] zufällig in ein Glas Wasser gesehen, das auf dem Tische gestanden, da sei ihr in ihm ein Gefährt erschienen, das sie, wie auch die Leute, die in ihm gesessen, ganz beschrieben habe, auch die Pferde und namentlich, dass eines eine Zeichnung am Kopfe, das andre keine gehabt. Nach zwanzig Minuten sei alsdann ein Gefährt ganz so, wie sie es beschrieben, mit den gleichen Leuten und Pferden die Chaussee von B. hergefahren. Sie habe dazumal öfter in ein Glas gesehen und in ihm immer die Menschen gesehen, die unten am Hause, wohin sie nicht habe schauen können, vorübergegangen.

Friederike Hauffe sieht in die Zukunft. Das ist ungewöhnlich. Damals waren derartige Vorfälle zwar bekannt, doch weitgehend wissenschaftlich unerklärlich. Entstehende Wissenschaften wie heute die Parapsychologie gab es damals noch nicht, die Kirchen und einige Philosophen beschäftigten sich mit diesen Themen. Die Kirchen hatten darin schon immer ein Spezialwissen, allein schon die Bibel ist voller Wundergeschichten, Erscheinungen von Engeln und Erlebnissen mit heidnischem Zauber.

Über das Leben der Friederike Hauffe sind wir gut unterrichtet. Ihr Arzt Justinus Kerner nannte sie in seinem gleichnamigen Buch: *Die Seherin von Prevorst.* Durch ihn wissen wir um vieles, was hier vor gut 200 Jahren geschah. Kerner, als Arzt und Forscher dieser Zeit, ist derjenige, der sich am intensivsten mit den Gebieten des Übersinnlichen, dem animalischem Magnetismus und dem Somnambulismus, beschäftigt hat. Seine Patientin gehört zu den paranormal-begabten Personen der Geschichte. Vieles von dem, was sie an Visionen, Erscheinungen und Träumen erlebte und mitteilte, was es um sie herum an seltsamen

Vorfällen gab, bei denen sich Gegenstände ohne Einwirkung von selbst bewegten, hat Kerner beobachtet und dokumentiert. Bei Friederike Hauffe treten die paranormalen („übersinnlichen") Vorfälle nicht – wie sonst in den Sagen üblich – selten und spontan auf, sondern sie gehören zu ihrem Leben, fast könnte man sagen, sie gehören zu ihrem Alltag. Umstritten blieb sie dennoch: Für die einen gelten ihre Erlebnisse als Halluzinationen einer Geisteskranken, als fern der Wirklichkeit, für die anderen sind es zwar ungewöhnliche, dennoch reale Erlebnisse. Die Einstellung hierzu hängt wie so häufig vom Weltbild ab.

Kerner bezeichnet Friederike Hauffe als Seherin, keineswegs als Schwindlerin oder als Geisteskranke. Eine Seherin (Hellseherin) sieht oder spürt, ahnt (Vorahnungen), was in der nahen oder fernen Zukunft geschehen wird oder was in der Gegenwart an einem anderen Ort geschieht. Manchmal erfolgt dieses „Sehen" mit einem Hilfsmittel, wie in unserer Geschichte mit einem Wasserglas. Dieses Verfahren wird Hydromantie genannt. Wir kennen das schon aus einer Sage aus Zeutern. Bedeutsam bei derartigen Methoden ist, dass dadurch unbewusste Informationen ins Wachbewusstsein gelangen, dabei kommen auch (zuvor) paranormal erworbene Informationen in Betracht, die als visualisierte Bilder ins Wachbewusstsein aufsteigen. Allerdings sind derart paranormal (hellseherisch bzw. per Gedankenübertragung) erhaltene Informationen nur selten als solche nachweisbar, da wir es hier meist mit Spontanvorgängen zu tun haben.

In den Naturwissenschaften werden solche Vorgänge generell nicht als existent akzeptiert, d. h. die Zukunft ist gerade nicht sicher vorhersehbar, Erscheinungen sind nicht wie physikalisch-reale Dinge einzufangen und Gegenstände bewegen sich nicht von selbst.[1] Anders die Literatur im Zeitalter der Romantik: übersinnliche Vorgänge waren interessant. Was unsere Szene mit dem Wasserglas betrifft, so verarbeitete z. B. Alexandre Dumas in seinem Roman *Joseph Balsamo* (1853) im Kapitel „Am Morgen" einen derartigen Vorgang, bei dem ebenfalls ein unerwarteter Besuch durch eine Vision im Wasserglas angekündigt wird.

Einige Details zum Leben von Friederike Hauffe: 1821 heiratete sie ihren Vetter Gottlieb Hauffe, der ein Handelsgeschäft in Kürnbach betrieb. Das Leben als Ehefrau eines Unternehmers hielt die sensible Frau sieben Monate durch, dann erkrankte sie, zog sich in ihre Innenwelt zurück. Erst die Heirat, dann Unternehmer-Ehefrau, dann die Krankheit – zumindest gibt es da einen zeitlichen Zusammenhang. Friederike hatte

Krämpfe, Fieber, Visionen, wurde bettlägerig, ihr erstes Kind starb, sie litt unter Schlaflosigkeit, wurde depressiv, war abgemagert, die Zähne waren ihr ausgefallen. Die ärztlichen und homöopathischen Behandlungen zeigten keinen dauerhaften Erfolg. In diesem beklagenswerten Zustand kam sie im November 1826 zu dem Arzt Dr. Justinus Kerner. Er nahm sie als Patientin in sein Haus in Weinsberg auf,[2] versuchte ihren Willen zu stärken, wandte eine Heilkräutertherapie an und vor allem behandelte er sie „magnetisch“ d. h. mit der neuen Heilmethode von Franz Anton Mesmer (1734–1815). Kerner und Hauffe standen in diesen Jahren mit dieser magnetischen Heilungsmethode im Mittelpunkt der Gesellschaft. Die Liste der Besucher des Kernerhauses wurde lang, viele Theologen waren darunter sowie Persönlichkeiten aus Wissenschaft und Politik.

Kerner war Oberamtsarzt in Weinsberg, er entdeckte das Botulinustoxin (Wurstvergiftung), behandelte auch psychisch Kranke, dazu war er ein Spezialist in den Bereichen des Aberglaubens. Mit dem „Magnetismus“ ist nicht ein physikalischer Magnetismus gemeint (Eisenmagnetismus). Die Lehre vom Magnetismus Mesmers geht von einer feinstofflichen Energie aus, die das gesamte Universum durchströmt und sich auch zu Heilzwecken nutzen lässt. Die praktische Anwendung geschieht durch Streichbewegungen mit den Händen über den Körper des Patienten oder durch Handauflegen. Mesmer hatte damit außergewöhnliche Heilerfolge.[3] Die große Zeit der Mesmeristen mit ihren Heilungen waren die Jahre ab 1775. Man darf annehmen, dass Kerner das Leben seiner Patientin mit dieser Methode auf mehrere Jahre verlängert hat. Die Lehre vom animalischen Magnetismus ist umstritten, denn die unsichtbare feinstoffliche (Heil-)Kraft, die Mesmer als Ursache annahm, ließ sich naturwissenschaftlich nicht beweisen. Seine Heilmethode hat dennoch zu bedeutsamen kulturgeschichtlichen Entwicklungslinien geführt: zur modernen Hypnose sowie zum Entstehen der Parapsychologie.

In der Zeit von Hauffe und Kerner lebte der Begründer der Homöopathie, Samuel Hahnemann (1755–1843) sowie Johann Wolfgang von Goethe (1749–1832). Goethe bestätigte paranormale Erfahrungen wie Telepathie und den Blick in die Zukunft z. T. ähnlich wie bei Friederike Hauffe (*Gespräche mit Eckermann*, 7.10.1827). Eine Sammlung außergewöhnlicher Geschehnisse gibt es von Georg Conrad Horst, einem evangelischen Theologen. 1821–1826 erschien seine sechsbändige *Zauberbibliothek*, die sich kritisch mit all diesen Dingen auseinandersetzt, diese Sammlung ist eine historische Fundgrube des Übersinnlichen.

Die Sagen vom Eisinger Loch

1822

Eine Viertelstunde vom Heidenkeller entfernt ist in den Teufelsäckern das „große Loch", worin ein ganzes Haus Platz hätte. Mächtige Felsen bilden seine Wände, und an seinen beiden Enden führen Gänge unter die Erde. Der eine, worin ein heidnisches Standbild steht, führt in den Keller des Lammwirtshauses zu Göbrichen, der andere reicht bis in die Hölle, durch den der Teufel aus und ein zu gehen pflegt, besonders wenn er in heiligen Nächten bei dem Loche Hexenversammlungen abhält.

Das große Loch bei Eisingen gibt es wirklich. Eine Treppe führt dort hinab. Es ist ein außergewöhnliches Gebilde der Natur. Da die Anwohner früherer Zeit sich die unterirdisch-geologischen Vorgänge kaum erklären konnten, war dies ein idealer Boden für die Entstehung von Aberglauben. So sind in unserer Sage die Elemente des Unheimlichen beieinander: Heidenkeller und Teufelsäcker, ja der Teufel selbst und die Hexen. Die Schlossfrau von Bauschlott soll auch als Geist in Göbrichen umgehen.

In welchem Jahr das Eisinger Loch entstanden ist, lässt sich nicht mehr datieren. 1761 hat es bereits bestanden, da es in den damaligen Plänen zur Gemeindeerneuerung aufgeführt ist. In die beiden unterirdischen Gänge kann man heute nicht mehr gelangen, doch waren sie früher vorhanden.[1] Wie weit sie allerdings reichten, ist nicht bekannt. Auch das „Lamm" ist keine Phantasie, es wurde 1820 durch Jacob Glaßer gegründet, 1826 hat dieser das Grundstück und das Haus dazugekauft, 1919 wurde die Gaststätte dann aufgegeben.

Einer der Gänge reicht bis in die Hölle, heißt es, also zum Ort der Verdammten. Der Volksglaube sieht in Spalten, Höhlen, Sümpfen und heißen Quellen die Orte für Zugänge (reale oder sinnbildliche) zu jenseitig-unterweltlichen Bereichen, auch zur Hölle. Die unheimliche Tiefe des alten Eisinger Lochs begünstigte derartige Vorstellungen.

Mit den „heiligen Nächten" sind die 12 bzw. 13 Tage nach Weihnachten (25. Dezember) bis zu Dreikönig (6. Januar) gemeint. Es ist die

Zeit „zwischen den Jahren“. Deren Nächte, die sog. Rauchnächte oder Raunächte (früher Rauhnächte geschrieben), zeichnen sich dem Volkglauben nach durch eine besondere Offenheit zur anderen Welt aus. Daher achtete man in diesen Nächten auf die Träume. und befragte Orakel.

Der Teufel soll mit den Hexen Hexenversammlungen abhalten, also nicht nur in der Walpurgisnacht, sondern auch in der Weihnachtszeit. Das Verwerfliche dabei sahen früher die Theologen darin, dass durch die Todsünde dieser Hexenfeste die christlichen Festtage entheiligt werden sollen.

Ein Küferknecht von Eisingen, der mit dem Bösen einen Bund eingegangen war, stieg öfters bei Tag allein in das Loch, klopfte mit einem Schlüssel – stets mit demselben – auf eine Stelle des Bodens. Da tat sich dort eine Tür auf, durch die er in eine eigerichtete Stube kam. In deren Mitte stand eine Kiste mit Geld, auf der ein schwarzer Pudel lag. Sobald der Küfer den Deckel anhob, sprang der Pudel hinab und ließ ihn ruhig von dem Gelde nehmen. Nachdem er ziemlich viel Geld geholt hatte, wollte er einige Genossen mit hinunter nehmen; aber da war die Tür für ihn auf immer verschlossen. Auch von Jesuiten ist schon Geld aus dem Loche geholt worden. Diese Ordensleute wissen nämlich, wo Schätze verborgen liegen, und können davon nehmen, so viel ihnen beliebt.

Dieser Sage nach hat ein Küferknecht mit dem Bösen einen Bund geschlossen. Er erhält als Gegenleistung Geld, das er sich aus einer Kiste holen kann, die sich in einem unterirdischen Zimmer befindet, das jedoch kein diesseitiger Raum ist. Was mit diesem „Bund mit dem Bösen“ gemeint ist, wird nicht beschrieben. Hat er den Versuch gemacht, einen Pakt mit dem Teufel zu schließen? Oder handelt es sich um Halluzinationen? Dafür spricht, dass die anderen Personen, die der Küfer einmal mit hinunter zum Eisinger Loch genommen hatte, nichts von dem unterirdischen Raum sahen, da nun die Tür verschlossen war.

Es könnte auch ganz anders gewesen sein: Der Küfer hat ab und zu im Eisinger Loch gegraben und hat in dieser Zeit etwas Geld geerbt, was jedoch niemandem bekannt wurde. Woher er plötzlich das Geld hatte, kam den Dorfbewohnern seltsam vor. So hat man im Lammwirtshaus abends zusammengesessen und hat diese Gruselgeschichte erfunden. Für eine derartige Deutung spricht einiges im Text selbst: Es ist in der Sage nicht der Küfer, der von eigenen Erlebnissen mit dem Übersinnlichen berichtet, sondern man erzählt und fabuliert über ihn.

Die Jesuiten: Von ihnen wird berichtet, dass sie neben aller Missionsarbeit auch diejenigen Schriften im Volk einzogen, die kirchlich als Aberglaube verrufen waren. Das hat die Jesuiten in den Ruf gebracht, Geisterbanner, Teufelsaustreiber und Schatzsucher zu sein.[2] Dass die Jesuiten derartige Schriften eingezogen haben, ist zutreffend. In der Bevölkerung bestand sogar die Ansicht, dass die Jesuiten vom Teufel Geld erhalten würden. Noch darüber hinaus geht ein sog. Jesuiten-Zauberbuch, es heißt: *Wahrhafter Jesuiten-Höllenzwang*, gedruckt angeblich im Jahr 1508, obwohl der Orden erst 1540 gegründet wurde.

1821

Weiße Frauen

In der „Rehhütte“ bei Bretten sollen einmal frühmorgens sieben Mädchengestalten in weißen Kleidern um den Brunnen tanzend gesehen worden sein.

Wer diese Geschichte erzählte, hat sich vorsichtig ausgedrückt: Es „sollen“ einmal diese Mädchengestalten gesehen worden sein. Ein persönlicher Erlebnisbericht ist dies nicht. Es ist eher eine Sage, die früher umfangreicher erzählt wurde, wovon jedoch im Laufe der Zeit nur noch dieser eine Satz übriggeblieben ist.

Anlässe zum Tanzen gibt es viele: getanzt wird auf Hochzeiten, an Kirchweih und um den Maibaum. Der übermütige Tanz auf dem Friedhof war von der Kirche verboten. War es bei Bretten eine Gruppe von ledigen jungen Frauen, die frühmorgens bei dem Brunnen im Bereich Rehhütte (Richtung Gölshausen) getanzt hat? Also ein Spaß, um die Landbevölkerung von Bretten und Gölshausen zu verwirren? Oder kommt eine andere Deutung in Betracht? Es heißt im Text nicht „Mädchen“, sondern „Mädchengestalten“. Waren es vielleicht übersinnliche Gestalten, z. B. Nixen? Schließlich ist der Sagentext im 5. Brettener Jahrbuch unter Geistergeschichten abgedruckt. Doch für Geister gibt uns die knappe Sage keine weiteren Hinweise. Ungewöhnliche Vorfälle müssen nicht zugleich übersinnlich oder übernatürlich sein.

Die Worte „übersinnlich“ und „übernatürlich“ sind allgemein verwendete Bezeichnungen. Wenn in diesem Buch diese Bezeichnungen verwendet werden, dann ist das nicht in dem Sinne zu verstehen, dass ungewöhnliche Erlebnisse wie z. B. Erscheinungen in jedem Fall übernatürlich verursacht seien, also aus einer übernatürlichen Welt (Götter, Geister, Jenseits) stammen. Ungewöhnliche Erfahrungen können im Einzelfall auch durch seelische Kräfte lebender Personen entstanden sein oder Zufall oder eine Fehlwahrnehmung als Ursache haben.

Schwarze Männer

1820

Ein Bauer aus Gochsheim ging eines Morgens vor Tagesanbruch mit Frau und Töchtern nach dem Kammertal zum Kartoffellegen. Es war noch dämmrig. Mit dem Sonnenaufgang wollte man auf dem Acker stehen. Da hörten sie beim Waldbrüchle ein Lärmen und Schreien und dachten, da müsse also jemand bereits auf dem Felde sein. Schließlich sahen sie mehrere schwarze Männer, die einander feurige Messlatten zuwarfen und schimpften. Nun kam ein Fuhrmann den Berg herunter. Den fragte der Bauer, was das da drüben zu bedeuten habe. Aber der Fuhrmann hatte gar nichts gesehen und nichts gehört.

Derart schwarze Männer geistern durch viele Jahrhunderte der Sagenwelt. Zu Lebzeiten waren sie Feldmesser (Geometer) und haben absichtlich Land falsch vermessen, um sich zu bereichern. Diese Feldmesser mit ihren rabenschwarzen Seelen müssen gemäß den Ansichten des Volksglaubens und den überlieferten Erlebnissen nach ihrem Tode umgehen, müssen leiden am Ort ihrer Sünden, müssen spuken mit glühenden Messlatten. Dieses Glühende deutet auf Fegefeuer- oder gar Höllenvorstellungen hin. So ist das immer bei den Feldmesser- und Grenzsteinversetzer-Sagen. Die dunklen Schatten der Vergangenheit lassen sie nicht los. In der Bibel gibt es sogar eine Stelle, die Grenzfrevel verflucht, im 5. Mose 27,17: „Verflucht, wer den Grenzstein seines Nachbarn verrückt."

Die Bußzeit für derartige Taten kann diesen Vorstellungen nach schrecklich lang sein, z. B. für einen schwarzen Sünder 300 Jahre. Sagen dienen eben nicht nur zur Unterhaltung, sondern sie wollen auch erklären und mahnen. Es geht in dieser Sage nicht darum, wie lange ein Geist lebt. Es geht auch nicht um die Angst vor Gespenstern, sondern um die Furcht vor der Hölle. Überlieferungen dieser Art gibt es in vielen Orten, so in Knittlingen, Bretten, Mückenloch, Eichtersheim und Michelfeld.

Die Bauernfamilie aus Gochsheim wird sich über ihre Erlebnisse Gedanken gemacht haben. Waren die Geschehnisse real? Die Morgendämmerung ist eine Übergangszeit ebenso wie Abenddämmerung und Mitternacht. Es sind grenzwertige Situationen, die leichter einen Zugang zur Innenwelt ermöglichen. Ungewöhnlich ist, dass die Vorgänge von mehreren Personen gesehen wurden, allerdings nicht von dem Fuhrmann.

Dass es sich um eine Sinnestäuschung handelt, ist kaum überzeugend. Denn dabei müsste die ganze Familie zeitgleich demselben Trugbild zum Opfer gefallen sein oder eine Kollektivhalluzination erlebt haben. Interessant wäre der Vergleich von dem, was jeder aus der Familie gesehen hat: Sah das Erscheinungsbild der Männer für alle gleich aus? Schimpften sie dasselbe? Wie sahen die Messlatten aus? Eine Möglichkeit wäre die Deutung als übersinnliches Geschehen, das wir heute trotz aller Forschungen auf dem Gebiet der Parapsychologie nicht ganz erklären können. Was ist bei den Feldmessern während ihres Sterbens aus ihren Gedanken an ihr Unrecht geworden? Es ist so, als würde das Gefühl der Schuld, das schlechte Gewissen der Männer nach ihrem Tod zwischen Diesseits und Jenseits noch eine Existenz führen. Diese Gedanken werden in den schwarzen Gestalten erlebbar, wahrnehmbar für dafür aufgeschlossene Personen.

Die Zeit der Romantik war eine andere Zeit als die heutige mit ihrer rational-naturwissenschaftlichen Einstellung. Die Romantik war offener für die Erlebnisse wie in unseren Sagen mit den weißen Frauen und schwarzen Männern. Die Gretchenfrage ist: Gibt es so etwas wie Geister? Die Antwort liegt heute zwischen Ja und Nein.

Brunnennixe Brackenheim („Drei Seejungfrauen" →)

Drei Seejungfrauen

1816

In Epfenbach bei Sinsheim traten seit Menschengedenken drei wunderschöne, weißgekleidete Jungfrauen in die Spinnstube des Dorfes. Sie brachten immer neue Lieder und Weisen mit, wussten hübsche Märchen und Spiele. Aber mit Schlag elf standen sie auf und ließen sich durch keine Bitten einen Augenblick länger halten. Niemand wusste, woher sie kamen, noch wohin sie gingen. Man nannte sie nur: die Jungfrauen aus dem See. Die Burschen sahen sie gern und verliebten sich in sie, zuallermeist des Schulmeisters Sohn. Da verfiel er einmal auf den Gedanken und stellte die Dorfuhr eine Stunde zurück, und abends im steten Gespräch und Scherz merkte kein Mensch den Verzug der Stunde. Und als die Glocke elf schlug es aber eigentlich zwölf war, standen die drei Jungfrauen auf und gingen fort. Den folgenden Morgen kamen etliche Leute am See vorbei, sie hörten sie wimmern und sahen drei blutige Stellen auf dem Wasser. Seit der Zeit kamen die Schwestern nimmermehr zur Stube. Des Schulmeisters Sohn zehrte ab und starb kurz danach.

Die schönen Nixen waren bei den Männern immer sehr beliebt. Doch Nixen sind Wassergeister, und das macht das Zusammenleben mit ihnen nicht einfach. Nach dem Volksglauben existieren diese bezaubernden geistigen Wesen aus der anderen Welt in Seen, Flüssen und Brunnen.

Auf unserer Zeitreise sind wir bereits allerhand außergewöhnlichen Gestalten begegnet: Kellergeister, Irrlichter, Spukgeister, jetzt sogar den drei Nixen vom See. Es gibt vielerlei Bezeichnungen für diese anmutigen Gestalten: Nixen, Nymphen, Melusinen, Undinen, Wasserfräulein. Männliche Wassergeister sind der Wassermann sowie Nix, Nöck und Nick, z. B. der Neckargeist. Nixen tauchen auf in Gedichten, in Sagen und Märchen, also in der Literatur, sie sind manchmal in der Sehnsucht unserer Träume zu sehen sowie in der Kunst. In unserer Sage sind sie auch ordentlich gekleidet. Für Männer sind Nixen gefährlich, denn wenn die Männer den Nixen verfallen, ziehen diese sie in die Tiefe ihres Reiches hinab. Das galt vor allem für die Nixen aus früherer Zeit. Doch im Jahr 1816 befinden wir uns in der Zeit der Romantik. In dieser Epoche änderte sich die Einstellung zu den Nixen. In den Sagen dieser Zeit werden die Nixen geselliger und wohlwollender von den Romantikern gesehen. Das ist der kulturgeschichtliche Hintergrund. Überliefert ist diese Sage von den Brüdern Jacob und Wilhelm Grimm in ihren Buch *Deutsche Sagen* (1816).

Bei unserer Geschichte handelt es sich um eine Wandersage, denn sie kommt vielerorts vor. Überall verstellen dabei die jungen Männer die Uhr, was für die Nixen schlimm endet. Eine ähnliche Sage gibt es von Flinsbach und Bargen. Auch Aglasterhausen hat eine Nixensage. Eine Wandersage bedeutet, dass die Sagenhandlung nicht dort stattgefunden hat, wo sie erzählt wird, sondern sie wird so oder so ähnlich in vielen Orten erzählt.

Die Sage von den drei Seejungfrauen ist literarisch sehr ausgeschmückt (Nixen in der Spinnstube), es ist viel Fantasie hier hineingeraten. So müssen selbst diese Wassergeister zu einer bestimmten Zeit zu Hause sein. Was dieser Sage ursprünglich zugrunde liegt, ist nicht mehr zu rekonstruieren. Allein schon die Kirchenuhren eine Stunde zurückzustellen, das ist nicht so einfach, ohne dass es auffällt. Die Uhr müsste unbemerkt bereits am Abend zurückgestellt werden, sonst schlägt es zweimal elf Uhr.

Sind Nixen reale Wesen aus einer anderen Welt? Betrachten wir unsere Sage literaturwissenschaftlich, so zeigen sich darin mythische Vorstellungen (der Glaube an Nixen, einer Gruppe von Wesen der niederen Mythologie). Psychologisch betrachtet geht es um den Einbruch des Übersinnlichen in unsere Welt. Eine Wasseroberfläche ist eine Projektionsfläche für innere Bilder (Wünsche, Sehnsüchte), die aus der Tiefe der eigenen Seele aufsteigen können. Der Volksglaube gibt eine übersinnliche Deutung: Die Nixen gehören einer anderen Welt an, diese ist jedoch nicht weit entfernt von der unsrigen. Daher soll es den Nixen manchmal gelingen, von ihrer Welt in unsere zu gelangen, zumindest eine Zeit lang. Der Ausgang dieser Sage zeigt, ebenso wie die weiteren Nixensagen, dass Menschenwelt und Nixenwelt (Geisterwelt) trotz der Liebesverbindungen zwischen Nixe und Mensch auf Dauer nicht zusammenpassen.

Die alte Ratschreiberin

1810

Von einer Frau Ratschreiberin, die in der Amtsschreiberei (Weingut Lutz) Oberderdingen wohnhaft war, wird erzählt: Die Ratschreiberin war eine Frau mit dem bösen Blick und übernatürlichen Kräften, also eine Hexe. Sie erreichte ein ungewöhnliches Alter und konnte nicht sterben. Als man ihre Leiche hinaustrug, wurde sie von mehreren Leichengängern nichtsdestoweniger am Fenster ihres Schlafzimmers stehend gesehen. Deshalb hat man später ihren bösen Geist in eine Flasche gebannt und in die „Ratschreiberklinge" geworfen. Erst dann bekam man Ruhe vor ihrer Einwirkung.

Oberderdingen: Der Kraichgauort bietet mit seinem historischen Amtshof, den Mauern, Fachwerkhäusern und seinem Hexenturm einen sehenswerten Anblick. Das Gebäude der Amtsschreiberei, in dem die Ratschreiberin wohnte und arbeitete, stammt aus dem Jahr 1771 (Erwin Breitinger: *Weinbau in Oberderdingen*, 2007, S. 56).

Der böse Blick ist die angebliche Fähigkeit, mit der jemand durch den Blick seiner Augen anderen Menschen, Tieren oder Sachen Schaden zufügen kann, z. B. dass Kinder krank werden, Kühe keine Milch mehr geben und Pflanzen verdorren. Der Glaube daran war schon in der Antike verbreitet. Es galten vor allem Hexen als Nutzer des bösen Blicks. Sie seien in der Lage, diesen Blick absichtlich zum Schaden anderer einzusetzen. Schutz vor dem bösen Blick bieten – dem Volksglauben nach – Bilder von Heiligen und Gebete (christliche Abwehrmittel) sowie Amulette, magische Zahlenquadrate und bestimmte Mineralien (magische Abwehrmittel). Parallel soll es den guten Blick geben, der von Heiligen und Königen ausgeht, deren Seele vortrefflich ist.

Die Tote schaut ihrer eigenen Beerdigung zu oder genauer gesagt, einige Personen haben die Erscheinung der Verstorbenen an ihrem Fenster wahrgenommen. Ist die Ratschreiberin wirklich tot? Die Verstorbene macht sich bemerkbar, etwas von ihr setzt anscheinend seine Existenz

Hexenturm Oberderdingen

als Spuk fort. Im Volksglauben gilt das Fenster als Flugloch der Seele. Wir geraten hier wieder in die ungewöhnliche Welt der Phänomene zwischen Diesseits und Jenseits, mit Erlebnissen, die sogar über die heute bekannten Nahtodphänomene hinausgehen. In den Sagen sind diese Geschichten mehrfach überliefert: Verstorbene schauen ihrer Beerdigung zu, meist aus einem Fenster ihres Hauses, oft lachend, und fragen von dort die Angehörigen, wer beerdigt wird oder sie rufen: „Nehmt mich auch mit!" – was den Trauernden verständlicherweise einen Schrecken einjagen kann. Dann spuken diese Toten auch noch im Haus herum, was die Überlebenden stört.

Mit einem solchen Gespenst wollen die Hausbewohner von Oberderdingen nicht leben, deshalb wird ein Spezialist gerufen, der das, was spukt, vertreiben soll. Meist sind das Geistliche wie Kapuziner oder Jesuiten, auch von Beruf gewerblich arbeitende Geisterbanner kommen hierfür in Betracht. Sie sollen den Spuk verjagen. Im Gebiet Ratschreiberklinge endet alles. Wie ein Geisterbanner arbeitet, wird in der Sage nicht beschrieben. Details hierzu finden wir in einer Sage aus Michelfeld, von 1760. Eine ähnliche Sage gibt es aus Nussloch, auch hier schaut ein untreuer Gerichtsschreiber (er fälschte Urkunden gegen Bezahlung) seiner Beerdigung aus dem Dachfenster seines Hauses zu. Auch aus Gondelsheim ist eine ähnliche Sage überliefert. Bei Oberderdingen geht alles gut aus, die Hausbewohner haben Ruhe vor dem Spuk.

Die Freimaurer im Kraichgau

1809

„Mer heert jo allerlei vun de Freimaurer. Sie hen en große Saal; do sin die Porträtter vun alle Freimaurer an de Wänd. Un wann aaner vun ne abfalle tut, so sticht der Owerscht vun ne mit em Deje in dem sei Porträtt un der muß aageblicks sterbe."

Der damalige Pfarrer von Odenheim brachte das Stiftsamtshaus käuflich an sich. Sein Kutscher, der ihn nach Bruchsal führte, sah heimlich durch das Schlüsselloch in den Saal, wohin sich der Pfarrer mit den anderen Herren begeben hatte. Hier sah er alles schwarz behängt, nur durch brennende Kerzen erleuchtet. Da man sich den Reichtum des geistlichen Herrn nicht erklären konnte, so glaubte man nun der Sage, der Herr Pfarrer sei Freimaurer geworden, habe sein Leben dem Teufel verschrieben, von dem er das viele Geld erhalte. Als der Pfarrer starb, muss er zur Strafe und Sühnung im Schulgarten umgehen.

Die Loge vermag niemand zu finden, der nicht Freimaurer ist. Bei der Aufnahme geht der Freimaurer ein Bündnis mit dem Teufel ein. Der Neuling wird durch zwei Zimmer geführt. Ein Raum ist schwarz tapeziert. Mitten im Zimmer steht ein Sarg. Auf dem Tisch liegt ein Totenkopf. Als Teufelsbündner zeigen Freimaurer keinen Schatten. Sie können Zauberbücher lesen und können Gold machen. In der Loge spukt es.

Bei so vielen unheimlichen Dingen, die hier aufgeführt sind, da „muss" es einfach spuken. Über die geheimnisvollen Freimaurer gab es – und gibt es noch heute – allerhand Gerüchte. Einige haben in den Sagen Eingang gefunden.

Wichtig sind den Freimaurern Humanität, Toleranz und persönliche Entwicklung. Man will nicht in erster Linie die Welt verbessern, sondern die Menschen. Man arbeitet mit Symbolen und Ritualen. Ihre Ziele (Humanität, Toleranz usw.) geben die Freimaurer bekannt, die Rituale, die sie in ihren Logen durchführen, halten sie jedoch geheim. Die Freimaurer-Symbole sind meist aus dem Bereich des spätmittelalterlichen Bauwesens entlehnt,[1] z. B. Zirkel und Winkelmaß. Bekannt ist das allsehende Auge, das auch auf dem Ein-Dollarschein zu sehen ist.

Organisiert sind die Freimaurer in Logen. Dieses Wort bezeichnet sowohl die Räume, in denen sie sich treffen, als auch die Organisation. Meist ist die Rechtsform der Loge die des eingetragenen Vereins (e.V.), sie ist also keine Geheimgesellschaft. Die einzelnen Logen sind zu einer Großloge zusammengefasst.

„Man hört ja allerhand von den Freimaurern", heißt es in der ersten Sage, die aus Dilsberg-Mückenloch stammt. Deutlich ist zu erkennen, dass es sich dabei um Gerüchte handelt und nicht um Aussagen von selbst Erlebtem. Den großen Saal gibt es im Logengebäude, auch hängen dort Portraits von bekannten Freimaurern an den Wänden. In der ersten Sage geht es um einen Freimaurer, der die Loge verlassen hat. Das wird nicht gern gesehen. Manchmal kommt es zu einem Zerwürfnis, das so groß ist, dass der ehemalige Maurer nach seinem Austritt Geheimnisse der Loge verrät. Auf diesem Weg ist einiges Geheimmaterial in die Bevölkerung gelangt. In der Sage hat der „Oberste" („Owerscht") der Loge, der Meister vom Stuhl, einen Bildzauber auszuführen, d. h. der Stich mit dem Degen in das Portrait soll eine Fernwirkung ausüben, so dass der Abtrünnige stirbt, da er unsichtbar getroffen wird. Das kann symbolisch „mundtot machen" bedeuten. Nur allein mit dem Degen in ein Bild zu stechen – so einfach funktioniert der Zauber nicht.

Die zweite Sage erzählt von seltsamen Vorgängen um einen Pfarrer, der Freimaurer war. Aus der Sicht der Bürger von Odenheim ist das ein Abfall vom rechten Glauben. Was hier spukt, wird von ihnen als der verstorbene Pfarrer gedeutet, der Pfarrer muss nach seinem Tod zur Strafe oder Buße in seiner ursprünglichen Gestalt spuken. Es könnte nach Kurt Emmerich, *Sagen rund um Odenheim*, der Pfarrer Dr. Johann Baptist Breuning gemeint sein, der 1788 bis 1823 Pfarrer in Odenheim war und 1832 verstarb. Eine Freimaurerloge in Bruchsal existierte in dieser Zeit, sie hieß „Tempel zum vaterländischen Wohl", gegründet am

24.12.1808. Die Loge ist bereits 1813 erloschen.[2] Diese Sage will erklären, woher der Pfarrer so viel Geld hatte. Der Reichtum des Pfarrers könnte auch aus einer Erbschaft oder aus dem Familienvermögen gekommen sein. Unerklärliche Geldmengen wurden in den Sagen gern dem Teufel als Geldgeber zugerechnet.

Die Aussagen des dritten Textes runden die Vorstellungen über die Freimaurer ab. Der Teufelspakt ist aus dem Hexenglauben und aus den alten Schwarzkünstlersagen bekannt. Einiges, das früher von den Zauberern und Hexen erzählt wurde, hat die Bevölkerung in der ersten Hälfte des 19. Jahrhunderts auf die Freimaurer übertragen, vor allem durch Romane und Bekehrungsgeschichten. Damals wurden Geschichten von christlichen Bekehrungen von Freimaurern auf ihrem Totenbett in der Presse veröffentlicht. Die katholische Kirche hatte zur Freimaurerei eine ablehnende Haltung. Bereits 1738, also kurz nach der Gründung der ersten Großloge 1717, hat die Kirche die Freimaurerei in päpstlichen Schreiben und nach Kirchenrecht verurteilt, sogar die Exkommunikation ausgesprochen.

Es stimmt, dass der Raum für das Aufnahmeritual schwarz tapeziert ist (oder dunkel gehalten ist). Bei der Aufnahme in den Lehrlingsgrad befindet sich der angehende Maurer in dieser „dunklen Kammer", einem Ort des Nachdenkens. In dieser Kammer steht ein kleiner Tisch mit einem Stuhl. Auf dem Tisch liegen meist die Bibel und ein Totenkopf, dazu kommt eine abbrennende Kerze. Der angehende Maurer soll in der Kammer über sein Leben nachdenken, auch über die Vergänglichkeit alles Irdischen. Will er wirklich Freimaurer werden? Der Versammlungsraum für die Rituale ist hauptsächlich in der Farbe Blau gehalten. Und der Sarg? Dieser kommt im Aufnahmeritual zum Freimaurer-Meister vor.

Geschichten von Zauberbüchern, alchemistisches Goldmachen und Spuk sind durch den Volksglauben den Freimaurern zugeschoben worden. Ganz aus der Luft gegriffen ist das nicht, es gab im 18. Jahrhundert Abenteurer und Goldmacher wie den Grafen Cagliostro, der Freimaurerlogen gründete. Übrigens war auch Johann Wolfgang von Goethe Freimaurer. 1782 wurde er in einer Weimarer Loge zum Freimaurermeister befördert.[3]

Noch eine Zeitparallele aus dem Jahr unserer Sagen (1809): Der französische Kaiser Napoleon I., der vermutlich Freimaurer war, wurde vom Papst (Pius VII.) exkommuniziert. Napoleon ließ daraufhin den Papst verhaften und im Schloss Fontainebleau bei Paris gefangen setzen.

1800

Zu spät in Spechbach

Lange Zeit war Mönchzell eine kirchliche Filiale der Pfarrei Spechbach. Der lange Weg zum sonntäglichen Gottesdienst führte die Bewohner über Wiesen und Berghöhen zur Kirche. So kam es oftmals vor, dass sie zu spät zum Gottesdienst kamen.

Einstmals stand der Pfarrer von Spechbach auf der Kanzel, um den Gläubigen das Wort Gottes auszulegen. Diesmal hatte er seiner Predigt den Gedanken der Erbsünde zugrunde gelegt. „Wo kommt sie her?", rief er eifernd seinen Zuhörern zu und meinte dabei den Ursprung der Erbsünde. Da ging die Kirchentür auf und ein altes Weiblein trat leise in das stille Gotteshaus. „Wo kommt sie her?", stellte der Prediger mit donnernder Stimme zum zweiten Mal seine Frage. Da meinte das erschrockene Weiblein, ihr selbst gelte die Frage wegen ihres Zuspätkommens und mit zitternder, aber noch deutlich vernehmbarer Stimme gab sie zur Antwort: „Von Münnichzell!"

Bestimmt ist jeder schon einmal zu spät gekommen, z. B. während der Schulzeit. Es denkt einem noch die bange Frage, ob der Lehrer bereits im Klassenzimmer ist oder nicht. Sensible Naturen erinnern sich noch an das Herzklopfen beim Öffnen der Tür des Klassenzimmers. So wird es der alten Frau auch ergangen sein, sie antwortet mit zitternder Stimme auf das: „Wo kommt sie her?" Ihr Erlebnis mit dem überweltlichen Thema Paradies und Erbsünde wird der alten Frau wohl lange im Gedächtnis geblieben sein.

Die Katholiken, die seit Ende des 17. Jahrhunderts nach Mönchzell zuwanderten, hatten in ihrem Ort keine eigene Kirche und mussten bis 1904 die Kirche in Spechbach besuchen, ehe es zum Bau einer eigenen Kirche in Mönchzell kam.

Die Wasserfräulein vom Schloss Neuburg

1799

Auf dem Bergschlosse Neuburg wohnten vor Zeiten drei Wasserfräulein, die jeden Abend dort durch den unterirdischen Gang in das Templerhaus zu Neckarelz gingen. Dort besuchten sie drei Tempelfräulein und waren stets um acht Uhr wieder zu Hause. Einmal aber verspäteten sie sich, und als sie am folgenden Abend nicht zu den Tempelfräulein kamen, suchten und fanden sie die Unglücklichen im unterirdischen Gange tot in ihrem Blute liegen.

Ein unterirdischer Gang bei dem Schloss Neuburg, der von oben am Berg hinabführt ins Tal, unter dem Neckar hindurch, weiter zum Templerhaus von Neckarelz, in das Wassergeister zu Besuch kommen – ist das nicht etwas zu fantastisch? Genauso die drei Wasserfräulein, die nicht mehr wie früher üblich in einem Teich oder Brunnen leben, sondern komfortabel in einem Schloss wohnen. Zudem sind die Templerfräulein Illusionen. Sie passen zur Fantasie des Zeitalters der Romantik, wie die berühmteste Nixe, die Loreley vom Rhein. Diese ist eine Erfindung des Dichters Clemens Brentano. Er hat die Figur der Loreley (oder Lore Lay) um 1799 geschaffen.Damals fand man Gefallen an diesen Geschichten, die zur Unterhaltung, zum Fabulieren bestens geeignet sind. Ein historischer Kern ist dennoch gegeben: Dieser historische Kern von Wassergeister-Sagen kann zurückreichen in vorchristliche Zeiten, in die germanische, vielleicht sogar in die keltische Kultur. Beide Kulturen hatten eine intensive Beziehung zur Natur. Und Wasser ist ein belebendes Element, es war schon immer ein Geschenk der Natur.

1797

Goethes Schatzgräber

Arm am Beutel, krank am Herzen,
schleppt' ich meine langen Tage.
Armut ist die größte Plage,
Reichtum ist das höchste Gut!
Und, zu enden meine Schmerzen,
ging ich, einen Schatz zu graben.
„Meine Seele sollst du haben!"
schrieb ich hin mit eignem Blut.
Und so zog ich Kreis' um Kreise,
stellte wunderbare Flammen,
Kraut und Knochenwerk zusammen:
die Beschwörung war vollbracht.
Und auf die gelernte Weise
grub ich nach dem alten Schatze
auf dem angezeigten Platze;
schwarz und stürmisch war die Nacht.

Der Schatzgräber, so lautet diese Ballade von Johann Wolfgang von Goethe aus dem Jahr 1797. Goethe befand sich in diesem Jahr auf einer Reise durch den Kraichgau, von Neckargemünd über Sinsheim nach Heilbronn.

„Arm am Beutel, krank am Herzen", so beginnt dieses Gedicht. Der von Armut und Liebeskummer Geplagte wünscht endlich zu Reichtum zu kommen. Der Pakt mit einem Geist, unterschrieben mit eigenem Blut, soll zu einem Schatz führen. Gegenleistung ist die Seele, über die der angerufene (literarische) Geist Macht bekommen soll. Zu den Geistergeschichten vieler Sagen gibt es, wie zu sehen ist, Parallelen in der Literatur.

Goethe beschreibt sehr lebendig die entscheidende Szene: ein magischer Kreis, Kräuter für Räucherungen, die nächtliche Beschwörung. Ein Geist soll damit gezwungen werden, zu erscheinen, um den Fundort eines Schatzes zu zeigen. Solche Kreise wurden üblicherweise auf Pergament, Papier oder auf den Boden gezeichnet (in der Stube oder draußen). Goethe kennt sich aus, er schildert einen anspruchsvollen Kreis mit mehrfachen Kreislinien. Zwischen die Linien der Kreise werden magische Namen und Zeichen eingetragen. Der Schatzgräber stellt sich in die Mitte des Kreises, der ihn vor dem gerufenen Geist schützen soll.

Goethe beschreibt Dinge, die vorkamen. Die magische Literatur für Schatzgräber gab es zu dieser Zeit in Handschriften sowie gedruckt in Büchern, z. B. in alten Zauberschriften wie *Doktor Fausts Höllenzwang*. Nach Schätzen zu graben mittels Magie, das war rechtlich eine Straftat, sie wurde allerdings zu jener Zeit milde bestraft (meist Geldstrafe).

Was für eine Art Schatzgeist hier gerufen werden soll (guter oder böser Geist, der Geist eines Verstorbenen), das lässt Goethe offen. Das Schatzgräberabenteuer nimmt nun einen anderen Verlauf als in seinem Faust. Statt seine Seele an das Materielle und an Zauberei zu verlieren, hat die Seele des Schatzsuchers Positives angezogen. Statt eines meist bösen Schatzgeistes aus der Sphäre des Übermenschlichen, erscheint im weiteren Verlauf des Gedichts ein helles Licht, ein Kind mit einer vollen Schale tritt zu dem Schatzgräber in den Kreis und gibt ihm seine Botschaft:

> **„Trinke Mut des reinen Lebens, grabe hier nicht mehr vergebens! Tages Arbeit, abends Gäste! Saure Wochen, frohe Feste! sei dein künftig Zauberwort."**

Statt zweifelhaftem Zauber sollen nun Mut, Arbeit und Inspiration zu einem glücklichen Leben führen.

1796 Im Kloster von Maulbronn

Unheimlicher als in den Kreuzgängen war es in den Gängen der Prälatur. Matthias, unser Kutscher, ließ es sich auch nicht nehmen, es gehe in diesen Gängen der verstorbene Prälat Weiland um und er habe einmal bei einer nächtlichen Sendung in die Prälatur gesehen, wie dieser in einem weißen Frack mit schwarzen Börtchen an ihm die Treppe herabgestiegen sei und sich dann unten in die Prälaturkutsche gesetzt habe. Diese alte Prälaturkutsche war für uns Kinder sehr merkwürdig. Sie erbte sich von Prälat auf Prälat und ich meinte, es könnte wohl schon Abt Entenfuß mit Dr. Faust darin gefahren sein.

Sagen machen auch vor Klostermauern nicht halt. Der Arzt und Dichter Justinus Kerner war damals Schüler im Kloster Maulbronn, er hat uns diese Geschichte überliefert. Vielleicht verwundert es, dass sich hinter den alten Klostermauern Gespenstererscheinungen zeigen. Wären in diesen allerchristlichen Sphären nicht Engelerscheinungen naheliegender?

Die Erscheinung des verstorbenen Prälaten[1] hat sich nicht für den lebenden Kutscher interessiert, obwohl es bei der Begegnung eng zuging. Angst vor Gespenstern darf man in so einer Situation nicht haben. Was es mit dem Prälaten auf sich hat, überliefert Justinus Kerner so: Um den katholischen Prälaten zu Bruchsal zu besuchen, hat sich Prälat Weiland eine Kleidung machen lassen (so wie sie der Kutscher am Gespenst sah), ein weißer Frack mit schwarzen Borten. Als das Kleid fertig war, befiel Weiland eine Krankheit, er ließ nun das Kleid an seinem Bett aufhängen, so dass er es immer vor Augen hatte, er blickte selbst dann noch darauf, als er starb.[2]

Hier können wir anhalten und zusammenfassen, welchen „Geistertheorien“ wir bereits in den Sagen begegnet sind. Als erstes die Erklärungsversuche mit natürlichen Ursachen. Dazu zählen Irrtümer der Beobachter. Diese sehen etwas, z. B. einen Schatten oder ein Licht, deuten dies jedoch fälschlich als einen Geist; oder es wird ein Geräusch irrtümlich als Spuk gedeutet (Turmuhrsage 1910). Als weitere Ursache kommt Betrug in Betracht: Hierbei werden absichtlich solche Geschichten erzählt, die nicht stimmen, z. B. um anderen einen Schrecken einzujagen (Spinnstubensage 1885), oder inszenierter Spuk (Heidelsheim 1878, Schanzenweible 1833). Als natürliche Ursachen können auch geomagnetische Felder und Infraschallwellen in Betracht kommen. Auch durch Suggestionen in der Hypnose können Erscheinungen „produziert" werden (Gaukelei 1843). Bei unvollkommenem Erwachen können Erscheinungen „gesehen" werden (Goldsage 1921, Anmerkung Nr. 4). Auch bei krankhaften Störungen z. B. Schizophrenie, ebenso bei Alkohol- und Fieberhalluzinationen und Alpträumen kann es zu Geisterhalluzinationen kommen.

Dann gibt es die übernatürlichen Erklärungen. Hier ist vor allem die spiritistische Ansicht zu nennen. Danach sind Geistererscheinungen die Seelen von Verstorbenen, die sich im Diesseits melden (Löwen 1848). Dies ist weder beweisbar noch widerlegbar, da wir im Jenseits keine Forschungen machen können. Eine weitere Erklärungsmöglichkeit für diese Sage ist die Theorie vom „Gedächtnis des Ortes" (Weinklopferle 1861, Löwen 1848). Auch Telepathie (Gedankenübertragung) zwischen Diesseits und Jenseits ist diskutabel. Z. B. ein Ehemann sucht verzweifelt das Testament seiner verstorbenen Ehefrau, diese erscheint ihm im Traum und nennt den Ort, an dem er das Testament findet. Hat sie ihm das telepathisch mitgeteilt? Möglich, aber nicht absolut sicher.

Naturwissenschaftlich lassen sich diese Erlebnisse nicht erklären. Goethe hat das gewusst, so lässt er seinen Faust sagen:

„Geheimnisvoll am lichten Tag
Lässt sich Natur des Schleiers nicht berauben,
Und was sie deinem Geist nicht offenbaren mag,
Das zwingst du ihr nicht ab mit Hebeln und mit Schrauben."

Zuletzt eine alte Erklärung aus volkstümlich-christlicher Sicht: Viele Geister wurden damals als Seelen gedeutet, die keine Ruhe finden konnten wegen ihrer früher begangenen Straftaten (Eigentumsdelikte, Testamentsfälschung usw.). Ihr Aussehen verrät etwas über ihre Schuld: Weiße Seelen können erlöst werden, schwarze müssen noch leiden, feurige verweisen auf das Fegefeuer aus dem sie heraus spuken (Sage 1725).

1795

Gespenstische Ratsversammlung

In einer Spinnstube in Eppingen wurde spät in der Nacht die Frage aufgeworfen, wer wohl den Mut habe, jetzt in das alte, verrufene Rathaus zu gehen. Ein Mädchen erbot sich dazu und nahm eine Rute und eine schwarze Katze mit. Als sie in den Ratssaal kam, saßen darin zwölf gespenstische Ratsherren um den Tisch, welche zu ihr sprachen: „Hättest du die Rute und die schwarze Katze nicht bei dir, so wollten wir dir etwas anderes sagen!" Voll Schrecken entfloh das Mädchen und starb noch in derselben Nacht.

Die sehenswerte Fachwerkstadt Eppingen, das alte Rathaus am Marktplatz – und eine Begegnung mit zwölf Geistern. Die dunklen Ehrenmänner, nachts als Gespenster wieder zum Leben erweckt, müssen wegen ihrer Straftaten spuken. In Betracht kommen Urkundenfälschung, Betrug, Willkür. Es sollen sprechende Geister gewesen sein, die der Frau einen so großen Schrecken eingejagt haben. Uns sind sprechende Geister aus anderen Sagen bereits bekannt. Die geisterhaften Ratsherren kommen im Ratssaal, als dem Ort ihrer Untaten, zusammen. Neugierige Menschen, die sie sehen wollen, werden dafür mit dem Tode bedroht, heißt es in der Sage. Derartige Dinge wollten die Ratsherren der Frau sagen, hätte sie die Katze und die Rute nicht dabei gehabt. Das setzt voraus, dass die junge Frau nach ihrem Erlebnis das alles noch berichten konnte.

Oder war alles ein übler Scherz? Das bedeutet, dass zwölf Personen mitmachen und so lange im Rathaus warten, bis die Frau aus der Spinnstube sich wirklich dorthin begibt. Der Ratssaal befand sich damals im zweiten Obergeschoss. Das „verrufene Rathaus", das aus dem Spätmittelalter stammt, wurde 1820 wegen Baufälligkeit abgerissen. Ein neues Rathaus war 1825 fertiggestellt worden. Diese Geschichte, die später zur Sage wurde, muss sich vor 1820 ereignet haben, da die Sage vom „alten" Rathaus spricht.

Warum nimmt die Frau Katze und Rute mit? Mit der Rute ist eine Wünschelrute gemeint. Diese wurde nicht nur zur Suche von Wasser, Erzlagern und Schätzen verwendet, sondern auch als unheilabwehrendes Schutzmittel, vor allem zur Abwehr von Geistern. In den Schriften von damals wurde die Wünschelrute manchmal kurz als Rute bezeichnet. Es ist zwar nicht beschrieben, ob die Frau an die Existenz von Gespenstern glaubte oder dies als Unsinn abtat – jedenfalls nahm sie die schwarze Katze und die Rute mit. Es wurde von ihr nicht zu religiösen Schutzmitteln gegriffen wie Gebet oder Bibel, sondern zu magischen Schutzmitteln.

Die Katze, dieses eigenwillige Tier, das herumschleicht, wurde im Volksglauben als Begleiter von Hexen angesehen, daneben gab es die Meinung, schwarze Katzen seien Glücksbringer. Schwarz, das klingt nach schwarzer Kunst, doch schwarz galt zugleich als Schutzfarbe gegen Geister.

Zuletzt haben wir in der Sage noch das Motiv der geschwächten Lebenskraft. Das bedeutet, der Kontakt der Lebenden mit dem Jenseitigen beeinträchtigt ihre Lebensenergie. Oft beschreiben Sagen dies mit den Worten: „Nach der Begegnung mit diesem Geist wurde er vor Schrecken schwer krank" oder gar: „Nach drei Tagen war er tot."

In der Sage bleiben die Umstände des Todes der jungen Frau unklar. Sie starb in derselben Nacht, heißt es im Text. Einzelheiten werden nicht genannt. War es ein Unfall oder geschah es aufgrund ihres unheimlichen Schreckens, der sie annehmen ließ, dass es böse Geister tatsächlich gibt? Vielleicht nahm sie sogar an, dass diese Wesen in unsere Welt eindringen können. Menschen, die in heutiger Zeit ungewöhnliche Erlebnisse haben, die sie als übersinnlich oder übernatürlich bezeichnen, klagen nicht selten danach über Probleme wie Schlafstörungen, Ängste oder Depressionen.

Etwas anderes sind die heute bekannten Abmeldevorgänge. Hierbei erscheint ein entfernt Verstorbener in seiner Todesstunde seinen Angehörigen. Es ist ein letzter Gruß an seine Frau, an sein Kind oder an einen Freund. Dann gibt es den immer wieder berichteten Vorgang, dass die Uhr des Sterbenden im Todeszeitpunkt stehenbleibt. Es ist das Symbol dafür, dass die Lebenszeit vergangen ist. Die stehengebliebene Uhr kann zum Nachdenken über die letzten Fragen des Lebens führen.

SAGEN AUS DER AUFKLÄRUNGSZEIT

Die Epoche der Aufklärung dauerte von Mitte des 17. Jahrhunderts bis etwa Ende des 18. Jahrhunderts. Die vorherrschende Geisteshaltung dieser Zeit war eine rationale, verstandesmäßige, die mit der Gespensterfurcht, dem Hexen- und Teufelsglauben früherer Zeit aufräumen wollte. Vernunftbasiertes wissenschaftliches Forschen mit Beweisen aus Versuchsreihen statt altem Aberglauben sollte das Verständnis der Welt verbessern. Die Kritik am Glauben an das Übersinnliche war das ausdrückliche Ziel der Aufklärung. Ebenso wurde der Wahrheitsanspruch der Kirchen kritisch hinterfragt. Der Staat, so wurde von den Philosophen gefordert, müsse religiöse Toleranz gewähren. Bedeutsam waren die Menschenrechtserklärungen, im Zuge derer auch die Hexenprozesse abgeschafft wurden.

Neben dieser rational-naturwissenschaftlichen Weltsicht existierte weiterhin ein Wissen außerhalb dessen – ein Wissen der Gelehrten über die Bereiche von Alchemie, Magie, Hermetik und Kabbalah. Parallel existierten esoterisch ausgerichtete Gemeinschaften, z. B. Gold- und Rosenkreuzer-Orden. Das 18. Jahrhundert wird daher zu Recht das Jahrhundert der Geheimgesellschaften genannt.

Der wissenschaftlichen Erforschung des Übersinnlichen (Paranormalen) gingen die Naturwissenschaftler der Aufklärungszeit am liebsten aus dem Weg. Sie erforschten die Gesetze der Natur. Spontanvorgänge wie z. B. Erscheinungen und Spuk hatten in diesem Weltbild keinen Platz. Wer als akademisch Gebildeter in der Zeit der Aufklärung an den Wahrheitsgehalt von Sagen glaubte, konnte verlacht werden.

Doch die Erfahrungen des Übersinnlichen waren zu allen Zeiten lebendig, bei den Gebildeten wie auch in der breiten Bevölkerung. So bewegten sich in der höheren Gesellschaftsschicht faszinierende Gestalten wie der Graf von Saint Germain (ca. 1710–1784) sowie der Abenteurer und Lebenskünstler Casanova (1725–1798), der sich sehr für Übersinnliches interessierte. Berühmtheit erlangten auch der Wunderheiler Mesmer (1734–1815) und der Geisterseher Swedenborg (1688–1772). In den breiten Bevölkerungsschichten lebte weiterhin eine mythisch-magische Subkultur, was in den Sagen dieser Zeit gut zu erkennen ist.

Der verschwundene Schatz

1790

Bauern sahen von ihrem Acker aus, dass nicht weit entfernt ein großes Feuer brannte. Sie gingen an die Stelle und sahen einen Reiter ohne Kopf, der um das Feuer ritt. Bald darauf verschwand er, und es erschien ein Hund, welcher zu den Männern sagte: „Hier liegt ein Schatz vergraben, hebt ihn und er gehört euch, aber nur unter der Bedingung, dass ihr nichts dabei sprecht, sonst verschwindet das Gold wieder." Sie hatten schon eifrig eine halbe Kiste ausgegraben, als ein Mann herbeieilte und rief: „Drunten im Dorf brennt's". Einer der Goldgräber antwortete: „Wenn es nur meinen Angehörigen nichts macht." Sogleich verschwand der Schatz, und als der Mann, der geredet hatte, ins Dorf kam, war sein Hab und Gut und alles, was ihm lieb und teuer war, verbrannt.

Die meisten Sagen gehen auf ein spontanes individuelles Erlebnis zurück, doch hier ist es eine Gruppe von Personen. Es sind Bauern, die hier leben und arbeiten, keine berufsmäßigen Schatzgräber. Im 18. Jahrhundert existierte noch die Ansicht, unterirdische Schätze seien bewacht. Es konnte ein guter Geist sein, der einen Schatz bewacht oder ein böswilliger Geist. Eine Schatzsuche, bei der ein guter Geist erscheint, ist weniger problematisch. Meist ist dieser ein unglücklicher Totengeist, der zu Lebzeiten z. B. auf krumme Weise Geld angesammelt und dann vergraben, aber nicht dafür bestraft wurde. Nun muss er bei seinem Schatz büßen, d. h. als Gespenst spuken. Er will seinen Schatz loswerden, da dieser ihn ans Irdische bindet. Die Erlösung hängt von der glücklichen Hebung dieses Schatzes ab. Der Geist, häufig eine weiße Gestalt, versucht, die Schatzhebung zu fördern, er erscheint z. B. einem einsamen Spaziergänger und verweist auf den Schatz. Diese Person hat nun einige Mutproben zu bestehen, bis sie den Schatz erhält und der Geist des Verstorbenen Ruhe findet und nicht mehr spuken muss.

Ganz anders ein Schatz, der von einem böswilligen Geist bewacht wird. Das kann ein Totengeist sein oder ein Dämon (ein Höllengeist) oder gar der Teufel selbst. Ein böswilliger Geist versucht die Schatzhebung zu verhindern. Er setzt alles daran, die Schatzgräber zu stören, damit sie, wie in der Geschichte, ihr Schweigen brechen. Er erscheint in schrecklicher Gestalt, als Kopfloser, als Ungeheuer oder es schwebt ein schwerer Mühlstein, der an einem Faden hängt, über den Schatzgräbern oder sie werden mit Steinen beworfen. In dieser Sage erscheint der Schatzgeist in Gestalt eines Reiters ohne Kopf sowie als schwarzer Hund. Seltsam ist, dass der Schatzgeist auf den Schatz hinweist, ihn damit loswerden will, andererseits geht es darum, die Schatzhebung zu verhindern. Der Text liest sich wie aus zwei Sagen zusammengesetzt, die ein Sagenerzähler zu einer neuen Sage kombiniert hat.

„Sogleich verschwand der Schatz", heißt es, als doch versehentlich gesprochen wurde (mangels Disziplin des Schatzgräbers). Damals bestand die Meinung, dass Schätze ihren Standort wechseln können, sich hierbei bis an die Oberfläche bewegen oder wieder in die Tiefe versinken. Wenn ein Schatz wegen des gebrochenen Schweigegebots „verschwindet", dann – so die Erklärung – „muss" er ja irgendwohin gelangen können.

Interessant ist hier, dass es sich um eine Gruppe von Personen handelt, die zeitgleich dasselbe sehen: Reiter, Hund und die Kiste. Haben die Schatzgräber wirklich alle genau dasselbe Trugbild des Schatzes gesehen, das auch noch verschwand? Der Schluss lässt sich als spöttische aufklärerische Kritik verstehen, die zeigen will, wohin es führt, solchen Aberglauben für möglich zu halten. Nicht nur der Schatz verschwindet, sondern der Schatzgräber verliert auch noch sein Vermögen, weil er nicht zur rechten Zeit im Dorf bei seinem Haus das Feuer löschen konnte.

Die Illuminaten im Kraichgau

1785

Das 18. Jahrhundert ist das Jahrhundert der Aufklärung, es ist auch die faszinierende Zeit der Geheimgesellschaften. Hier sind Freimaurer, Rosenkreuzer und die Illuminaten zu nennen. 1776 wurde die Geheimgesellschaft der Illuminaten in Bayern gegründet – eine Quelle für Spekulationen, die selbst heute nicht verstummen wollen. Es heißt, dass die Illuminaten die Französische Revolution mit verursacht hätten, außerdem würden sie Regierungen unterwandern und versuchen, die Weltherrschaft zu erringen. Goethe soll Mitglied der Illuminaten gewesen sein und im Kraichgau trafen sich damals Mitglieder dieser bald verbotenen geheimen Gesellschaft.

Übersetzt bedeutet der Name Illuminaten „die Erleuchteten". 1776 gründete der Professor für Kirchenrecht Adam Weishaupt in Ingolstadt zusammen mit Studenten den Orden der Illuminaten. Ihre geheimen Treffen fanden in Ingolstadt in der Theresienstraße 23 statt.

Als geheime Gesellschaft halten derartige Organisationen ihre Ziele, Rituale sowie ihre Arbeit verborgen. Ihre Mitglieder suchen sie selbst aus, man kann nicht einfach eintreten wie in einen Verein. Der Orden war eine Verschwörung gegen die bayerische Regierung, zudem sollte der Aberglaube bekämpft werden, ebenso die Kirche. Die Illuminaten waren an den Prinzipien der Aufklärung orientiert. Dass sie die Französische Revolution entscheidend beeinflusst haben, war nie nachzuweisen. Ihrer Zielsetzung nach zu urteilen, erscheint es jedoch möglich.

Die einzelnen Mitglieder benutzten ein Chiffresystem für ihre Mitteilungen. Dieses funktionierte mit Zuordnungen von Buchstaben zu Zahlen (z. B. a = 12). Außerdem hatten sie Decknamen für ihre Mitglieder und für Städte. So hieß Bruchsal Mantinea, der Deckname für Heidelberg war Utica. Johann Wolfgang von Goethe war tatsächlich Illuminat, er wurde am 11. Februar 1783 in den Orden der Illuminaten aufgenommen. Sein Ordensname war Abaris.

Weishaupt wollte die Ziele der Illuminaten nicht mit Gewalt (Revolution) erreichen, sondern setzte auf Bildung und Vernunft. Das sollte die Basis für die Verbesserung der Lebensverhältnisse der Menschen sein. Die Illuminaten versuchten einen „Marsch durch die Institutionen". So gab es unter ihnen auch einige, die zugleich Staatsbeamte waren. Sie strebten eine Unterwanderung des politischen System an. Dadurch sollte der herrschende Adel entmachtet und die absolutistische Regierung abgeschafft werden. Aufgrund dieses Umsturzwunsches kam es bald zur Verfolgung des Ordens durch den Herrscher, den Kurfürsten von Bayern. 1785 wurde der Orden verboten und aufgelöst. Einige Mitglieder arbeiteten noch Jahre außerhalb von Bayern im Verborgenen. In der Zeit der Verfolgung des Ordens wurden Mitgliederlisten entdeckt. Darin sind Illuminaten aus dem Kraichgau aufgeführt, z. B. Johann Lorenz Böckmann aus Bruchsal, er war Professor an der Karlsschule. Ein weiterer Illuminat aus Bruchsal war Konrad Ganther, Professor für Philosophie und Dogmatik. Aus Eppingen stammte Gerard Ziegler, Theologe. Weitere Illuminaten gab es in Karlsruhe (Deckname Delphi), Heidelberg, Wiesloch und Pforzheim.[1] Die Mitgliederliste fiel der Regierung durch Zufall in die Hände: Weishaupt war mit einem Illuminaten, Pfarrer Lanz, im Juli 1785 unterwegs, es gab ein Gewitter, der Pfarrer wurde vom Blitz erschlagen, Weishaupt floh. Bei dem Toten fand die Polizei schließlich die besagte Liste.

Eine weithin bekannte Persönlichkeit war führendes Mitglied der Illuminaten: Adolph Freiherr von Knigge, der Verfasser des Buches *Über den Umgang mit Menschen*, 1788. Knigge trat 1780 in den Orden ein, warb Mitglieder auch außerhalb von Bayern an, sowie Freimaurer, so dass der Orden ständig wuchs. Knigge wollte den Orden mehr esoterisch ausgestalten und nahm dazu auch Rosenkreuzer auf, zum Missfallen Weishaupts. So kam es zum Streit zwischen Weishaupt und Knigge, welcher daraufhin 1784 aus der Gesellschaft der Illuminaten austrat, gerade noch rechtzeitig vor dem Verbot des Ordens 1785.

Gibt es heute noch Illuminaten? Weishaupt nahm zu den führenden Persönlichkeiten der USA Kontakte auf. So sind Briefe erhalten, die Weishaupt Benjamin Franklin schrieb. Es ging darum, ob sich die Illuminaten in den USA etablieren dürfen. Antworten sind nicht erhalten. Heute wird die Meinung vertreten, die Illuminaten hätten die Regierung der Weltmacht USA unterwandert und würden im Verborgenen die Geschicke der Welt lenken. Dazu soll durch die Illuminaten überall Manipulation und Überwachung eingerichtet werden. Daraus sind moderne Sagen entstanden – eine Weltverschwörung, die es im Verborgenen geben soll.

Das wilde Heer im Kraichgau

1780

Mein Großvater und ein anderer Bürger namens Sch. waren gute Kameraden. Die zwei sind einmal – es sei in der Karwoche 1780 – auf die Freierei nach Aglasterhausen gegangen. Mein Großvater ist nachts, als der Vorsitz vorbei war, heim und der andere ist drüben geblieben. Als mein Großvater, ein junger, kräftiger Bursch, an der Einsiedel oder Neurott (neue Rodung, Austrocknung von Wald) ankam, hörte er ein Rauschen in der Luft, es ist das wilde Heer gekommen. Da hat er sich nicht mehr halten können, hat sich platt auf den Boden gelegt und da ist es über ihn hinaus gegangen. Es hat allerhand Musik bei sich gehabt, mit Jagdhörnern wurde geblasen, gebellt, gewiehert, geschnaubt, Peitschen haben geknallt, es war so ein Rauschen und Sausen, dass er gemeint hat, die Bäume müssten umbrechen, wie es über den Wald gegangen ist. Seitdem ist mein Großvater nachts nicht mehr auf die Karess nach Aglasterhausen gegangen.

Das wilde Heer ist im Volksglauben ein Geisterheer voll verwirrendem Schrecken. Es braust vor allem in den Raunächten durch die Luft mit Sturmwind, Hundegebell, Geschrei und Tönen von Jagdhörnern. Der einzelne Mensch steht hier plötzlich etwas Übermächtigem gegenüber. Man muss sich auf den Boden legen, sonst wird man mitgerissen. Angeführt wird das Geisterheer von einem gespenstischen Reiter, dem wilden Jäger. Es kann sich bei ihm um eine mythische Gestalt handeln, z. B. um den germanischen Gott Wodan, oder um eine verstorbene historische Person wie den Rodensteiner aus dem Odenwald. In diesen Überlieferungen kommen regional unterschiedliche Gestalten vor. Die Überlieferung eines umherziehenden Totenheeres ist sehr alt, sie geht bis in die Antike zurück.

Überliefert sind Sagen vom wilden Heer auch aus Eichtersheim, Michelfeld (beim Hollerbrunnen), Bretten (Diedelsheimer Höhe), Durlach (Turmberg) und Obergrombach. Zur Abwehr soll es helfen die geschlossenen Fenster mit Weihwasser zu besprengen und geweihte Kerzen anzuzünden. Im angrenzenden Nordschwarzwald wird ebenfalls von solchen Begegnungen erzählt, z. B. aus Neuenbürg und Herrenalb. Das wilde Heer findet sich in vielen Sagensammlungen, es wird dort als Mutesheer bezeichnet oder als wütendes Heer. Was hier erscheint, ist nicht ein einzelner ruhelos umgehender Geist, sondern ein Heer von Geistern. Augenzeugen berichten nur selten, dass sie das wilde Heer der Toten gesehen haben, es bleibt meist unsichtbar, man hört nur den schrecklichen Lärm.

Lässt sich das Phänomen erklären? Der Volksglaube gibt eine übernatürliche Erklärung: Es ist die Wiederkehr der Toten.Volkstümlich-christliche Auffassungen deuten einige Geister des Totenheeres als Seelen ungetauft verstorbener Kinder. Das wilde Heer kann auch bestehend aus verstorbenen Ketzern, Zauberern und Hexen gedeutet sein, angeführt vom Teufel. Wenn es nach dieser Deutung neben den Verstorbenen in Himmel und Fegefeuer noch Geister geben soll, die am Fegefeuer nicht teilnehmen und stattdessen so im Irdischen gewalttätig spuken, dann kann es sich nach volkstümlich-christlicher Anschauung nur um Verstorbene aus der Hölle handeln, die der Teufel anführt. Die Sage ist hier eine Konkretisierung des Volksglaubens.

Nun die Versuche von natürlichen Erklärungen: Wir befinden uns in der Aufklärungszeit, die mit ihrer Kritik den Gespenster-, Hexen- und Teufelsglaubens in den Bereich des unsinnigen Aberglaubens schob. Gab es auf dem Nachhauseweg einen nächtlichen Gewittersturm, der den jungen Mann überrascht hat? War der junge Mann melancholisch gestimmt? Wurde er von Angstzuständen geplagt? Waren es Alkoholhalluzinationen? Einbildungen? Der Wanderer ist nachts allein im düsteren Wald unterwegs, dazu die Ermüdung. Wenn Ängste oder ein Schock von einem Besitz ergreifen, verblasst im Extremfall die Realität und es kann das logische Denken versagen. Es kommt zu Fehldeutungen der Geräusche des Gewitters. Auch Infraschall kann Ursache dafür sein, dass ein Gefühl des Unheimlichen entsteht. Es kann Ängste und Halluzinationen auslösen, auch Geisterhalluzinationen. Infraschall, das sind Töne, die für Menschen nicht hörbar sind, sie können durch Regen ausgelöst werden. Die Vorstellungen vom wilden Heer haben viele Menschen damals gekannt. Bei der nächtlichen Wanderung treffen diese mythischen Vorstellungen und die seelische Verwirrung zusammen und verursachen so die Erlebnisse vom wilden Heer.

Die gefährliche Nixe

1779

Einst war eine Michelfelder Frau mit ihrem Sohne beim „Holderbrunnen“, um Futter für ihre Ziege zu holen. Da sahen beide eine Wasserjungfrau aus dem Brunnen emporsteigen, die sprach zu dem Knaben: „Geh fort und sieh dich nicht um!“ Er aber konnte dem Verlangen nicht widerstehen, sie noch einmal zu sehen, und wandte sich um. Da zog sie ihn in die Tiefe mit Zaubergewalt.

Nixen sind Wassergeister, ihr vorrangiges Element ist das Wasser (Brunnen, Teiche usw.). Die Nixe vom Holderbrunnen ist eine gefährliche spukhafte Gestalt, anders als die freundlichen Nixen, die wir bereits aus der Zeit der Romantik kennen. Goethe hat sich als vielseitiger Forscher auch mit dem Thema „gefährliche Nixen“ beschäftigt. In seinem Gedicht *Der Fischer*, veröffentlicht 1779, hat er dies verarbeitet.

Nixen sind in der Literatur, in der Kunst und in der Sage betörende Wesen, die einer anderen Welt angehören. Ihre Welt ist eine, die sich „hinter“ unserer Welt befindet, eine nicht grob-materielle Welt, die dem Volksglauben nach nicht weit entfernt von der unsrigen entfernt ist. Aus diesem Grund soll es den Nixen manchmal gelingen, von ihrer Welt in die unsrige zu gelangen. Kommen sie von dort in unsere (materielle) Welt, so können sie dabei ihre Gestalt wandeln. Ihre Gestalt ist dann halb menschlich, halb fischartig (Fischunterkörper oder Schlangenunterkörper). Kommen die Nixen sogar über den Grenzbereich des Ufers hinaus, so erscheinen sie in vollständig menschlicher Gestalt. Das mögen alles Geschichten sein, deren Wahrheitsgehalt fragwürdig ist, doch es wird so erlebt und beschrieben.

Obwohl sie dem kühlen Element angehört, hat der Anblick der schönen übersinnlichen Brunnennixe den jungen Mann aus Michelfeld ziemlich verwirrt. Hier sind Sehnsüchte, Sinnliches und Übersinnliches ineinander verwoben. Was die beiden Personen gesehen haben, ist nicht genau beschrieben. Besonders das „da zog sie ihn in die Tiefe“, bleibt rätselhaft. Hat die Nixe die Gedanken des Mannes so verwirrt, dass er in den Brunnen stürzen musste? Hat er sich absichtlich aus Liebeskummer in den Brunnen gestürzt?

Brunnen führen symbolisch hinab in die innere Welt, in die Seelentiefe. Der junge Mann gerät zudem zwischen zwei Frauen. Die eine, die Nixe, ist die Gestalt der Liebe, die andere Frau ist die Mutter, Symbol von Ordnung und Familie. Außerdem treffen hier zwei Weltbilder aufeinander. Das eine ist das mythisch-magische Weltbild mit seinem Glauben an Naturgeister. Das ist ein Weltbild, in dem wir heutigen Menschen nicht so zuhause sind. Das andere ist die rationale Sicht der Dinge. Die Naturwissenschaften beschäftigen sich nicht mit Naturgeistern (Nixen, Feen, Zwerge, Kobolde usw.), die Kirchen ebenfalls nicht.

Sind Nixen real? Nun, was bedeutet real? Unsere Welt, die aus Materie besteht (aus Molekülen und Atomen), aus allem, was Länge, Breite und Höhe hat, bezeichnen wir als real, obwohl diese Dinge eigentlich keinen Bestand haben. Denn die Dinge unserer Alltagswelt entstehen und vergehen ständig. Licht ist feinstofflichere Materie, wir zählen Licht und andere elektromagnetische Strahlungen ebenfalls zur Realität. Ist ein Gedanke real? Er hat weder Länge, Breite und Höhe. Unser Gehirn, also etwas Materielles, produziert ständig Gedanken, und damit Immaterielles. Das erscheint uns selbstverständlich. Aber Geister? Naturgeister als real? Das geht heute vielen Menschen zu weit. Fragen wir daher anders: Hat die unbelebte Natur ein Bewusstsein? Hat die kleine Welt eines Brunnens so etwas wie Bewusstsein? Es muss sich nicht um ein Wachbewusstsein handeln. Dieses Philosophieren über Nixen hat uns bis an diese Grenzbereiche geführt. Wenn eine seelische Offenheit zu diesen Bereichen gegeben ist, könnten solche Nixenerlebnisse zustande kommen. Steht es uns zu, den Menschen, die derartige Erlebnisse hatten, zu sagen, dass ihre Erfahrungen Unsinn sind? Auf jeden Fall tragen diese kontroversen Informationen zu einer fundierten eigenen Meinungsbildung über diese Wesen bei.

Der Brunnen bildet den kritischen Grenzbereich zwischen den beiden Welten. Wird diese Grenze überschritten, ist mit Gefahren für Mensch und Nixe zu rechnen. Daher weist die Nixe in der Sage den jungen Mann an: „Geh fort und sieh dich nicht um!“ Das waren keine trügerischen Worte. Der junge Mann hält sich nicht an diese Warnung, wie in den Nixensagen üblich. Nixenwelt und Menschenwelt passen nicht gut zusammen. Das gehört zum Sinn dieser Geschichte.

Dreikönigszettel

1778

Heilige drey Könige
Caspar Melchior Balthasar
Bittet für uns Jezt und in dem Todt
Dis an die Häupler und Reliquien der
H 3 Königen in Cöllen angeschribenes
briflein iſt gut für alle Reiſgefaren
Hauptweh hinfallende Kranckheiten
Fieber Zauberey und gehen Todt

Mit den Dreikönigszetteln befinden wir uns in der Welt der religiösen Sagen, der Legenden. Diese Gebetszettel waren im 17. und 18. Jahrhundert in Süddeutschland recht beliebt. Es sind dingliche Zeugnisse der Volksfrömmigkeit. Hergestellt wurden sie aus Papier oder Pergament. Zu sehen ist darauf das Bild der heiligen drei Könige, ihre Namen oder ihre Zeichen C + M + B, dazu ein Text mit Angaben zu ihrem „Wirkungsbereich“ (Reisegefahren usw.). Meist trug man die Dreikönigszettel bei sich oder sie wurden zum Schutz des Hauses an die Haustür geheftet, um das Eindringen von Unglück oder Hexen zu verhindern.

Dass es sich bei Caspar, Melchior und Balthasar um Könige handelt, diese Sage hat der Kirchenschriftsteller Tertullian um das Jahr 200 verbreitet. In der Bibel (Mt 2,1) werden ihre Namen nicht genannt, sie sind dort als Magier aus dem Osten bezeichnet. Auch ihren Stern, den Stern von Bethlehem, als Komet darzustellen, das war pure Fantasie.

Bei dem obigen Exemplar handelt es sich um eine Berührungsreliquie, das heißt, derartige Zettel erhielten – dem Volksglauben nach – ihre „Wirkung“, in dem man damit die Original-Reliquien berührte, die im Kölner Dom aufbewahrt werden.

Die Kirche hat früher am Dreikönigstag (6. Januar, Epiphanias) Dreikönigszettel gesegnet. Da die Gläubigen diese Zettel bald wie ein Amulett[1] benutzten, weigerte sich die Kirche schließlich, solchen Aberglauben weiter mitzumachen und segnete diese Dreikönigszettel nicht mehr. Nun behalfen sich die Menschen auf ihre Weise. Man hielt diese Zettel heimlich in das am Dreikönigstag geweihte Wasser, so dass sie über diesen Umweg doch den Segen der Kirche bekamen.[2]

Der Schimmelreiter im Kraichgau

1775

In einem Wald bei Daudenzell haust der Jägerkarl. Wer nachts um zwölf Uhr durch den Wald geht, begegnet ihm. Er reitet auf einem hageren Schimmel. Den Kopf trägt er unter dem Arm. Hinter ihm springen zwei bellende Hunde. Der Jägerkarl diente bei einem Förster. Er hatte seinen Bruder erschlagen und einen falschen Eid geleistet. Seitdem hat er keine Ruhe mehr und muss als Geist umgehen.

Man gibt es zwar nicht gerne zu, aber so einer Gestalt möchte man nicht im Dunkeln begegnen. Aus dem Kraichgau sind vielerorts Erlebnisse mit dem gespenstischen Schimmelreiter überliefert, z. B. aus Gondelsheim, Eichtersheim und Eichelberg. Der Schimmelreiter ist eine Geistergestalt. Der Reiter sitzt auf einem Schimmel, also einem weißen Pferd. Früher wurde die Bezeichnung Schimmel auch für Pferde gemischter Farbe verwendet, im Sinne von Schimmer bzw. Glanz. Der Reiter hat meist einen großen Hut auf dem Kopf oder trägt seinen Kopf unter dem Arm. In der Regel tut er den Menschen, die ihn sehen, nichts zuleide. Er verschwindet so plötzlich wie er gekommen ist. Je nach Landschaft wird er auch Schimmel oder Schlapphut genannt.

Schimmelreiter und wildes Heer sind verwandte Stoffe. Der Schimmeleiter von Daudenzell hat zu Lebzeiten Straftaten begangen und muss deshalb ruhelos umgehen zur Buße oder als Jenseitsstrafe. Diese Sage ist zugleich eine Rechtssage. Ob der Reiter für seine Taten bestraft wurde oder nicht, geht aus der Sage nicht hervor. Bei den kopflosen Geistern gibt es zwei Arten, die einen wurden zu Lebzeiten geköpft, die anderen hätten bestraft (geköpft) werden müssen, konnten dem jedoch entgehen. Dem Volksglauben nach müssen sie deshalb kopflos umgehen oder schrecklich mit ihren Ketten rasseln, auch im Jahrhundert der Aufklärung.

1772 Das Beste vergessen

Ein Mann, der am Durlacher Turmberg in den Reben arbeitete, wurde von der weißen Jungfrau aufgefordert, ihr zu folgen und sie und sich glücklich zu machen; er dürfe sich aber weder umsehen, noch das Beste vergessen. Er willigte ein und wurde in einen unterirdischen Gang geführt, eine Menge Stufen hinab und durch viele Türen, die sich von selbst öffneten. Oft rief man hinter ihnen, aber der Mann ließ sich nicht zum Umschauen verleiten. Endlich gelangten sie in ein Gewölbe; darin lagen goldene und silberne Münzen aufgehäuft, und es stand da eine schöne blühende Tulpe. Gierig griff der Mann nach dem Geld und füllte sich die Taschen. Dann ging er mit seiner Begleiterin wieder weg und kam beim Brunnenhaus ins Freie. Da klagte die Jungfrau über die misslungene Erlösung; er habe ja das Beste vergessen, die Tulpe. Darauf erhob sie sich in die Luft und verschwand.

In dieser Sage geht es um Jenseitskontakte. Einen Geist, der uns in unterirdische Bereiche mitnimmt, so etwas gab es bis jetzt in den Sagen noch nicht. Der Einstieg in die unterirdische Welt des Berges bei Durlach ist kein Einstieg Zugang zu Geheimgängen, sondern der Einstieg in eine nahe jenseitige Welt, in den die Geisterfrau den Arbeiter mitnimmt. Hier herrschen noch erdähnliche Verhältnisse (Gänge, Treppen, Gewölbe), keine fernen jenseitigen Bereiche, in denen sich das Materielle auflöst. Die Sage schildert dies als einen Übergangsbereich zwischen Diesseits und Jenseits, einer Nahtoderfahrung ähnlich.

Die weiße Gestalt findet keine Ruhe, da sie an einen Schatz gebunden ist, den sie los werden will, um endlich ihren Platz im ewigen Leben zu finden. Die weiße Frau lässt sich in der Sage sogar tagsüber sehen, sie spricht den Menschen an. Die Initiative zu dieser Begegnung geht von der Schatzhüterin aus, also von der „anderen Seite". Zwei Bedingungen werden von ihr genannt, sich nicht umzusehen und das Beste (die Wunderblume) nicht zu vergessen. Die Anweisung, sich nicht umzusehen, kommt immer wieder in Sagen vor, besonders in Schatzsagen. Sieht sich der Schatzsucher um, so verschwindet der Schatz.

Mit der Wunderblume lassen sich verborgene Schätze finden. Fast immer vergisst der Schatzsucher in derartigen Sagen die Blume wieder mitzunehmen, obwohl ihm eindringlich gesagt wird: „Vergiss das Beste nicht!" Diese Blume gewährt den Zutritt zu einer „Welt hinter den Dingen". Wird die Blume im Berg vergessen, ist jeder weitere Zugang zu dieser Welt verschlossen.

Für kurze Zeit konnte der Arbeiter Beobachtungen machen in einer ihm sonst unzugänglichen Welt. Doch er weiß darin nicht um das richtige Verhalten nicht, er denkt nur diesseitig, am Materiellen hängt sein Herz. Was hätte sich im Leben des Mannes verbessert, wenn er die Blume mitgenommen hätte? Vielleicht wäre etwas in seinem Leben gewissermaßen zu Reichtum geworden. Die Blume als Symbol hat etwas mit der Entfaltung von Eigenschaften zu tun. Solche Symbole, verstanden als Schatz der Möglichkeiten im Leben, können durchaus tagsüber auftauchen. Dies ist in der Psychologie bekannt als Silberer-Phänomen. Diese Vorgänge werden meist als sehr real erlebt.[1] Wer das Beste vergisst, kann auch geistiges Gold und Silber nicht behalten. Es verwandelt sich in Nichts.

In ähnlichen Sagen wird von einer weißen Frau zu ihrer Erlösung der Geisterkuss verlangt. Das ist alles andere als einfach, obwohl nur drei Küsse zu gewähren sind. Der Mann muss die weiße Frau drei Mal küssen, z. B. zuerst als Kröte, dann als Schlange und zuletzt als Drache. Der dritte Kuss scheitert fast immer und damit auch die Erlösung.

Die Aufforderung „Vergiss das Beste nicht" ist zugleich die Bedingung für die Erlösung der weißen Frau. Diese hat zu Lebzeiten einen Schatz vergraben oder sie hielt es für möglich, im Jenseits reich zu bleiben. Erlösung bedeutet hier, vom Umgehen-müssen (spuken) befreit zu werden. Befreit von einer Bindung an materielle diesseitige Dinge, die in der anderen Welt keine Bedeutung mehr haben. An der Farbe des Geistes lässt sich erkennen, ob die Gestalt bald erlösbar ist (weiße Gestalt) oder ob sie noch lange umgehen muss (schwarze Gestalt) oder ob es sich um eine mischfarbige Gestalt handelt (z. B. schwarz mit etwas weiß oder umgekehrt), dann ist die Erlösung möglich, nachdem noch einige Zeit abgebüßt wurde.

In der Sage ging es um Geld aus einer unsichtbaren anderen Welt. Lässt sich Geld aus dem Nichts erschaffen? Das Jahr dieser Sage, 1772, ist das Jahr, in dem in Deutschland zum ersten Mal Papiergeld eingeführt wurde, im Kurfürstentum Sachsen. Dieses Geld war eigentlich nur bedrucktes Papier, basierend auf der Macht des Staates. Zuvor brauchte es zur Herstellung von neuem Geld Metalle, vor allem Silber und Gold. In unserer Zeit haben wir nicht nur viel weitgehend ungedecktes Papiergeld im Umlauf, sondern sogar Geld, das von Notenbanken aus dem Nichts geschaffen wird und heute in beängstigender Menge vorhanden ist. Das ist einer der Gründe für Inflation. Bei dauerhafter Inflation verschwindet die Kaufkraft des Geldes ins Nichts.

Die Geistermesse von Bruchsal 1770

Die Hofkirche zu Bruchsal erscheint zu Zeiten nachts, wenn sie verschlossen ist, im Inneren glänzend erleuchtet. Bei einer solchen Erhellung schaute der Kirchendiener zum Schlüsselloch hinein und sah am Altare den verstorbenen Fürstbischof von Hutten Messe lesen. Hierüber erschrak er so sehr, dass die Wimper des Auges, mit welchem er hineinblickte, auf immer ganz grau wurde.

War es von Hutten's Geist? Sagen erzählen von ungewöhnlichen Erlebnissen, diese werden meist als übersinnlich oder übernatürlich bezeichnet – und sie sollen sich tatsächlich ereignet haben. In dieser Sage geht es um den Fürstbischof Franz Christoph von Hutten (1706–1770), einen in Bruchsal sehr geschätzten Mann. Der Kirchendiener will ihn in dem nächtlichen Spuk am Altar als Geist erkannt haben. In der Sagenwelt kennen wir derartige Erzählungen als „Geistermesse". Als Ursache dieser Vorgänge gelten vor allem Priester, die zu Lebzeiten ihre Pflichten vernachlässigt haben; meist müssen von ihnen Messen nachgeholt werden, die sie schuldig geblieben sind (die „bezahlt" waren).

Von Hutten war ein Mann, der tolerant und gerecht regierte und alles abergläubische Denken bekämpfte. Aus den letzten Tagen seines Lebens ist die Aussage überliefert: „Sollte er jemandem etwas zuleide getan haben, so möge man ihm dies verzeihen und bedenken, dass er ein Mensch gewesen und deshalb wie andere Leidenschaften gehabt habe." Er wollte damit alle unerledigten Dinge in seinem Leben ausgeglichen wissen. Von daher lässt sich nicht auf vernachlässigte Pflichten schließen, zumal derartige Messen von einem anderen Priester gehalten und damit nachgeholt werden können.

Es gibt weitere solcher Sagen, bei denen um Mitternacht oder in der Morgendämmerung verstorbene Priester Gottesdienst halten. Bei diesen Sagen gilt, dass beim Öffnen der Kirchentür das Licht in der Kirche sofort erlischt. Das zeigt, dass es sich bei den „Geistermessen" nicht um reale Vorgänge handelt.

1760 **Rabbi Rewwerle in Michelfeld**

In einem Michelfelder Haus erschien in alter Zeit ein Gespenst, das viel Rumor machte. Endlich entschloss man sich, den Rabbiner „Rewwerle“ zu holen. Er stand im Rufe, mehr zu wissen und zu können als andere Leute. So traute man ihm zu, Geister zu bannen. Er kam zur Abendstunde in das Geisterhaus mit einem schwarzen Käppchen und einem schwarzen Kaftan. Die ganze Familie musste sich in der Wohnstube versammeln und sich in einem Kreis herumstellen. In die Mitte kam ein Krug, daneben ein Deckel. Alles schwieg, nur die Herzen hörte man klopfen. Nun bewegte sich der Rewwerle um den Kreis herum und summte seine Beschwörungssprüche, die nach ihrem Alter bis zur Hexe von Endor zurückreichten. Sie taten ihre Schuldigkeit und übten ihre alte, bewährte Kraft aus. Man hörte ein Stöhnen und Ächzen. Die Leute überlief es eiskalt. „Kommt das Gespenst in unsere Mitte?“ fragten sie sich. Es kam auch, musste den Weg gehen, den der Rewwerle ihm gewiesen, musste in den Krug hinein. Der Deckel kam darauf.

Der Bauer bekam die Anweisung, den Krug in den Wald zu tragen und dort zu vergraben. Er vergrub ihn, aber leider nicht tief genug. Der Bauer gab dem Rewwerle am selben Abend den ausbedungenen Lohn und legte vor Freude über die gelungene Beschwörung noch einen Batzen dazu. Die Bewohner hatten wieder Ruhe.

Auf einmal ging es wieder los und ärger als zuvor. Der Geist war wieder da. Wie war das gekommen? Ein Michelfelder hat es von einem Odenheimer erfahren: Dieser hat sich müde von der Wanderung im Wald ausgeruht, auf einem Moospolster, stieß dabei auf etwas Festes und zog es hervor. Es war der Deckel auf dem Krug. Ein Schrecken! Ein Hohnlachen ertönte und es rauschte durch das Gezweig. Eilig verließ der Wanderer den gespenstischen Ort. Jetzt wusste der Michelfelder, warum es wieder im Hause geisterte. Der Geist war seinem Gefängnis entkommen und in sein altes Revier zurückgekehrt.

Das Interessante an dieser Sage sind die Details, die zeigen, wie es bei der Arbeit des Rabbiners zuging. „Ein Gespenst, das viel Rumor machte", erschreckt eine Familie in Michelfeld. Poltergeistphänomene werden diese Art von Vorgängen genannt, die, wie sich die Sage ausdrückt, viel Rumor machen. Das ist etwas, dem wir in den Sagen noch nicht begegnet sind. Das Wort „poltern" kennen wir vom Polterabend, an dem lärmend und bei guter Stimmung Geschirr und Porzellan zerschlagen wird. Doch ein polternder Spukgeist ist kein so erheiternder Vorgang. Hierbei geht es um unangenehmen Lärm (= poltern) verschiedener Art mit unbekannter Ursache. In dieser Sage geht es nicht wie üblich um die in den Sagen so beliebten Geistererscheinungen. Das „Rumor machen" im Text bedeutet: Es beginnt meist damit, dass etwas im Haus klopft, Schritte sind zu hören, obwohl niemand da ist, der sie verursacht, der Spuk kann sich weiterentwickeln, so dass sich Schubladen von selbst öffnen, Gegenstände (z. B. Kochtöpfe, Handtücher) fliegen durch die Wohnung, obwohl sie niemand wirft. Es kann noch schlimmer kommen bis zum absoluten Chaos in der Wohnung.

Unglaublich? Vielleicht. Poltergeist-Spuk scheint gegen den gesunden Menschenverstand zu verstoßen. Doch diese Erfahrungen kommen nicht nur in den Sagen vor, sondern auch in umfangreichen Berichten jener Zeit. Hierzu ist die Studie von Annekatrin Puhle zu nennen: „Sechs historische Poltergeistfälle aus dem 18. Jahrhundert in Deutschland".[1] Ihre Untersuchung betrifft dokumentierte Spukfälle aus den Jahren 1713 bis 1760. Ein gemeinsames Merkmal ist, dass diese Fälle mittels zeitgenössischen religiösen Überzeugungen interpretiert wurden. Auch in unserer Sage ist ein religiöser Hintergrund sichtbar. Man ist nicht mit Mitteln der Volksfrömmigkeit gegen die Probleme vorgegangen (Amulette, Haus ausräuchern, Knoblauch anbringen), sondern hat sich religiösen Beistand gesucht. Derartige Spuk-Erfahrungen werden auch aus heutiger Zeit berichtet.[2]

Dem Rabbi traute man allerhand zu, sogar widerspenstige Geister zu bannen. Das ist nicht weiter verwunderlich, denn manche jüdische Gelehrte standen im Ruf, sich auf so etwas zu verstehen. Gab es doch den jüdischen König Salomo, von dem es hieß, dass er die Geisterwelt beherrscht. Es gab jüdische Zauberbücher wie das Sefer ha-Razim, das *Buch der Geheimnisse*. Die Ansicht der Michelfelder, dass der Rewwerle „mehr weiß und kann als andere Leute", war daher nicht ohne Grund.

Detailreich beschrieben sind die Vorgänge an jenem denkwürdigen Abend. Die Familie hatte sich in einem Kreis zu versammeln, als der Rewwerle mit seiner Arbeit begann. Es scheint, als wäre der Sagenerzähler dabei gewesen. In die Mitte des Kreises kam ein Gefäß, ein Krug, daneben ein Deckel. Bereits in der Literatur, die dem König Salomo zugeschrieben wurde, spielte ein Gefäß eine Rolle, in das Salomo Geister bannte (hineinzwang),[3] denn so ein Poltergeist verabschiedet sich nicht still oder leise. Der Rewwerle bewegte sich um den Kreis herum und summte seine jüdischen Gebete oder Beschwörungssprüche, die wohl keiner verstand. Dass diese Sprüche aus der Zeit der „Hexe" von Endor stammen, ist eine Vermutung. Immerhin ist zu sehen, dass der Sagenerzähler die Überlieferung der „Hexe" von Endor kannte. Im Alten Testament, 1. Buch Samuel, Kapitel 28 ist diese Geschichte überliefert, die berühmte Geisterbeschwörung aus dem Alten Testament.[4]

Leider versucht der Rewwerle die Probleme, die den Spuk verursachen, nicht zu lösen. Diese könnten im Kreis der Familie liegen oder bei einer bestimmten Person aus der Familie bestehen. Häufig ist das die Umbruchszeit der Pubertät Jugendlicher oder ein Trauerfall, Depressionen, alles, was unverarbeitet ist.[5] Der Rewwerle war nahe an der Lösung dran, denn er hat die Familie mit einbezogen, indem er sie in einem Kreis aufstellen ließ. Leider wurde nicht gefragt: „Warum spukt es" oder „welche Probleme gibt es in der Familie?" Bei Poltergeistphänomenen gibt es zwei Möglichkeiten: es ist wirklich ein Geist (was meist angenommen wird), der da poltert oder es sind vom Unterbewusstsein eines (oder mehrerer) Beteiligten ausgelöste Vorgänge. Heute wissen wir aus der Spukforschung: Spuk zu vertreiben ist keine gute Lösung, es tritt danach zwar vorübergehend Ruhe vor dem Spuk ein, doch anschließend wird es meist noch schlimmer, bis endlich die Botschaft des Spuks verstanden ist. Das ist Erfahrungswissen. Fantastisch erklärt dagegen die Sage die Rückkehr des Spuks.

Der Dreifaltigkeitstag

1745

Eine Frau zu Kronau nähte am Dreifaltigkeitstag ein Kindshemd und hängte es, als es gewaschen war, zum Trocknen an die Haustüre. Da kam ein Gewitter, und der Blitz schlug, zur Rache für die Entheiligung des Festtags, in das Hemd und verwandelte es in Asche.

In dieser Sage wird die Begründung für den Blitzeinschlag gleich mitgeliefert: die Entheiligung des Feiertags führt zu einem Gottesurteil mit unverzüglicher übernatürlicher Bestrafung. An Tagen wie Dreifaltigkeit war Arbeitsruhe streng einzuhalten. Es soll Zeit dafür sein, an Gott und an die eigene Seele zu denken. Der Dreifaltigkeitssonntag ist der Sonntag nach Pfingsten. Dieser wird auch heute noch in manchen Gegenden als hoher Feiertag bezeichnet.

Die Sage will zeigen, welche Folgen es hat, wenn an einem solchen Feiertag gearbeitet wird. Dabei ist die Kronauerin noch glimpflich davongekommen. Es wurde nur das Hemd durch den Blitzeinschlag zu Asche verbrannt. Weitere Sagen zeigen: wer an hohen Feiertagen näht oder Flickarbeiten macht – und das alles unter dem allsehenden Auge Gottes –, der wird vom Blitz erschlagen, oder er muss nach seinem Tod als arme Seele spuken bis er erlöst ist.

Wir befinden uns in der Gegenwart des 18. Jahrhunderts. Im Volksglauben dieser Zeit hat der Dreifaltigkeitstag noch weitere Bedeutungen: Wer am Dreifaltigkeitssonntag geboren ist, der sei hellsichtig, aber auch kurzlebig. Regnet es am Dreifaltigkeitstag, so regnet es sieben Sonntage nacheinander oder es regnet gar alle Sonntage im Sommer. Allerdings, das Regenwasser, das an diesem Feiertag gefallen ist, gilt als heilkräftig. Dann noch das Dreifaltigkeitssalz, also das Salz, das an Dreifaltigkeitssonntag geweiht wurde (indem es zur Weihe auf den Altar gestellt wurde). Dieses Salz gilt in manchen Gegenden als Schutz vor Blitzschlag und gegen böse Zauberei. In der christlichen Religion geht es bei der Dreifaltigkeit (Trinität) um Vater, Sohn und Heiligen Geist in Gott. In der bildhaften Darstellung dieser drei Personen gab es mehrere Möglichkeiten, eine davon war ein Kopf mit drei Gesichtern. Diese Art der Darstellung wurde allerdings vom Papst 1745 verboten.

1745 Die geheimnisvolle Kutsche

Eines Abends um sieben Uhr ging eine Frau, welche nach Heidelsheim wollte, auf der Landstraße zwischen Ubstadt und Bruchsal. Am dortigen Galgen kam eine Kutsche hinter ihr her, hielt bei ihr an und ein darin sitzender Mann lud sie, während die Tür aufsprang, zum Einsteigen ein. Nach einigem Zögern stieg sie ein, wonach der Schlag von selbst wieder zuging. Der Mann sprach kein Wort, doch die Frau gewahrte mit Schrecken, dass er Bocksfüße habe. Als sie vergebens versucht habe, die Kutschentüre zu öffnen, um herauszuspringen, zog sie ein Gebetsbüchlein aus der Tasche und betete in Einem fort, bis sie bei Untergrombach zu einem Kapellchen kamen. Da öffnete sich der Schlag wieder von selbst, die Frau sprang heraus, und unter fürchterlichem Knall verschwand die Kutsche mit Mann und Rossen.

War der Teufel vielleicht unzufrieden mit seinem schlechten Ruf und wollte, um sich zu bessern, den Menschen helfen, so wie hier eine Frau im bequemen Reisewagen kostenlos nach Heidelsheim zu fahren?

Sagen vom Typ „Geisterkutsche" gibt es in vielen Varianten. Manchmal ist es eine feurige Kutsche, die durch Dörfer und Gegenden fährt oder der Kutscher trägt seinen Kopf unter dem Arm oder die Pferde sind feurig – was an das Fegefeuer oder an das Höllenfeuer erinnert. Andere Kutschen fahren nicht auf dem Boden, sondern sausen durch die Lüfte. Vom Doktor Faust gibt es eine derartige Sage.

Es bleibt zu überlegen, was es mit all den Dingen wie Kutsche, Teufel, Kapelle und Gebetsbuch auf sich hat. Kutschen gibt es seit dem 15. Jahrhundert, im 16. Jahrhundert wurden diese Reisewagen häufiger benutzt. Mit „Kapellchen" ist wohl eine der beiden kleinen Kapellen unterhalb der Michaelskapelle gemeint. Die Gestalt des Teufels mit Pferdefüßen gibt es seit dem 15. Jahrhundert. Ältere Darstellungen des Teufels zeigen ihn mit Raubvogelfüßen. In unserer Sage ist die Teufelsfigur schon modern, vermenschlicht, ohne Hörner und Gestank. Nur eines der Teufelszeichen hat er noch, die Tierfüße. Der Galgen, ein unheimlicher Ort in Bruchsal, befand sich bis 1745 „Am Holzmarkt“. Soweit zum zeitlichen Rahmen dieser Sage.

Die Frau hatte ein Gebetsbuch bei sich, heißt es im Text. Im Volksglauben war ein Gebetsbuch auch ein Abwehrmittel gegen Zauberei. Außerdem: Vor Gebeten fliehen böse Geister, sogar der Teufel. Eine Kapelle ist ein besonderer Ort des christlichen Glaubens, im Volksglauben sogar eine Stätte des Wunderbaren. Im Inneren finden sich häufig Zeugnisse von Heilungen oder Rettung aus großer Not und manche Kapellen wurden auch gebaut, um den Teufel zu vertreiben. All diese Elemente des Volksglaubens finden sich in der Sage wieder. Überhaupt, das Verirren wird in Sagen gern auf das Einwirken von übersinnlichen Mächten zurückgeführt.

Derartige Geschichten kommen uns heute meist unverständlich vor, weil wir das Weltbild, die dahinter steht, nicht mehr kennen. Gemäß dem alten Weltbild, vor allem im ländlichen Bereich, wurde an Geister, Teufel und arme Seelen geglaubt. Es ist daher naheliegend, dass die religiöse Frau beim Anblick der Hinrichtungsstätte, als eine Kutsche kam, durch Schrecken an diesem Ort des Unheimlichen in einen halluzinogenen Bewusstseinszustand fiel, in dem Realität und Innenwelt (Volksglaube, Ängste) durcheinandergerieten. Wenn große Ängste von einem Besitz ergreifen, kann im Extremfall die Realität verblassen. Was die Frau erlebt und gesehen hat, lässt sich als Halluzination[1] bezeichnen. Halluzinationen können nur Sekunden dauern oder auch Stunden. Die Frau kann im Halbdunkel der Kutsche (die Sage spricht von abends 7 Uhr) die Schuhe des Mannes falsch wahrgenommen haben, als Tierfuß, also eine Illusion, und dabei kamen Halluzinationen auf. Wie lange braucht man mit einer Kutsche von Bruchsal bis Untergrombach? Es sind nur wenige Minuten Fahrzeit, die das Erlebnis gedauert hat. Die Zeit steht dieser Ansicht also nicht entgegen. Die erlösende Sicht auf die Kapelle hat die Frau wieder in den Alltag zurückgebracht und schlagartig waren die Halluzinationen von Kutsche und Teufel verschwunden.

1741 Ein polternder Spukgeist

Von der Umgebung des ehemaligen Gasthauses „Zum grünen Baum“ in Kleinsteinbach erzählt man sich, dass da ein polternder Spukgeist zeitweilig zu hören ist. In dem Wirtshaus soll einmal ein Mord geschehen sein, womit der Geist in Verbindung gebracht wird.

Mord und Spuk in Kleinsteinbach! Wie bereits zuvor erwähnt (Sage von 1760), ist uns der Begriff „poltern“ schon durch den sogenannten Polterabend bekannt, und wird daher meist mit Heiterkeit in Verbindung gebracht. Doch ein polternder Spukgeist ist alles andre als erheiternd, denn der verursachte Lärm (= poltern) ist weit mehr als unangenehm einzustufen und gibt keinen Hinweis auf seinen Ursprung. In der Sage von Kleinsteinbach (südlicher Kraichgau) geht es nicht wie üblich um die in den Sagen so beliebten Geistererscheinungen, sondern um das Gerücht von vermeintlich vernommenen Geräuschen, deren Urheber ein Poltergeist-Spuk sein soll. Diese unerklärlichen Geräusche stehen scheinbar im Zusammenhang mit einem früheren Mord in der Gaststätte. Soweit reichen die Vermutungen von Personen aus der Umgebung des Gasthauses „Zum grünen Baum“.

Poltergeist-Spuk, das scheint gegen den gesunden Menschenverstand zu verstoßen. Doch derartige Vorgänge werden immer wieder berichtet, auch in unserer Zeit. Wissenschaftler der Parapsychologie und der Anomalistik beschäftigen sich heute mit derart aggressivem Poltergeistspuk. Sie definieren dieses Phänomen als „spontane wiederkehrende Psychokinese“. Poltergeist-Spuk ist die volkstümliche Bezeichnung – wie es auch oben der Sagentext nennt. Derartige Vorgänge beginnen meist mit (harmlosen) Klopfgeräuschen, dann entwickelt sich die Sache weiter z. B. sind Schritte zu hören obwohl niemand da ist, Schubladen von Schränken und Fenster öffnen sich von selbst, ein Bild an der Wand dreht sich von selbst usw. Das kann ziemlich unangenehm werden. Es sind psycho-physikalische Vorgänge, d. h. psychische und physikalische Vorgänge treten dabei zusammen auf. Die zentrale Frage ist, ob derartiger Spuk vom Unterbewusstsein lebender Personen verursacht wird oder gar Verstorbene den Spuk auslösen, was meist von den Betroffenen vermutet wird. Träfe die zweite Annahme wirklich zu, würde das bedeuten, dass etwas den leiblichen Tod überlebt, vielleicht sogar, dass es wirklich so etwas wie Geister gibt, die in unserer Welt zeitweise auftauchen können.

Heute wissen wir: ein Poltergeist-Spuk erfolgt nicht grundlos, er hat sowohl eine Ursache als auch eine Botschaft. Die Ursache liegt meist in Sorgen, Nöten und Familienproblemen oder der Spuk geht (unabsichtlich) von Jugendlichen aus, die sich in der Umbruchzeit der Pubertät befinden. Auch „Seniorenspuk" ist bekannt, also Spuk bei älteren Menschen. Statt dass sich die persönlichen Probleme psychosomatisch äußern (z. B. als Herzkrankheit, Hautausschläge) werden diese Probleme nach außen verlagert (externalisiert) und äußern sich in Spukvorgängen um die betroffenen Personen (Fokuspersonen) herum. Wird der Sinn des Spuks verstanden und verarbeitet (z. B. die Familienprobleme), dann verschwindet auch der Spuk. Soweit ist das alles aus der psychologischen Beratung bekannt.

Poltergeister kommen nicht nur in Sagen vor, es gibt auch dokumentierte Fälle. Hierzu ist eine Studie der Anthropologin Annekatrin Puhle zu nennen: „Sechs historische Poltergeistfälle aus dem 18. Jahrhundert in Deutschland". Ihre Untersuchung betrifft dokumentierte Fälle aus den Jahren 1713 bis 1760, also die Zeit, auf die unsere Sage datiert wurde. Der Begriff „Poltergeister" geht nach heutigem Wissen auf den Reformator Martin Luther zurück, der bei seinem Aufenthalt in der Wartburg solchem Spuk ausgesetzt war. Auch im Burgkeller der Königsbacher Burg hörte man es – einer Sage nach – früher zuweilen poltern, als würden Küfer an Fässer klopfen.

Den „grünen Baum" gab es seit 1784 in der Nähe des Dorfbrunnens. Das Gebäude wurde von Reinhard Weisbinder, einem Huf- und Waffenschmied 1783/84 neu errichtet. Die Sage spricht zunächst von der „Umgebung des Gasthauses" und dann wieder von diesem Wirtshaus, in dem ein Mord geschehen sein soll. Der Sachverhalt ist also nicht ganz klar. Die Sage dürfte in dieser Version in neuerer Zeit entstanden sein, da sie vom „ehemaligen Gasthaus" spricht. Der genannte Sachverhalt (der Mord) liegt schon längere Zeit zurück, auch ist eine Verwechslung mit einer früher bestandenen Gaststätte aus diesem Grund möglich. Ein angenehmeres Thema bringt die nächste Sage. Es geht um eine Schatzsuche bei Dietlingen, Nähe Pforzheim.

1735 Die Burg auf dem Remberg

Die Burg soll einst auf dem Remberg bei Dietlingen gestanden haben. Dort droben versuchten früher schon die Dietlinger Schatzgräber ihren Geldhunger zu befriedigen; aber man erzählt, dass das schwarze Huhn ohne Schwanz, das zur Beschwörung des Schatzes nötig war, den Schatzgräbern auf dem Weg zum Berg im Dunkel der Nacht durchging. Nachher konnten sie kein so beschaffenes Huhn mehr auftreiben und der Schatz blieb ungehoben.

Vermutet wurde es schon lange: Dort oben auf dem Remberg bei Dietlingen soll früher eine Burg gestanden haben. Es wurden auch Grabungen durchgeführt, doch außer Kleinteilen wurden keine Ruinen gefunden. Dietlingen ist ein Ort im Grenzbereich des südlichen Kraichgaus. Der Remberg heißt offiziell Römerberg.

Das schwarze Huhn kann als Opfertier oder als wegweisendes Tier mitgenommen worden sein; es soll den Weg zum Schatzort zeigen. Nach einer ausführlicheren Fassung der Sage, wie sie Gustav Rommel in *Dietlingen*, 1925, S. 146 überliefert, fanden die Schatzsucher mit Hilfe des schwarzen Huhnes in der Nacht einen Einstieg in den unterirdischen Bereich. In diesem Zugang ging es steil hinab. Er führte jedoch nicht in den Keller der Burg, in dem der Schatz der Herren von Remchingen versteckt liegen soll, sondern nur in eine alte Erzgrube. Einer der Schatzsucher, der mit dem Huhn, rutschte dabei aus, das Huhn entkam und flog davon. Mit der Beschwörung wurde es nichts und damit endet die nächtliche Schatzsuche auf fast heitere Weise. Was zu schön klingt, um wahr zu sein, ist meist auch nicht wahr.

Ein Teufel bringt Geld

1733

In einem Keller zu Untergrombach beteten nachts sechs Männer das Christoffelsgebet an einem Tische, auf dem zwei geweihte Kerzen brannten. Endlich kam der Teufel mit einem Maltersack voll Geld, legte ihn quer vor die Kellertür und setzte sich darauf. Die Lichter erloschen und die Männer, die wahrscheinlich etwas nicht recht gemacht hatten, bekamen fürchterliche Schläge. Da sie wegen des Teufels nicht zur Türe hinauskonnten, erhoben sie ein solches Geschrei, dass die Leute an die Kellerlöcher gelaufen kamen und fragten, was ihnen sei. Auf ihre Bitte, schnell die Kapuziner zur Vertreibung des Satans herbeizurufen, wurden drei dieser Ordensgeistlichen von Bruchsal mit einem Wagen herbeigeholt. Zwei von ihnen waren jung, nachdem diese vergebens versucht hatten, den Teufel zu vertreiben, holte man den dritten, einen Greis, in den Keller. Dieser zwang den Bösen, bei Hinterlassung des Geldes, zu weichen. Darauf ließen die Kapuziner von der Hausfrau sechs kleine Säcke machen, füllten das Geld aus dem großen hinein und nahmen es mit für ihr Kloster.

Hier wird erzählt, dass sechs Männer den Teufel getroffen haben. Doch es ist ein armer Teufel, erst muss er einen schweren Sack voll Geld (Münzen, Papiergeld wird es nicht gewesen sein) herbeischaffen, dann wird er von einem alten Kapuziner vertrieben, muss alles Geld zurücklassen, das auch noch dem Kloster zugutekommt.

Das Christoffelgebet kennen wir bereits aus dem unangenehmen Erlebnis der Schatzsucher beim Kreuzweg von Wiesloch 1741. Die Sage von Untergrombach nennt den Text des Christoffelgebetes nicht, doch diese „Gebete“ waren bei Schatzsuchern bekannt. Das ist dokumentiert aus Gerichtsprozessen wegen (illegaler) Schatzgräberei. Aktenkundig ist

z. B. ein Fall aus dem Jahr 1733, der sich in der nordbadischen Stadt Lauda ereignet hat: Um zu Geld zu kommen, hatten dort drei Bürger das Christoffelsgebet gesprochen. Man fand sie am nächsten Morgen tot bzw. bewusstlos mit Todesfolge. Ein ähnlicher Fall ist die *Christnachtstragödie von Jena*, 1715. In beiden Fällen wurde von den Betroffenen in einem geschlossenen Raum ein Kohlenfeuer unterhalten, was die Ursache der Todesfolge gewesen sein dürfte. Beide Fälle führten zu dokumentierten Gerichtsprozessen.

Dass in der Sage geweihte Kerzen benutzt wurden, zeigt die häufig vorkommende Doppelbödigkeit solcher Vorgänge: Geister werden gerufen, doch zugleich soll Christliches vor ihnen schützen. Das magische Abenteuer in Untergrombach endet trotz der geweihten Kerzen für die sechs Männer so entsetzlich, dass Kapuziner aus Bruchsal zu Hilfe gerufen wurden. Kapuziner waren als Seelsorger vor allem auf dem Lande beliebt. Auf die Vorstellungen der Menschen gingen diese Mönche ein, auch wenn sie abergläubische Themen betrafen. Die Kapuziner betätigten sich gelegentlich als Geisterbanner und Teufelsaustreiber. Die Sage basiert daher auf wahren Begebenheiten. Beim Kampf zwischen Geistlichen und Teufel gewinnt (fast) immer der Geistliche.

Ob sich das Verprügeln so abgespielt hat, wie die Sage es erzählt, das erscheint fraglich. Eher hat sich in dem Keller in der nächtlichen Geisteranrufung, als die Kerzen erloschen, eine tumultartige Angst ausgebreitet, wobei die sechs Männer im Dunkel aneinander gerieten und meinten, sie seien an den Höllengeist gestoßen.

Die Sage vermutet den Grund für die misslungene Beschwörung in einem Fehler während der Anrufung und sagt: „... die Männer, die wahrscheinlich etwas nicht recht gemacht hatten." Nach der Überlieferung des Christoffelgebetes dürfen nur eine Person oder drei Personen anwesend sein. Doch hier waren viel mehr Personen beteiligt. Wie dem auch sei, das Geld war für die sechs Männer verloren. Die Kapuziner wussten mit derart weltlichen Dingen umzugehen, sie haben angeblich die Münzen aus dem Maltersack (ein großer Sack für Getreide) in kleinere Säcke umgefüllt und nahmen das Geld mit, zur Aufbesserung der Finanzen ihres Klosters. So hat damals der Teufel für die christliche Sache in Untergrombach gut mitgeholfen.

Das Schatzgräbergebet

1732

Oberhalb Wiesloch geht der Pfad von Rauenberg nach Walldorf über die Landstraße und bildet somit einen Kreuzweg, an dem ein steinernes Kruzifix steht. An diesem Platz verrichteten einst nachts etliche Leute das sogenannte Christoffelsgebet, um dadurch zu erwirken, dass der Teufel ihnen Geld herbeibringe. Während des Betens entstand in der Luft ein großes Getöse; sie blickten empor und sahen dicht über ihren Köpfen an einem dünnen Faden einen Mühlstein hängen, worauf sie voll Entsetzen die Flucht ergriffen.

„Kreuzwege sind Treffpunkte der Geister", heißt es. Ein spezielles „Gebet", das sog. Christoffelgebet, soll bewirken, dass der Teufel Geld herbeizuschaffen hat, weil der heilige Christophorus den Teufel dazu zwingt. Das Christoffelgebet kennen wir bereits aus der letzten Sage (Teufelssage 1733).

Dass diese seltsamen Vorgänge an einem Kreuzweg vor sich gehen, ist nichts Zufälliges. Ein Kreuzweg hat nichts mit einem christlichen Kreuz zu tun, sondern es kreuzen sich dort zwei Wege. Den Vorstellungen der damaligen Zeit nach ist das ein Ort, an dem sich das Übernatürliche besonders zeigt. Man kann dort Hexen und Spukgestalten begegnen, vor allem um Mitternacht. Jedenfalls soll das gelten, wenn man im richtigen Bewusstseinszustand dafür ist. Ideal für derartige Versuche soll die Neujahrs-Mitternachtsstunde sein – denn da trifft zusätzlich das alte Jahr auf das neue Jahr. Zumindest die Symbolik leuchtet ein: an einem Kreuzweg begegnen sich zwei Wege wie auch symbolisch zwei Welten, irdische Welt und übersinnliche Welt.

Diese Sage eignet sich dazu, einen weiteren Einblick in die Glaubensüberzeugungen dieser Zeit zu erhalten: Wie gingen unsere Vorfahren damals mit dem Übersinnlichen um? Vieles davon kommt uns heute vielleicht rückständig, ja abergläubisch vor. Nicht immer entsprachen die Glaubensvorstellungen, dieser Mischung aus christlichem und heidnischem Denken, den kirchlichen Vorgaben; schon gar nicht das Christophelgebet.

Die große Zeit der Schatzgräberabenteuer war das 17. und 18. Jahrhundert. Vor allem in Kriegszeiten wurden Wertsachen vergraben, z. B. im Dreißigjährigen Krieg (1618–1648). Es war daher nicht abwegig, nach Schätzen zu suchen. Eine Schatzsuche konnte damals mit magischen Mitteln erfolgen, dazu gehört das Christoffelgebet, der magische Kreis und magische Zeichen. Das ist z. B. durch die Schatzgräberzettel überliefert. Den Glaubensüberzeugungen nach kommt es zu seltsamen Vorgängen: Schätze steigen empor, werden feurig, verschwinden im Erdreich oder verwandeln sich vorübergehend in Wertloses. In unserer Sage erschrecken die am Geld Interessierten und ergreifen die Flucht. Das ist etwas, das häufig in den Sagen erzählt wird, wenn das Übersinnliche in die Alltagswelt einbricht. Anders ist dies bei den gelehrten Magiern und Alchemisten. Diese würden nicht vor Geistern oder Erscheinungen erschrecken. Für sie sind das Ergebnisse, mit denen sie bei ihren Experimenten gerechnet haben.

Der Mühlstein droht die Leute zu erschlagen. Durch diese erschreckende Erscheinung sollen sie vertrieben werden. Denn der Teufel will kein Geld herbeibringen. Der schwere Mühlstein verhält sich entgegen dem Gesetz der Schwerkraft, er ist eine Spukerscheinung, kein materielles Gebilde. Dasselbe gilt für das große Getöse. Trotz aller verstandesorientierten Aufklärung während des 18. Jahrhunderts, kamen derartige Schatzabenteuer tatsächlich vor, Gerichtsakten bestätigen dies.

Grenzstein verrückt

1730

Gottes Arm hat auch den Steinsetzer erreicht, der im Bruch [bei Eichtersheim], **die Messlatte auf den Schultern und die Hacke in der Hand, umgehen muss, weil er zu Lebzeiten einmal gefrevelt und einen Acker geschmälert hat.**

Die Erscheinung, die sich hier bei Eichtersheim zeigt, wird bereits in der Sage als übersinnliches Geschehen gedeutet: ein ehemaliger Grenzvermesser muss spuken. Der Vermesser hat die Grundstücksgrenze eines Ackers absichtlich falsch vermessen, dies zu eigenem materiellen Gunsten. Die Untat blieb geheim, der Grenzfrevler hat die Tat im diesseitigen Leben nicht wieder in Ordnung gebracht. Deswegen kommt es zu einer Bestrafung im jenseitigen Leben: der Grenzfrevler muss umgehen, also spuken am Ort seiner Untat und zwar mit Messlatte und Hacke. Damit wird die verborgene Tat offenbar. So deutet zumindest der Volksglaube diese Erscheinung. Hat sich das schlechte Gewissen beim Sterbevorgang verselbständigt? Ist es hängengeblieben zwischen Diesseits und Jenseits? Die Sage deutet die Vorgänge so, als könne die (ganze) Seele des Verstorbenen nicht in die himmlische Seligkeit gelangen, denn Gott straft den Sünder durch irdisches spuken-müssen.

Diese Sage entstammt dem bäuerlichen Bereich. Sie ist nicht nur eine Spuksage, sondern auch eine Rechtssage (Betrugsdelikt). Es gibt in der Bibel eine Stelle, die sich mit dem Grenzfrevel befasst: 5. Buch Mose, Kapitel 27, Vers 17. Dort steht: „Verflucht sei, wer den Grenzstein seines Nachbarn verrückt.“ Das ist der Hintergrund des ersten Satzes dieser Sage: „Gottes Arm hat auch den Steinsetzer erreicht, der … umgehen muss.“

In dieser Sage geht es nur um eine einmalige Straftat: „weil er … einmal gefrevelt hat“, heißt es oben. Das Strafmaß bemisst sich hier nach der Schwere des Unrechts. Es gibt in dieser Sage keine Hinweise, ob der Grenzfrevler eine arme Seele ist, die aus dem Fegefeuer heraus spukt. Dieser Gedanke wird vom Erzähler der Sage vorausgesetzt. Eindeutiger ist dies in der nächsten Sage eines Grenzfrevlers bei der Kirchheimer Mühle.

1725

Das verbrannte Tuch

Bei der Kirchheimer Mühle streckte einst ein Mann, der einen Grenzstein auf der Achsel trug, einem Müllersknecht die Hand hin. Dieser aber umwickelte zuerst seine Hand mit einem Tuch und reichte sie dann dem Geist. Sofort verbrannte das Tuch, und der Mann mit dem Grenzstein war verschwunden.

Mit derartigen Grenzfrevlern kannte sich unser Müllersknecht von der Kirchheimer Mühle (bei Heidelberg) aus, wie im Text der Sage zu sehen ist. 1711 wurde die Mühle errichtet. Die Sage dürfte in den folgenden Jahren ihren Ursprung haben.

Mit Grenzsteinversetzern kennen auch wir uns inzwischen aus, doch warum umwickelt der Müllersknecht seine Hand mit einem Tuch? Die arme Seele des Grenzfrevlers ist in Kirchheim unterwegs und macht sich dort gegenüber dem Müllersknecht bemerkbar. Dieser reagiert nicht mit Verwunderung oder Erschrecken, sondern er weiß, was zu tun ist. Seine Vorsicht ist berechtigt. Hätte er seine Hand nicht umwickelt, so hätte er sich bei der Berührung mit der armen Seele die Hand verbrannt. Dies wird im Volksglauben damit erklärt, dass es sich bei den armen Seelen um Wesen handelt, die aus dem Feuer des Fegefeuers heraus spuken. Die Seelen, die sich im Fegefeuer befinden, haben sozusagen brennende Probleme. Eine ähnliche Sage ist aus Ettlingen überliefert, hier verbrennt sich eine Frau die Hand, als sie den Handschlag einer armen Seele annimmt.

Nach katholischem Glauben ist das Fegefeuer ein jenseitiger Läuterungszustand für verstorbene Sünder. Die Bezeichnung Fegefeuer ist eine ungenaue Übersetzung des kirchlichen Begriffs der Läuterung, des Purgatoriums. Der Volksglaube sieht in solchen Erlebnissen einen Beweis für das Weiterleben der Seele in einer jenseitigen Welt nach dem körperlichen Tod. Ein Lebenszeichen aus dem Jenseits? Zumindest vermitteln derartige Sagen dieses Weltbild: die Lebenden und die Toten können miteinander in Kontakt treten, oder sie versuchen es zumindest. In der Bibel wird das Thema Fegefeuer nur ansatzweise erwähnt, in 1. Kor 3,12ff.: „Reinigung wie durch Feuer hindurch". Das Wort

„wie“ ist hier lediglich ein Vergleich. Ausgebaut wurde die Lehre vom Fegefeuer auf den Konzilien von Lyon und Florenz im 13. und 16. Jahrhundert.

Die Gläubigen wollen den leidenden armen Seelen durch Gebete (Fürbittgebete), Seelenmessen sowie durch den Besuch ihrer Gräber, vor allem am Allerseelentag (2. November) helfen. Die Zeit der Buße soll dadurch abgekürzt bzw. die Leiden gemildert werden. Im günstigsten Fall soll es bei der armen Seele sofort zur Erlösung kommen. Ein Spruch des Lebenden an die arme Seele wie: „Setz den Grenzstein dahin, wo du ihn hergenommen hast“, genügt hierfür meist. Zum Dank streckt die arme Seele ihrem Förderer die Hand hin. In der Sage fehlt dieser Spruch. Es war damals dem Sagenerzähler und den Zuhörern aus vielen ähnlichen Sagen bekannt, dass die Erscheinung dem Menschen die Hand zum Dank für den Erlösungsspruch drücken will.

Die theologischen Ansichten über das Fegefeuer sind über die Jahrhunderte in die Bereiche des Volksglaubens gelangt und darüber weiter in die Sagen. Es ist erstaunlich, dass das, was Menschen sich vorstellen, an was sie glauben, auch erlebt wird. Allerdings, die katholische Lehre besagt nicht, dass die Verstorbenen nach dem Tod als arme Seelen spuken müssen, das ist Volksglaube – und Erfahrung, die sich in den Sagen zeigt.

Noch etwas kommt hinzu: In der Barockzeit (ca. 1600–1730), in der wir uns jetzt befinden, gab es die immer wieder vorgehaltenen Predigten von den schrecklichen Erlebnissen des Fegefeuers und die eindrucksvollen Kunstwerke, die glühende arme Seelen zeigen. Das spiegelt sich alles in den Sagen wider.

Für jeden, der sich mit diesem Thema noch detaillierter auseinandersetzen möchte, gibt es in Rom unter anderem auch ein Fegefeuer-Museum. Es befindet sich in der Nähe des Vatikans in der „Kirche des Heiligen Herzens der Fürbitten“. Dort finden die Gläubigen Zeugnisse für derartige Erfahrungen, wie sie der Müllersknecht gemacht hat, insbesondere Handabdrücke von Geistern, von ihren eingebrannten Händen auf Tüchern und in Holz. Die Adresse ist: Chiesa del sacrcuore del suffragio, Lungotevere Prati 12, Rom.

1721

Zunehmender Mond

In der Zeit des zunehmenden Mondes soll man all das unternehmen, was Gedeihen und Wachstum braucht. Haare und Reben soll man in dieser Zeit schneiden, dann steht ihnen eine gute Entwicklung bevor. Einsäen soll man an diesen Tagen, dann reift die Saat rasch und sicher heran; heiraten soll man bei zunehmenden Monde, dann ist der Ehe ein reicher Kindersegen gewiss. Der abnehmende Mond dagegen begünstigt das Wachstum der Früchte unter der Erde (der Kartoffeln, Rüben, Zwiebeln usw.) und den Rückgang von Krankheit, Übel und Gewicht.

Abnehmen mit dem Mond? Diese Idee war schon damals bekannt. Die einen bezeichnen solche Überlieferungen als Aberglaube, andere wenden diese Ratschläge an. Viele Regeln zur Deutung und Nutzung des Mondes gehören zum Volksglauben,[1] andere zur Astrologie. Die Astrologie (Gestirnsdeutung) wurde früher in großem Umfang zur Wettervoraussage eingesetzt.

Die Rhythmen der Mondphasen (Neumond, Vollmond usw.) zu nutzen, sich darin einzuklinken, das ist heute wieder beliebt. Wer z. B. im Gewicht abnehmen will, wird beim Blick zum abnehmenden Mond bzw. beim Denken daran immer wieder an seinen Vorsatz erinnert. Das ist von suggestiver Wirkung.

Der wohl bekannteste Kalender, der den Mondumlauf berücksichtigt, ist der „Hundertjährige Kalender“, er zeigt die Mondphasen und berücksichtigt zusätzlich den Lauf der Planeten. Dieser Kalender war in Süddeutschland weit verbreitet. Er basiert auf sieben Jahre dauernden täglichen Wetterbeobachtungen des Abtes Mauritius Knauer im 17. Jahrhundert, ferner nutzte der Abt die Astrologie zur Wetterprognose. Den zugkräftigen Namen „Hundertjähriger Kalender“ hat sich ein geschäftstüchtiger Unternehmer 1721 ausgedacht.[2]

Verfahrener Schüler 1717

In dem verfallenen Schlosse Schmalenstein bei Weingarten war vordem viel Geld vergraben, das jedoch von niemand gewonnen werden konnte. Nun kam in den Ort zu einem Schuhmacher ein verfahrener Schüler, das ist ein Mensch, der von seinen Eltern dem Teufel verkauft wurde, sieben Jahre in der Hölle Teufelskünste gelernt hat und alsdann an demselben Platz, wo er hinuntergefahren, auf die Erde zurückgekommen ist. Dort hat er niemals Mangel an Geld, darf jedoch keines für die Zukunft aufheben, sondern muss jeden Tag alles rein ausgeben. Der Schüler fragte, ob der Schuhmacher einen zuverlässigen Freund habe. Auf die Antwort, dass der Nachbarsmann ein solcher sei, sagte der Schüler: „Beim Vorbeigehen im alten Schloss habe ich gesehen, dass viel Geld in zwei Kisten vergraben liegt." Und weiter: „Geht am Abend, wenn die Betglocke läutet, miteinander unbeschrieen in das Schloss und holt dort stillschweigend einen Haufen voll Erde, aber mit dem Aufhören des Läutens muss eure Arbeit getan sein. An dem Schatz will und darf ich keinen Teil haben; wenn ihr mir aber anderes Geld geben wollt, lasse ich mir's gefallen." Beide gingen an dem Abend, wie es der Schüler vorgeschrieben, die Erde holen, waren aber doch ängstlich, sprachen nichts und brachten die Erde glücklich in das Haus des Nachbarn, wo dann der Schüler in einer oberen Stube seine Künste begann. In der Folge kamen sechs Geister, nämlich vier Männer und zwei weißgekleideten Frauen unter großem Getöse in die Stube. Sie wurden durch seine Beschwörungen in der zweiten Nacht gezwungen, die beiden Kisten voll Geld herzubringen. Sie nahmen die Kisten wieder mit fort, hätten sie aber, bei fortgesetzten Beschwörungen unfehlbar in der dritten Nacht bringen und belassen müssen, wenn kein Hindernis dazwischen gekommen wäre. Nun hatte der Nachbar seine alte Mutter und ihr Mann bei sich. Dieser fing an zu toben und schrie, der Schüler sei ein Betrüger, den er zum Haus hinaus werfen wolle. Kaum hatte der Schüler in der oberen Stube dies gehört, so nahm er den Hafen voll Erde und ging damit hinweg. Der Schuhmacher und der Nachbar liefen ihm zwar bis an den Rhein nach,gaben dann aber auf. Der Schüler allein ging nach Speyer in ein Kloster, dem er wahrscheinlich den Schatz verschafft hat, denn seitdem ist dieser im Schlosse Schmalenstein nicht wieder gesehen worden.

Fast wäre es dem Schuhmacher gelungen, reich zu werden – wären nicht die beiden kritisch eingestellten Nachbarn dazugekommen. Unsere Sage beginnt mit einer rabenschwarzen Geschichte und endet mit übersinnlichem Humor: Gespenster werden vom verfahrenen Schüler gerufen, müssen erscheinen und schwere Kisten mit Münzen schleppen. Am Ende soll der Schatz sogar über den Rhein hinüber in ein Kloster gelangt sein. Für einen geschickten Sagenerzähler ließ sich mit so einer Geschichte die Stimmung seiner Zuhörer vom Entsetzen bis zum befreienden Lachen variieren.

Einige dieser Ansichten waren damals gängige Vorstellungen: Fahrende Schüler (verfahrene Schüler), so wurden früher umherziehende Studenten genannt, die von Universität zu Universität unterwegs waren. Das können Studenten gewesen sein, die ihr Studium an einer anderen Universität weiterführen wollten oder es waren Studenten, denen während des Studiums das Geld ausgegangen war, so dass sie ihr Studium für einige Jahre unterbrachen, um wieder zu Geld zu kommen. Im schlimmsten Fall blieben diese Halbgebildeten auf der Landstraße hängen und gingen daran zugrunde. Nicht zu verwechseln sind die fahrenden Schüler mit den wandernden Handwerkergesellen. Nach dem

Volksglauben dieser Zeit lernen die fahrenden Schüler ihre Künste beim Teufel oder an der Universität Krakau. Diese stand früher in dem Ruf, dass dort „natürliche Magie“ gelehrt wird. Diese fahrenden Schüler verstehen sich darauf, die Zukunft vorherzusagen, sie können Geister beschwören (damit diese erscheinen) und graben nach verborgenen Schätzen. Fahrende Schüler werden gewöhnlich nicht reich, sie können nur andere reich machen.[1] All dies findet sich in unserer Sage.

Umherziehende Studenten hatten bei den Bauern und Bürgern meist einen schlechten Ruf. Gewiss, es gab ordentliche Studenten, die nur zu einer anderen Universität unterwegs waren, die den Bauern als Gegenleistung für eine Übernachtung Briefe vorlasen oder Briefe schrieben oder ihnen sonst behilflich waren, um etwas Geld zu verdienen. Doch wenn so ein Student bei einem anklopfte, wusste man nie, wen man vor sich hatte. Soll man sich bekreuzigten oder ihm die Türe weisen? Das tat dieser Bauer nicht, er war am Geld interessiert.

Was die seltsame Sache angeht, Erde vom Grundstück der Burg zu holen, so lässt sich das als Kontaktmittel zu den in der Erde vergrabenen Schatzkisten verstehen. Die Männer sollen so symbolisch und sichtbar die darin befindlichen Schätze in Besitz nehmen. Von einer Genehmigung des Eigentümers des Grundstücks ist in der Sage nicht die Rede.

Während des Läutens der Betglocke soll die Erde geholt werden. Hier zeigt sich ein Glaube, der davon ausgeht, dass ihr Läuten böse Geister fernhält. Das Abendläuten scheidet den Tag von der Nacht, die der Geisterwelt gehört. Magischer und religiöser Glaube gehen hier Hand in Hand.

Dann war noch das „unbeschrieen“ von den beiden Männern einzuhalten. Das bedeutet: nichts loben, (z. B. dass es sicher gelingen wird, den Schatz zu heben), niemandem Glück wünschen oder seine Eigenschaften loben, das würde den Neid der bösen Geister wecken und damit käme es zu Unglück, Krankheit oder Vermögensverlust. Dagegen hilft es, „unberufen“ zu sagen oder sich zu bekreuzigen.

Beschwören bedeutet, Geister zu rufen, so dass sie erscheinen müssen und sie dann zu zwingen, Fragen zu beantworten (z. B. über die Zukunft) oder wie in unserer Sage, Schätze herauszugeben, die sie bewachen. Im Unterschied zum einfachen beschreien, gelten Beschwörungen als etwas für Spezialisten, wie in dieser Sage der fahrende Schüler, der sich als Spezialist für diese Dinge ausgab. Derartige Vorfälle gab es tatsächlich, sie sind aus den Akten gerichtlicher Betrugsprozesse bekannt.[2]

1716

Geheimgänge

Verschiedene Sagen werden von dem bei Obergrombach gelegenen Schlosse Marienburg erzählt. Von der Burg haben unterirdische Gänge nach Obergrombach, in das Frauenkloster bei Helmsheim und in das Schloss in den Steinhaufen geführt; sie sind aber jetzt, wie die Burg selbst, größtenteils verfallen. In dieser hat man schon mittags zwischen elf und zwölf Geister kegeln hören und nachts zeigt sich daselbst ein sternförmiges Licht und eine schneeweiße Frau, welche nur auf dem großen Zeh einen schwarzen Fleck hat.

Der Weg durch die Zeit führt uns weiter nach Obergrombach (bei Bruchsal). Der kleine Ort besitzt etliche Sehenswürdigkeiten: eine Burg, ein Schloss, gepflegte Fachwerkhäuser, eine Schlosskapelle. Die Burg wurde im 15. Jahrhundert Marienburg genannt. Wer sich durch die Gassen und Plätze begibt, kann sich leicht vorstellen, dass all dies den rechten Hintergrund für die geheimnisvollen Sagen von Obergrombach abgibt.

Mit unterirdischen Gängen beginnt die erste Sage. Ein Geheimgang hinab in den Ort ist denkbar. Es gab in anderen Städten derartige Fluchtwege, wenn auch die meisten inzwischen zugeschüttet wurden. Ein kilometerlanger unterirdischer Geheimgang, dazu noch in ein angebliches Frauenkloster – das beflügelt natürlich die Phantasie. Die meisten Überlieferungen von derart langen Geheimgängen haben nur selten eine reale Grundlage. Das ist bei Burgensagen schon lange bekannt. Manchmal stellen sich die archäologischen Funde als Reste aus der Römerzeit heraus und nicht als Geheimgänge. Was den unterirdischen Gang zu einem Schloss „in den Steinhaufen“ angeht, diese Gegend gibt es, dort wurden ebenfalls Reste von Gebäuden aus der Römerzeit gefunden.

Die Marienburg sei größtenteils verfallen, erzählt uns der Text. Das gibt einen Anhalt für die zeitliche Bestimmung dieser Sagen. Die Burg wurde um 1689 durch einen Brand schwer beschädigt, vermutlich durch Kriegseinwirkung. Die Sagen dürften daher in den Jahren nach der Zerstörung ihren Ursprung haben. Die überlieferte knappe Fassung der Sagen zeigt wieder einmal, wie sich eine ursprünglich detailreiche Sage im Lauf der Zeit zu einer „Schwundsage“ verändern kann. Die Sagen von den kegelnden Geistern, vom Licht und der schneeweisen Frau sind nur noch Reste früherer ausführlicherer Sagen. In den Jahren nach 1720 wurde das heutige Schloss neben der Burg errichtet. Es befindet sich heute im Privatbesitz der Familie von Bohlen und Halbach.

Nun zu den Burggespenstern: Die eine Gruppe bevorzugt nicht Ruhe und Mitternacht, sondern kegelt mitten am Tag. Mittagsgespenster sind keine Seltenheit. Gesehen hat man von den Keglern nichts, sondern nur Geräusche gehört, die als kegelnde Geister gedeutet wurden. Das Kegelspiel war damals ein beliebtes Vergnügen. Doch schwere Kegelleidenschaft, das musste bestraft werden, vor allem die Sonn- und Feiertagskegler, noch schlimmer, wenn sie während des Gottesdiensts gekegelt haben. So bezog schon im 14. Jahrhundert die Geistlichkeit gegen das Kegelspiel Stellung. Die Spukgestalten sind daher als büßende Kegelspieler zu deuten.

Recht knapp wird die Erscheinung einer weißen Frau beschrieben. Es ist ein weiblicher Geist unbekannter Herkunft. Im Gegensatz zu den Keglern erscheint die Geisterfrau nachts. Auf Burgen sind derart weiße Frauen meist Schatzhüterinnen. Typisch ist, dass sie einen Schlüsselbund tragen, ein Symbol für den Zugang zu unterirdischen Schätzen, an die sie gebunden sind. Wer von einem solchen Gespenst angesprochen wird, kann den Schatz gewinnen, wenn er der Geisterfrau ins Unterirische folgt und dort Mutproben besteht.

Von einem schwarzen Fleck an dem Fuß der Gestalt wird erzählt. Die weiße Farbe deutet darauf hin, dass sie ihre Schuld weitgehend verbüßt hat und bald erlöst sein wird. Den genauen Grund der Schuld der Burgfrau, kennen wir nicht. Die Symbolik der Farbe schwarz und die Symbolik ihres Fußes lässt sich deuten. Der schwarze Fleck auf dem Fuß zeigt an, dass die Burgfrau damals vom rechten Weg im Leben abgekommen ist. Schwarz ist die Farbe dessen, was nicht ans Licht kommen soll, eine Sündenschuld der weißen Frau, die sie damals noch nicht erledigt hat.

1715

Zu Staub zerfallen

Ebenda im benachbarten Burgwingert bei der Burg von Obergrombach ließ sich einst ein Bursch in das tiefe Gewölbe an einem Seil hinab. Darin sah er große Fässer herumliegen und einen Mann regungslos an einem Tisch sitzen. Nachdem er ihn vergebens angeredet hatte, berührte er ihn und da fiel dieser zu Staub auseinander. Ebenso fielen die Fässer, als sie angefasst wurden, in Stücke. Der Wein war darin durch die Länge der Zeit ganz eingetrocknet.

„Erde zu Erde, Asche zu Asche und Staub zu Staub", so lautet ein unheimlicher christlicher Spruch. Doch was sollen wir von dieser Geschichte aus Obergrombach halten? Ein Jurist würde sagen, das Eindringen in den Gewölbekeller ist Hausfriedensbruch, die Sache mit den Fässern ist Sachbeschädigung. Der Literaturwissenschaftler wird den Text als Fabulat bezeichnen, als eine fantastisch-unheimlich aufgemachte Geschichte. Ein Historiker würde nach alten Urkunden suchen, um zu ermitteln, ob es früher in diesem Gebiet Weinlager in Gewölben gab und im Übrigen den Sageninhalt als einen Unsinn ansehen, an den im Zeitalter der Aufklärung kein vernünftiger Mensch mehr glauben mag.

Es ist nicht auszuschließen, dass diese Sage ursprünglich einen wahren Kern hatte und dass in der Überlieferungszeit durch Weitererzählen aus einem Erlebnisbericht eine fantastische Gruselgeschichte entstanden ist.

Schloss Obergrombach

Kohlen werden zu Geld

1710

Eine Magd in Bruchsal, die frühmorgens waschen sollte, sah, als sie erwachte, auf dem benachbarten Zimmerplatz ein großes Feuer, um das viele Leute saßen. In der Meinung, sie habe verschlafen und dies seien schon die Zimmerleute, zog sie sich schnell an, lief zum Fenster, grüßte die Darumsitzenden mit „Gelobt sei Jesus Christus!", nahm aus dem Feuer eine Schaufel voll brennender Kohlen und eilte damit ins Haus zurück. Dort schüttete sie die Kohlen auf den Herd, aber im Augenblick erloschen sie, und während sich die Magd noch darüber wunderte, schlug es Mitternacht, wobei draußen Feuer und Leute sogleich verschwanden. Das Mädchen machte nun Licht und fand die Kohlen in lauter Geldstücke verwandelt.

„Kohle haben", das ist heute ein Synonym für „eine Menge Geld haben". Sagen, bei denen sich Kohlen in Geld oder Gold verwandeln, sind nicht selten. Warum werden solche Geschichten so gerne erzählt? Es sind (fast) unglaubliche Geschichten, die uns aus dem Üblichen des Lebens herausführen. Dazu kommt die Möglichkeit, dass es eine unsichtbare verborgene Wirklichkeit gibt, eine Welt „hinter" unserer sichtbaren alltäglichen Welt, zu der ein Zugang gelegentlich möglich erscheint. Gibt es solche verborgenen Seiten der Natur oder gibt es sie nicht?

Naturwissenschaftlich erklären lässt sich dieses Geschehen (die Verwandlung der Kohlen) nicht. Ist das Dienstmädchen zu Geld gekommen und hat, um das zu erklären, diese abenteuerliche Geschichte erfunden? Oder war es doch ein übernatürlicher Vorgang?

Im Mittelpunkt der Ereignisse steht eine Magd aus Bruchsal. Wer sie war, wie sie ihr Leben bewältigte, an was sie glaubte, darüber ist nichts bekannt. Um Mitternacht soll alles geschehen sein. Diese Stunde ist der Höhepunkt der Nacht, die „Geisterstunde". In der Sage geht es um eine übersinnliche Begegnung, um einen unbeabsichtigten Kontakt der jungen Frau zu dieser anderen Welt. Die Magd spricht dabei die

Leute, die um das Feuer sitzen, an mit dem christlichen Gruß: „Gelobt sei Jesus Christus!" Ob die Gespenster korrekt geantwortet haben mit: „In Ewigkeit Amen", ist nicht überliefert. Nach all dem, was wir über Schatzsagen wissen, hätte die ganze Szene sofort verschwinden müssen, da das Schweigegebot nicht eingehalten wurde. Doch es geht nicht um weiße Frauen oder schwarze Männer und nicht um eine Schatzsuche. Was die Sage zeigt, lässt sich als Motiv der Belohnung aus der anderen Welt deuten. Das von der Magd Erhoffte, Glück und etwas Geld, ist für sie Wirklichkeit geworden.

Noch einige Sätze zur Verwandlung: In den Sagen kommt es immer wieder vor: Kohlen, besonders glühende, werden zu Gold, Hexen verwandeln sich in Katzen, die Seele verwandelt sich in Tiergestalt. Charakteristisch dabei ist, dass diese Vorgänge das Wirken einer übersinnlichen Welt zeigen (sollen) und gerade keine Vorgänge unserer erforschbaren natürlichen Welt sind. Dass glühende Kohlen sich in Gold verwandeln, das war naturwissenschaftlich betrachtet schon damals zweifelhaft. Es erinnert an die Alchemie, die Kunst der Verwandlung der Metalle. Die Alchemie erlebte in der ersten Hälfte des 17. Jahrhunderts eine Blütezeit. In der Zeit unserer Sage lebte der Alchemist Johann Friedrich Böttger (1682–1719), der zwar nicht Gold, doch dafür 1709 das kostbare weiße Porzellan herstellte, das „weiße Gold", Meißner Porzellan.

Ottilienberg mit Kapelle

Der Traum vom Schatz auf der Brücke 1701

Das Frauenkloster auf dem Ottilienberg ist von der heiligen Ottilie gestiftet. Im Schwedenkriege wurde es verheert, nachdem die Nonnen geflüchtet waren und Geld und Glocke auf dem Berg verborgen hatten. Bei dem Geld gingen nachmals eine weiße Klosterfrau mit einem Gebund Schlüssel und eine weiße Ziege um, die im Maul auch ein solches Gebund trug. Wegen dieses Spuks blieb der Pachthof, worin das Kloster umgewandelt worden, längere Zeit unbewohnt.

Endlich träumte dem Kuhhirten des benachbarten Dorfes Mühlbach drei Nächte nacheinander, er solle auf die Heidelberger Brücke gehen, dort werde er sein Glück machen. Unverweilt begab er sich dahin, und nachdem er einen halben Tag auf das verheißene Glück geharrt, wurde er von einem Heidelberger Bürger gefragt, auf was er hier so lange warte. Da erzählte er ihm seinen Traum, worauf der Bürger erwiderte: „Auf Träume ist nicht viel zu gehen, mir hat auch geträumt, auf dem Ottilienberg sei unter dem Waschkessel viel Geld verborgen, und ich weiß doch nicht einmal, wo dieser Berg gelegen ist!“ Mit dieser Nachricht wohl zufrieden, reiste der Kuhhirt nach Hause, suchte auf dem Ottilienberg an der bezeichneten Stelle nach und fand den Schatz, mit welchem er sich aus dem Lande machte. Seitdem sind die Geister auf dem Berge verschwunden und der dortige Pachthof ist wieder bezogen.

Eine Sage mit einem geglückten Schatzfund! Die umgehenden Nonnen sind harmlose arme Seelen, vor denen sich niemand zu fürchten braucht. Wir wissen nicht, wer diese Nonnen einmal waren. Ihr Schicksal ist abgeschlossen, doch die Sage von ihnen lebt noch heute. Sie brauchen Hilfe von einem Lebenden, weil sie an irdisches Geld gebunden sind.

In Kriegszeiten haben diese Nonnen Geld und eine Glocke vergraben. So etwas war im Krieg üblich, derartige Sagen haben daher eine reale Grundlage. Warum Geld und Glocke zu vergraben eine Unmoral sein soll, für die die Nonnen umgehen müssen, ist auf den ersten Blick nicht einsichtig. Eine plausible Erklärung wäre, dass das Kloster Reichtümer angehäuft hat und diese nicht im christlichen Sinne verwendete[1], d. h. damit zu wenig für wohltätige und geistliche Zwecke getan hat.

Auf dem Ottilienberg gab es damals eine Wallfahrtskapelle, die samt dem Kloster Mühlbach zum Besitz der Stadt Eppingen gehörte. Der Schwedenkrieg fand in den 1630er Jahren statt, im Rahmen des Dreißigjährigen Krieges. Der Traum wird sich erst nach dem Tod der Nonnen ereignet haben, dazu kommen die Jahre ihres Umgehens und die Zeit, in der der Pachthof längere Zeit unbewohnt blieb. Daher die Zuordnung erst in die Zeit nach dem Jahr 1700. In der Sage kommen heute nicht mehr gebräuchliche Worte vor. Zum „Gebund Schlüssel" sagen wir heute Schlüsselbund, „unverweilt" bedeutet rasch bzw. ohne zu zögern, „verheert" bedeutet verwüstet, zerstört, ausgeraubt. Die Sage vom Typ „Traum vom Schatz auf der Brücke" geht auf eine orientalische Tradition zurück, sie ist aus der Sammlung „1001 Nacht" bekannt, wo sie zwischen Bagdad und Kairo spielt. In der Kreuzzugszeit gelangte sie nach Europa[2]. Der Verlauf ist immer derselbe: zwei Träume, die ineinander verschachtelt sind, zwei Orte, die Begegnung auf einer Brücke, der Schatzfund.

Die gespenstische Ziege wird nicht als der Geist eines verstorbenen Tieres gesehen, sondern eine der Nonnen muss in Tiergestalt spuken, weil sie einige Schuld auf sich geladen hat. Der Teufel erscheint ebenfalls in Sagen oft mit einem Ziegenfuß oder Ziegenbocksfuß.

Der heutige Mensch glaubt nicht mehr an derartige Dinge, glaubt nicht mehr an arme Seelen, nicht mehr an Spuk und Teufel. Er hat ein anderes Weltbild. Heute dominiert das naturwissenschaftliche Weltbild. Aber können wir sicher sein, dass unser Weltbild stimmt?

ABERGLAUBE UND WISSENSCHAFT

Im 16. und 17. Jahrhundert gelangen wir in eine Zeit umwälzender Ereignisse. Es kommt mit Martin Luther zur Reformation (1517) und zum Kampf um die „wahre“ Religion. Der Dreißigjährige Krieg (1618–1648) hinterließ tiefe Spuren. Glockensagen erzählen davon. Unser modernes Weltbild entsteht ab 1543 durch die Forschungen von Kopernikus: die Sonne, nicht die Erde, steht im Mittelpunkt unserer Welt. Weitere bedeutende Wissenschaftler leben in diesen Jahrhunderten: Kepler (Astronom, Astrologe), Newton (Physiker, Mathematiker), Galilei (Physiker, Mathematiker, Astronom), Descartes (Philosoph), Boyle (Chemiker). Denkwürdige Personen sind Doktor Faust (Magier, Astrologe, Alchemist, ca. 1480–1540), Nostradamus (Seher, 1503–1566), Paracelsus (Erneuerer der Medizin, 1493–1541).

Im 17. Jahrhundert beginnt die große Zeit der Naturwissenschaften. In den Jahrhunderten davor waren Naturwissenschaft und philosophisch-esoterisches Wissen bei vielen Forschern kaum voneinander zu trennen. Die Exponenten des wissenschaftlichen Lebens wie Kepler, Newton und Boyle waren auf der Suche nach der Wahrheit zugleich an Naturphilosophie, Alchemie und Astrologie interessiert. Das änderte sich Mitte des 17. Jahrhunderts. Ab dieser Zeit waren die modernen Naturwissenschaftler zunehmend nur noch am Diesseits interessiert, an greifbaren Dingen, an dem, was sich in Naturgesetzen und Versuchsreihen objektiv fassen lässt. Die Wissenschaft weiß zwar, dass sie nicht alles weiß, doch die „metaphysische Sicht des Lebens“, die uns in den Sagen ständig begleitet, geriet immer mehr in den Hintergrund des naturwissenschaftlichen Interesses. So war es nicht mehr weit zu der (theoretischen) Ansicht, dass es echte übersinnliche Erlebnisse nicht gibt.

Eine besondere Stellung in dieser Zeit nahm die christliche Religion ein. Die mittelalterliche Einheit von Glaube und Wissen, die Scholastik, zerbrach zusehends, doch vom Wirken des Ewigen war man weiterhin überzeugt. Die Kirchen hielten an ihrer Ansicht fest, dass es Engel und Teufel wirklich gibt. Dazu ging es um Glaube und Aberglaube: die übersinnlichen Phänomene sind entweder göttliche Wunder oder teuflischer Zauber oder es sind Taten von Hexen.

1689

Aus einem Visitationsbericht

Joh. Albrecht Voltz von Besigheim war Schulmeister in Vaihingen. Es ist keine Klage gegen ihn vorgekommen, außer dass er der Alchemisterei zu viel obliege. Dieser Mann lacht alle anderen Alchemisten aus und vermeint allein auf dem rechten Fundament zu sein, in kurzer Zeit die Tincturam Philosophorum zu besitzen mit gar wenigen Kosten.

Alchemistensagen führen in eine geheimnisvolle Welt. Was in diesem Visitationsbericht genannt wird (Alchemisten, Stein der Weisen), das gehört zu der großen Gruppe der magischen Sagen (Sagen von Magiern, Astrologen, Alchemisten, Hexen, fahrende Schüler usw.). In vielen Sagen kommen Erlebnisse von Menschen vor, die spontan mit dem Übersinnlichen konfrontiert werden. Das löst bei ihnen meist einen Schrecken aus. Bei den gelehrten Magiern und Alchemisten ist das anders. Für diese Personen sind übernatürliche Vorgänge (z. B. Erscheinungen) bei ihren Experimenten normal, es sind Ergebnisse, mit denen sie gerechnet haben.

Zur Alchemie: Eines ihrer Ziele ist die Umwandlung von unedlen Metallen in Gold. Ein weiteres Ziel ist die Herstellung alchemistische Arzneimittel, die auf Körper, Seele und Geist des Patienten wirken. Man geht in der Alchemie auf zwei Wegen vor: das eine ist die experimentelle Alchemie mit erhitzen, schmelzen, destillieren usw. Der Alchemist arbeitet hier mit Metallen, Mineralien und Kräutern, er benutzt Öfen, Tiegel und Retorten. Hierbei besteht wenig Unterschied zur Arbeit in einem chemischen Laboratorium. Der zweite (parallele) Weg ist die spirituelle Alchemie, die im Alchemisten selbst geschieht. Es geht um einen Zugang des Alchemisten zur seelischen und zur übersinnlichen Welt.[1] Die Alchemie ist daher mehr als nur eine vorwissenschaftliche Chemie, denn ihre Experimente überschreiten die Grenze der Naturwissenschaft.

Bedeutende Wissenschaftler wie Robert Boyle und Isaac Newton beschäftigten sich in dieser Zeit mit der Alchemie. Das 17. Jhd. war zugleich die Zeit der reisenden Alchemisten. Diese führten in Europa Metalltransmutationen zu Gold durch. Die alchemistischen Sagen gehen davon aus, dass die Transmutation zu Gold geschichtlichen Wahrheiten entspricht.

Die Glocke von Eppingen

1680

Die große Glocke von Eppingen wurde einst im Kriege von den Feinden weggeführt, aber im Birkenwald versank sie in die Erde. Lange Zeit nachher wühlten dort die Schweine von Elsenz und brachten die Glocke zu Tage. Um sie in ihr Dorf zu schaffen, luden die Elsenzer sie auf einen Wagen, allein sie brachten ihn nicht von der Stelle, obgleich sie die Bespannung zuletzt auf 12 Paar Ochsen erhöhten. Endlich bemerkten sie, dass die Glocke folgende Inschrift trug:

Ich heiß Anne Susanne,
zu Eppingen muss ich hangen,
muss läuten und schlagen
und alle Gewitter am Himmel verjagen.

Sogleich benachrichtigten sie die Eppinger, die dann, statt der Ochsen, nur zwei Pferde anspannten und damit ganz leicht nach ihrer Stadt fuhren, wo sie die Glocke wieder im Kirchturm aufhängten. Der Platz, wo die Schweine die Glocke heraus gewühlt haben, wird noch jetzt die Saugrube genannt.

Dass sich unsere Sagen auch mit den Glocken beschäftigen, verwundert nicht. Hier zeigt sich die enge Verbindung der Bevölkerung mit ihrer Heimat, insbesondere zu ihren Kirchen. Erzählt wird in den Sagen von Glocken, die von selbst läuten, von Glocken, die von den Bewohnern eines Ortes versteckt wurden und vor allem von Glocken, die es nicht gern haben, wenn sie ihren angestammten Ort verlassen sollen, denn auch sie hängen an ihrer Heimat. Vor allem das katholische Glockenläuten in Kirchen, Klöstern und Kapellen war seit Jahrhunderten der Begleiter der Gläubigen. Das Glockenläuten regelte den Tagesablauf, die Glocken läuteten am Morgen, zum Mittag, zum Feierabend, zum Gottesdienst, bei Taufe und Hochzeit, außerdem bei Gefahr. Nach dem Volksglauben sollte das Läuten auch den Wetterzauber der Hexen unschädlich machen. Selbst der Teufel soll sich vor dem Glockengeläut fürchten. Allerdings kann allein durch das Läuten der Glocken auf übersinnliche Weise kein Gewitter vertrieben werden. Dies nur mit dem Glockenläuten bewirken zu wollen, ohne das Bittgebet der Gläubigen, das ist nach kirchlicher Ansicht Aberglaube.

Die Glocke heißt Anne Susanne: Glocken haben oft einen Namen. Das ist nicht ungewöhnlich. Die württembergische Stadt Herrenberg besitzt ein Glockenmuseum, in dem man Glocken aus verschiedenen Jahrhunderten sehen und hören kann. Wer sich für Namen und Inschriften von Glocken interessiert, kann zudem im mehrbändigen Deutschen Glockenarchiv fündig werden.

Dass die große Glocke eigenwillig nur in ihrem Heimatort Eppingen läuten wollte, schildert die Sage eindeutig, denn selbst die zwölf Paar Ochsen schaffen es nicht, die Glocke nach Elsenz zu entführen. Das kann wohl nicht mit rechten Dingen zugehen. Mit religiös-übersinnlicher, also wunderbarer Kraft hält die Glocke sich fest, obwohl zuvor Schweine die Glocke bereits freigegraben haben. Ebenso bezeichnend ist der Name für den Ort der ausgewühlten Glocke, er wurde „Saugrube" genannt. Überhaupt gibt es viele Sagen, in denen Schweine Glocken auswühlen. Aus Ettlingen wird die Sage einer Glocke erzählt, die beim Märzenbrünnele gefunden wurde. In ihrem Inneren fand man ein Wildschwein mit sieben Jungen. Wenn diese Glocke erklang, dann tönte es: „Am Märzenbrunnen, hat man mich gefunnen, bei einer Wildsau mit sieben Jungen!" Eine weitere Glockensage gibt es in Menzingen, dort heißt der Glockenspruch: „Anne Susanne / z'Menzinge möcht i hange / möchte läute und schlage / und' Gwitter verjage."

In der nun folgenden Glockensage ist angegeben, in welchen Kriegszeiten die Kirchenglocken versteckt wurden: im Dreißigjährigen Krieg. In diesen Zeiten zogen viele Heere durch den Kraichgau, ebenso plündernde desertierte Soldaten. Die Ereignisse der folgenden Glockensage aus Zeutern, könnten am Ende des Dreißigjährigen Krieges stattgefunden haben.

Die Glocke von Zeutern

1648

Wie allerorten, so fürchtete man auch in Zeutern während des Dreißigjährigen Krieges, dass die Kirchenglocken von den Belagerern geholt würden. Aus diesem Grunde vergruben die Einwohner bei Nacht und Nebel die Glocken im „Schelmenwald" (Besingwald), um sie vor den plündernden Soldaten zu verbergen. Im Wald zwischen Zeutern und Langenbrücken, abseits in Richtung Östringen, wähnte man das Heiligtum des Dorfes in Sicherheit. Einige Soldaten sollen jedoch die größte Glocke entdeckt haben und sich auch bald einig gewesen sein, sie fortzuschleppen. Die gefundene Glocke, ihr Schicksal wohl ahnend, hub daraufhin an, in stärkeren Tönen zu klagen: „Susanna heiß ich / ein Sprüchlein weiß ich, in Zeutern bin i g'hange / in Zeutern will i bleiben und alle bösen Gewitter (Geister) vertreiben." Bestürzt und voll Schrecken ob dieser geheimnisvollen Stimme suchten die Soldaten ihr Heil in wilder Flucht. Sie ließen die Glocken zurück, womit diese dem Dorf gerettet waren. An diese Sage erinnert heute noch der „Glockenbückelesgraben".

Auch für diese Sage gilt das für die Glocke von Eppingen Gesagte. In der Sage von Zeutern zeigt sich noch deutlicher, dass die Glocke wie ein lebendes Wesen gedacht wird – sie fängt von selbst an zu läuten und zu klagen. Ob sich das tatsächlich so zugetragen hat? Eine sprechende Glocke und Soldaten, die wegen der Glocke voll Schrecken fliehen? Immerhin, der Glockenbuckel ist ein sumpfiges Waldgebiet, das gibt es bei Zeutern tatsächlich. Eine weitere Glockensage vom Dreißigjährigen Krieg ist in Münzesheim bekannt mit einem ähnlichen Glockenspruch.

1638 Der Schöpflöffelpfarrer

In der Gemarkung von Eschelbach kann man mittags dem Schöpflöffelpfarrer begegnen. Bei einer Grenzstreitigkeit soll er zugunsten seiner Gemeinde Mühlhausen fälschlich geschworen haben, dass er bei dem allmächtigen Schöpfer über ihm auf Mühlhausener Boden stehe. In seinen Schuhen hatte er Mühlhausener Erde und in seinem Hute einen Schöpflöffel. Zur Strafe muss er wandern.

Inzwischen soll der Pfarrer erlöst sein. Mittagsgespenster sind in den Sagen nichts Ungewöhnliches. Wir sind ihnen bereits in der Sage „Geheimgänge" begegnet.

Dieser Schwur ist zwar intelligent, aber ein Scheineid. Im Eid wird Gott als Zeuge angerufen und Gott gilt als höchster Richter. Wie diese Gerichtsszene zu verstehen ist, ist Ansichtssache. Je nach Überzeugung ist ein solcher Eid, wie ihn der Pfarrer geleistet hat, kein Meineid, da er buchstäblich wahr ist. Das sind natürlich Eulenspiegeleien. In unserer Sage war den Einwohnern von Eschelbach das Unrecht bekannt und der Pfarrer hat dieses mit ins Grab genommen. Weil seine Tat zu Lebzeiten nicht bestraft wurde, muss er in der Gemarkung Eschelbach umgehen, an der Stätte seiner Untat. So sehen das jedenfalls die Einwohner von Eschelbach. Andere spukende Pfarrer erscheinen in ähnlichen Sagen ohne Kopf oder der Pfarrer sitzt auf einem Baumstumpf bis zu seiner Erlösung, weil er das Himmelstor verschlossen fand.

In einer weiteren Überlieferung dieser Sage finden sich noch einige Details. Die Ereignisse geschahen, als in Eschelbach die Pest herrschte, die die Hälfte der Bewohner hinweg raffte. Der Mühlhausener Pfarrer versuchte in dieser Zeit Ackergrundstücke in Eschelbach in seinen Besitz zu bekommen. Die Eschelbacher erhoben Klage beim Gericht, wobei es zu diesem Meineid kam. Der Pfarrer soll sich dabei mit dem Teufel beraten haben, der ihn zu diesem Meineid anstiftete. Das sind schwankartige Weiterentwicklungen. Immerhin, zwischen Eschelbach und Mühlhausen macht der Grenzverlauf einen Haken zugunsten von Mühlhausen …

Die Hexenverbrennung von Grombach

1614

Die alte Launa galt im Dorf als Hexe, und es wurde ihr vorgeworfen, sie habe sich in Grombach am Schlenkertsgalgen dem Teufel hingegeben, den Lustgelagen auf dem Bocksberg beigewohnt, wohin sie auf einem Bocke geritten sei, allerlei Totschläge und Krankheiten am Vieh der Nachbarn verursacht und insbesondere Gewitter und Hagelschlag gemacht. Sie wurde auf dem Scheiterhaufen verbrannt.

Es gibt Dinge, die einen schon berühren und es gibt Sagen, die sich nahe an der Realität befinden. Eine davon ist die Sage von der alten Launa. Dieser Fall ist wahr. Er findet sich zum Teil aufgezeichnet in Gerichtsakten.[1] Der Ortsherr von Grombach, Johann Christoph von Flersheim, ließ 1614 die alte Launa (Alt-Lena) unter dem Verdacht der Hexerei verhaften.

Zum historischen Hintergrund: Hexen waren nach den Vorstellungen dieser Zeit Frauen oder Männer, die auf übersinnliche Weise Schadenzauber ausführten. Die Sage nennt Totschläge und Unwetter. Dazu kommt – und das ist wichtig – dass die Hexen einen Bund mit dem Teufel geschlossen hätten sowie Mitglieder in einer antichristlichen Hexensekte seien. Der Teufel ist hier ihr Anführer und zugleich ein antichristlicher Gott. Zu ihren Treffen fliegen die Hexen zu ihrem regionalen Hexentreffplatz, z. B. dem genannten Bocksberg, dort gibt es ein Lustgelage und Sex mit dem Teufel.[2]

Früher haben selbst Theologen übersinnliche Flüge von Menschen für Unsinn gehalten,[3] doch die Zeiten haben sich geändert. Es ist erstaunlich, dass im 17. Jahrhundert, der Zeit von Kepler und Galilei, an Dinge wie Teufelspakt und Wetterzauber geglaubt wurde. In der Sage ist dieser Pakt nicht durch einen schriftlichen Vertrag mit dem Teufel geschlossen wie beim Doktor Faust, sondern durch Geschlechtsverkehr mit dem Bösen. Das war damals gängige Ansicht. Was den Wetterzau-

Schloss Grombach

ber betrifft, so liegt das Jahr 1614 mitten in der „Kleinen Eiszeit", einer Kaltzeit mit Agrarkrisen und Inflation, die etwa von ca. 1550–1660 dauerte. Die natürlichen Ursachen dieser Wetterverschlechterung waren unbekannt, man suchte einen Schuldigen – in diesem Fall waren das die Hexen. Es gab zur Zeit der alten Launa zwar Gegner dieser Hexenvorstellungen. Zu nennen sind der Arzt Johann Weier (1516–1588) und der Jesuit Friedrich von Spee (1591–1635), doch diese Kritiker waren weit in der Minderheit.

Den Gerichtsakten nach wurde Alt-Lena am 15. November 1614 verhaftet. Das zuständige Gericht gehörte, wie aus den Akten zu sehen ist, der örtlichen Gerichtsbarkeit an, war also kein kirchliches Inquisitionsgericht. In den Verhören bekannte sich die alte Launa zum Teufelspakt. Sie habe durch Wetterzauber die Weinreben verdorben, große Unwetter verursacht, die alles erschlagen haben. Sie benannte weitere Personen als Hexen. Auch gegenüber dem Pfarrer, der Alt-Lena 1615 im Schloss Grombach befragte, nannte sie diese Namen. Bei den nächtlichen Hexentreffen am Schlenkertsgalgen seien Personen aus den umliegenden Dörfern dazugekommen, insgesamt nannte sie fast einhundert Namen.

Der Prozess, der gegen eine einzelne Frau begann, drohte durch die Aussagen der Alt-Lena zu einer Unzahl weiterer Hexenprozesse zu führen. Derart viele Personen anzuklagen, das war vom Gericht nicht zu bewältigen, zudem hätte es zum Verlust vieler Untertanen geführt (Ausfälle bei Steuern und Fronarbeit). Außerdem kamen die Angeklagten aus verschiedenen Herrschaftsgebieten, wobei es unterschiedliches Prozessrecht gab. Die hohen Prozesskosten für Richter, Schöffen, Gutachten und Henker waren nicht finanzierbar. Über das Ende des Prozesses, die Verbrennung der Alt-Lena, sind keine Gerichtsakten mehr vorhanden. Und Erlösung für Hexen gibt es nicht.

In Leonberg fand zu dieser Zeit einer der bekanntesten Hexenprozesse statt, bei dem es ebenfalls um Leben und Tod ging. Es war der Prozess gegen Katharina Kepler, die Mutter des kaiserlichen Mathematikers, Astronomen und Astrologen Johannes Kepler (1571–1630). Dieser Prozess begann 1615 und dauerte sechs Jahre bis zu der Freilassung der Angeklagten 1621. Ohne das massive Eingreifen von Johannes Kepler und seinem Anwalt wäre Katharina Kepler wohl der Tod auf dem Scheiterhaufen sicher gewesen.[4]

1614

Die Geheimgesellschaft der Rosenkreuzer

Über die Rosenkreuzer wurden unglaubliche Geschichten erzählt: sie können Gold herstellen, können Unsichtbarkeit erreichen und sie besitzen altes Geheimwissen. All dies geht auf eine Sage über ihren Gründer Christian Rosenkreutz zurück. Diese Sage taucht im 17. Jahrhundert auf in unserer Gegend.

Sagen können in Verbindung stehen mit kulturgeschichtlichen Entwicklungen, die bis in die Gegenwart reichen – wie hier die Sage von den Rosenkreuzern. In dieser Sage oder Legende geht es zunächst um den mysteriösen Gründer einer geheimen Gesellschaft. Er ist unter dem Namen Christian Rosenkreutz bekannt und seine Lebenszeit wird von 1378–1484 angegeben. Über den Gründer und den Orden des Rosenkreuzes wurden im 17. Jahrhundert anonyme Schriften veröffentlicht. Es geht darin um eine abenteuerliche Geschichte: Der in einem Kloster aufgewachsene Adelige C. R. (so wird er zunächst in diesen Schriften bezeichnet) begann eine Reise ins Heilige Land. Er kam jedoch dort nie an, sondern gelangte über Ägypten die Mittelmeerküste entlang. Dort traf er mit Weisen zusammen. Es ging um Gespräche über Naturkunde, Mathematik, Magie und Philosophie – über die sichtbare und die unsichtbare Welt. Wieder zurück in Deutschland gründete er die Bruderschaft R.C. Die Mitglieder vereinbarten, die Gemeinschaft 100 Jahre geheim zu halten. Geheim war auch der Ort des Grabes des Ordensgründers. Am Eingang seiner Gruft ließ dieser 1484 eine Jahreszahl anbringen, sie zeigt das Jahr, an dem man 1604 auf sein Grab stoßen würde. Der Text lautet: „ Post centum viginti annos patebo" – nach 120 Jahren öffne ich mich.

Zu den Urhebern der Schriften der Rosenkreuzer wird vor allem der protestantische Theologe Johann Valentin Andreae (1586–1654) gezählt, dazu Personen aus seinem Bekanntenkreis. Andreae hielt sich u. a. im Schwarzwald und im Kraichgau auf, dort in Bad Rappenau und in Durlach. Drei Schriften wurden von den Rosenkreuzern veröffentlicht: die *Fama Fraternitatis* (die Geschichte der Bruderschaft), Erstdruck 1614, dann 1615 *Confessio Fraternitatis* (enthält weitere Details) und

1616 *Chymische Hochzeit* (Christiani Rosencreutz. Anno 1459). Diese Schriften lösten eine heftige literarische Diskussion aus. Interessierte wie z. B. Michael Maier, Alchemist und Leibarzt von Kaiser Rudolf II., versuchten, mit Rosenkreuzern in Kontakt zu kommen, doch diese blieben im Verborgenen.

Die Herstellung von Gold und dem Lebenselixier, das sind schon Anziehungspunkte. Mit Hilfe des Steines der Weisen, dem Elixier, sollte es möglich sein, sich zu verjüngen und das Leben zu verlängern. Doch an Goldmachern waren die Rosenkreuzer nicht interessiert. In ihrer dritten Schrift wird vor derartigen Alchemisten gewarnt. Denn allein mit chemischen Mitteln ist in der Alchemie nichts zu erreichen, mag man auch zentnerweise Salpeter, Salmiak und Schwefel verarbeiten. Die Rosenkreuzer hatten, gut 100 Jahre nach Luther, weitere reformatorische Ziele. Es sollte zu einer christlichen Erneuerung Europas kommen, zu einer Zusammenführung von Wissen, Weisheit und christlicher Religion. Von besonderer Bedeutung dabei waren Bibel, Naturphilosophie und Alchemie. Das heißt also Wissenschaft und Bibel zusammen mit esoterischen Lehren? Das mag überraschen, doch es war so.[1]

Das große Ziel, die Reform von Wissenschaft, Kirche und Gesellschaft, kam nicht zustande. Stattdessen kommt es im 17. Jahrhundert immer mehr zur Änderung des Weltbildes. Vor allem der Philosoph René Descartes ist hier als Wegbereiter zu nennen.[2] Die Naturwissenschaftler waren zunehmend nur noch am Diesseits interessiert, an greifbaren Dingen, an Naturgesetzen. Die übersinnlichen Erlebnisse der Menschen, die in vielen Sagen überliefert sind, wurden zunehmend ins Reich des Unglaubhaften verwiesen. So hat sich schließlich aus der Alchemie die Wissenschaft der Chemie entwickelt, die Seele und Geist in der Natur nicht mehr berücksichtigt. Auch Astronomie und Astrologie gingen zunehmend getrennte Wege.

Ob die geheime Gesellschaft der Rosenkreuzer damals bestand, ist umstritten. Historisch sichere Beweise für die Existenz liegen nicht vor. Dasselbe gilt für den Gründer, den Alchemisten Christian Rosenkreutz. Dennoch haben die Rosenkreuzer-Ideen Wirkungen bis in unsere Zeit. In den folgenden Jahrhunderten wurden Rosenkreuzer-Gesellschaften gegründet, die sich auf die alte Rosenkreuzertradition beziehen. Im 18. Jahrhundert bestand nachweislich in Süddeutschland die Gesellschaft der „Gold- und Rosenkreuzer". Weitere Gesellschaften wurden im 19. und 20. Jahrhundert gegründet. Diese neuen Rosenkreuzer arbeiten nicht mehr im Geheimen. Es gibt diese Rosenkreuzer-Gesellschaften noch heute, u. a. in Baden-Baden, Pforzheim, Heidelberg, Calw und Karlsruhe.[3]

1607

Das Besenmännle

Im Kraichgau erzählten sich die Leute, dass die dunklen Flecken, welche man im Vollmond sieht, von einem Manne herrühren, der in den Mond verwünscht wurde. Dieser Mann stahl an einem Sonntag im Wald ein Büschel Besenreiser und trug es auf dem Rücken heim. Da begegnete ihm im Wald der liebe Gott; der stellte ihn zur Rede, dass er den Sonntag nicht heilighalte und sagte zugleich, dass er ihn dafür bestrafen müsse. So ist er mit seinem Bündel Besenreiser auf dem Rücken in den Mond gekommen, was man noch deutlich erkennt. Man nennt diesen Mann das Besenmännle.

Die dunklen Flecken auf dem Mond, die sog. Mondmeere, haben lange Zeit die Fantasie der Menschen beschäftigt. Bei unserer Sage handelt sich um eine Entrückungssage, zugleich ist sie eine Warnsage und Erklärungssage; sie ist in vielen Varianten weit verbreitet in ganz Baden und Württemberg. Die Sage will die Mondflecken erklären. Das Fernrohr wurde erst 1608 erfunden und in den folgenden Jahrzehnten von Wissenschaftlern wie Kepler und Galilei für astronomische Zwecke benutzt. Die Sage muss daher älter als 1608 sein.

Die Verwünschung des Reisigsammlers auf den Mond hat ihren Grund darin, dass der Mann bei seinem Holzdiebstahl auch noch das wichtige Sonntagsgebot übertreten hat. Nach anderen Varianten dieser Sage wird ein Feiertagsgebot übertreten oder am Karfreitag werden Reben geschnitten. In einer weiteren Variante begegnet dem Reisigsammler, als er am Sonntag aus dem Wald heimkehrt, statt Gott ein Pfarrer. Auch in diesen Geschichten wird er samt seinem Reisigbündel zur Strafe in den Mond versetzt. Die Sagen von einer Frau im Mond sind seltener. Es geht um eine Frau, die sonntags Spinnarbeiten oder Butterarbeiten macht. Auch sie wird deswegen samt ihren Spinnrad oder ihrem Butterfass von Gott in den Mond versetzt – als Mahnung sichtbar für alle Zeit!

Der Drache von Obergrombach 1589

Ein Bürger von hier ging eines Tages müde vom Felde heim. Als er an dem Eselsbuckel – eine Erhöhung des Weges zwischen Obergrombach und Bruchsal – kam, da sah er wie ein Ungetüm mit feurigen Augen daherflog. Ein Grauen packte ihn. In seiner Erregung bückte er sich unwillkürlich und gerade noch zur rechten Zeit, sonst wäre sein Kopf vom Rumpfe getrennt worden. Ganz blass kam er nach Hause und erzählte die Begegnung seiner Frau.

Ein plötzlich daherfliegender Drache bei Obergrombach! Noch heute geht von Drachen eine Faszination aus, die sich in Filmen, Literatur und Kunst widerspiegelt. Vor allem kennen wir heute „Nessie", das Fabelwesen des schottischen Loch Ness. Über Nessie gibt es viele Theorien und immer wieder Sichtungen, aber keine konkreten Beweise – ein typisches Sagenthema.

Was spricht in unserer Drachensage für eine natürliche Erklärung? Es könnte ein feuriger Meteorit gewesen sein, der über den Landwirt hinweg geflogen ist. So etwas kommt vor. Meteoriten sind meist kleine Gebilde, die aus dem Weltraum kommend die Erdatmosphäre durchfliegen, dabei kommt es zu feurigen Vorgängen. Die kleinsten Meteorite heißen Sternschnuppen. Meteorite bestehen aus Gestein, seltener aus Metall oder aus beidem. Manchmal schlagen sie auf der Erde ein, können Häuser oder Autos treffen, auch Menschen. Dabei müssen sie nicht direkt von oben herab stürzen. Es gibt Beobachtungen, bei denen Meteoriten horizontal über die Landschaft fliegen. Der Verfasser hat so etwas selbst erlebt. Dem Landwirt aus Obergrombach kann damals dasselbe geschehen sein.

Zu all dem kommen diejenigen Drachen, die Spuren in unserem kollektiven Gedächtnis hinterlassen haben. Wir kennen Drachengeschichten aus der griechisch-römischen Antike sowie aus der Bibel. In der christlichen Überlieferung kommen Drachen nicht gut weg, sie gelten als Erscheinungen des Teufels. Daher müssen sie bekämpft werden. Aus dem germanischen Bereich ist ein Drache bekannt, der im Nibelungenlied von Siegfried erschlagen wurde.

In der Sage von Obergrombach geht es um eine Beobachtung, die als „Ungetüm“ bezeichnet wird. Erst die Überschrift spricht von einem Drachen. Möglicherweise war den Sagenerzählern die alte Drachensage vom Michelsberg bekannt, die in Obergrombach erzählt wurde. An die Existenz derartiger Wesen wurde damals geglaubt. Es gab ein *Thierbuch* von Conrad Gesner aus dem Jahr 1589, in dem Drachen als reale Wesen angesehen wurden, die sogar gezeichnet darin zu sehen sind. Die Drachen hatten damals, nach dem Ende des Mittelalters, immer noch einen reichen Sagenschatz.

Bis zur nächsten Sage haben wir noch etwas Zeit, die wir für einen Blick in den kulturhistorischen Hintergrund nutzen können. Kurz vor der Zeit unserer Sage, im Jahr 1587, wurde erstmals ein Buch über Doktor Faust veröffentlicht. Der Titel heißt: *Historia von D. Johann Fausten.* Darin finden sich Sagen und Geschichten aus seinem abenteuerlichen Leben: Teufelspakt, Astrologie, Possen und magische Abenteuer.

1582 ordnete Papst Gregor XIII. eine Kalenderreform an, bei der auf den 4. Oktober 1582 als nächster Tag der 15. Oktober 1582 folgte. Der bisherige Kalender war über Jahrhunderte hinweg ungenau. Diese „katholische Reform“ wollten protestantische Gegenden nicht mitmachen, so dass nun parallel zwei Kalender galten, für gut 100 Jahre lang. In Heilbronn gibt es die Rathausuhr, die heute noch nach dem alten (falschen) Kalender geht.

1564 sprach die Kirche ein Verbot für bestimmte Bücher aus: Alle Bücher und Schriften der Wahrsagerei, der Traumdeutung und Handlesekunst werden ganz und gar verworfen. Ebenso dürfen keine Bücher und Abhandlungen der ureilenden Astrologie (diese sagt etwas Bestimmtes voraus) gelesen oder besessen werden. Wer solche Bücher trotzdem liest oder besitzt, soll sogleich dem Urteilsspruch der Exkommunikation verfallen, so bestimmt es die Bulle „Dominici gregis custodiae“ vom 24. März 1564.

1563 bestätigt die Kirche endgültig, dass es einen jenseitigen Reinigungsort (Purgatorium, sog. Fegefeuer) gibt, wovon bereits auf den Konzilien von Lyon (1274) und Florenz (1439) die Rede war. Diese Lehre soll nun gepredigt und verkündet werden. Es heißt darin, dass die katholische Kirche lehrt, wie den dort festgehaltenen Seelen durch die Fürbitte der Gläubigen und durch Messopfer geholfen werden kann. Dieses Dekret wurde in höchster Eile formuliert, um das Konzil 1563 bald zu beendigen. Luther widersprach der Fegefeuer-Lehre, Melanchthon ebenfalls.

Philipp Melanchthon als Astrologe

1553

Philipp Melanchthon, der Mann aus Bretten, der Reformator, zählt zu den bedeutenden Astrologen des 16. Jahrhunderts. Melanchthon soll sogar 1553 ein Lehrbuch der Astrologie herausgegeben haben. Darin heißt es: „Denn dieses eine steht fest: Wertvoll und wahrhaftig ist die Wissenschaft der Astrologie, eine Krone ist sie des Menschengeschlechts und ihre ganze ehrwürdige Weisheit ein Zeugnis Gottes."

Philipp Melanchthon, ein Sterndeuter? Eine unglaubliche Geschichte – gilt doch die Astrologie als die Königin des Aberglaubens. Doch es stimmt, Philipp Melanchthon (1497–1560), der scharfsinnige Gelehrte aus Bretten war nicht nur Reformator, Humanist und Mitstreiter Luthers, sondern er war – ohne zu übertreiben – ein bedeutender Astrologe seiner Zeit. 1553 hat er das antike Astrologie-Lehrbuch *Tetrabiblos* erneut herausgegeben, samt einer mehrseitigen Vorrede, die er verfasste. Aus dieser Vorrede stammt das oben im Text genannte Zitat. Melanchthon hat zudem in Wittenberg Vorlesungen über Astrologie gehalten.

Philipp Melanchthon, geboren am 16. Februar 1497, lebte zunächst bei seinem Großonkel Johannes Reuchlin, dem berühmten Humanisten, in Pforzheim. Mit zwölf Jahren studierte er bereits an der Universität Heidelberg. Sein Familienname Schwarzerdt wurde nach dem Brauch seiner Zeit in „Melanchthon" umbenannt. 1512 war er Student an der Universität Tübingen, mit siebzehn hatte er den Magistergrad, mit einundzwanzig war er Professor für griechische Sprache an die Universität Wittenberg, wo er Luthers engster Mitarbeiter wurde.

Es gibt Sagengestalten im 16. Jahrhundert wie Paracelsus, Faust und Nostradamus, die der Astrologie kundig waren. Und Melanchthon zählte zu den Astrologen dieser Zeit. Ein wichtiges Thema der Astrologie war die Freiheit des Willens. Heftig diskutiert wurde in Wittenberg, ob die Astrologie von der Heiligen Schrift erlaubt sei oder nicht.

Bei der Astrologie geht es um Gestirnsdeutung (Charakteranlagen, Lebensthemen, Zukunft). Anders die (heutige) Wissenschaft der Astronomie, diese beschäftigt sich mit der Erforschung des Weltalls (Sterne, Planeten, Galaxien). Das sind heute große Unterschiede. Damals waren Astronomie und Astrologie noch nahe beieinander, denn viele Astronomen waren zugleich Astrologen. Im 16. Jhd. wurde allgemein an die Astrologie geglaubt, auch wenn sie nicht unumstritten war. Dass sogar Astrologie und Kirche in dieser Zeit nicht immer als Gegensätze verstanden wurden, beweist ein Horoskop aus dem Jahr 1514, das am Kirchturm des Klosters des bayerischen Ortes Niederaltaich angebracht ist.

Dr. Martin Luther hatte zur Astrologie ein distanziertes Verhältnis. Kein Wunder, über ihn waren unangenehme astrologische Deutungen im Umlauf. Das Geburtsdatum Luthers, meist mit dem 10. November 1483 angegeben, wurde auf den 22. Oktober 1484 verändert (gefälscht), dann darauf persönliche Horoskope berechnet und gedeutet. Es ließen sich unangenehme Eigenschaften herauslesen: Planeten befanden sich im marsgeprägten Sternzeichen Skorpion sowie im neunten Haus, das wurde als Aggressivität und als Probleme mit der Religion gedeutet. Eine schändliche Deutung über Luther wurde durch den italienischen Astrologen Lucas Gauricus, der zugleich Bischof war (!), in Umlauf gebracht. Vom katholischen Lager aus wurde Luther mittels Astrologie bekämpft[1]. Horoskope können eine interessante Lektüre sein.

Die Veröffentlichung des astrologischen Lehrbuchs 1553 durch Melanchthon erfolgte nur zehn Jahre nachdem Nikolaus Kopernikus seine exponierte These in Buchform veröffentlichte, dass nicht die Erde der Mittelpunkt der Welt sei, sondern die Erde sich um die Sonne bewege. Das hat das mittelalterliche Weltbild erschüttert. Diese Hypothese des Kopernikus wurde später von der Kirche bekämpft. Kopernikus hat eine weitere bedeutsame Schrift veröffentlicht über die *Quantitätstheorie des Geldes*. Es geht um die Inflation durch Erhöhung der Geldmenge.

In den jungen Jahren des Philipp Melanchthon lebte der Renaissance-Maler Hieronymus Bosch (ca. 1450–1516). Er wurde bekannt durch religiöse Gemälde z.B. *Aufstieg der Seligen* (Tunnelbild). Dazu gesellen sich die Gemälde von Fabelwesen, Spukgestalten und von den Schrecken der Hölle. Eine bedeutende Persönlichkeit des Kraichgaus dieser Zeit war Hieronymus Bock, der Verfasser des Kräuterbuchs *Das New Kreütter Bůch* von 1539. Geboren ist Hieronymus Bock in Heidelsheim. Alchemistenbücher und Kräuterbücher hatten damals eine Hochzeit.

Im Kloster Neuburg

1542

Das Kloster Neuburg soll in alten Zeiten mit dem Kloster und der Kirche auf dem Heiligenberg durch einen unterirdischen Gang verbunden gewesen sein. Dort ließ man einst eine Gans hinein, die dann beim Kloster Neuburg wieder ans Tageslicht kam. Später warf man das Loch in der Kirche wieder zu.

Unterirdische Gänge, Männerklöster und Frauenklöster, Mönche auf Abwegen – diese Themen finden sich gerne in den Sagen. Das Kloster (Stift) Neuburg war zeitweise ein Frauenkloster. Es ist schön gelegen, hoch über dem rechten Ufer des Neckars, in der Nähe von Heidelberg-Ziegelhausen. Der Heiligenberg befindet sich etwa zwei Kilometer vom Kloster entfernt, Richtung Heidelberg. Mit der Kirche auf dem Heiligenberg ist die Kirche des Klosters St. Stephan gemeint, neben dem sich das tiefe „Heidenloch" befindet.

Das Kloster Neuburg soll in alten Zeiten durch einen unterirdischen Gang mit dem Heiligenberg verbunden gewesen sein. Dieser Gang müsste allerdings zwei Kilometer Länge haben und müsste dauerhaft instand gehalten werden. Das „Heidenloch" auf dem Heiligenberg ist vorhanden. In einer alten Chronik der Grafen von Zimmern aus dem Jahre 1565 berichtet Graf Froben Christoph von Zimmern: „In der Kirche auf dem Allerheiligen-Berg soll ein Loch ganz tief hinab ins Erdreich führen, da soll einmal eine Gans herabgelassen worden und beim Kloster Neuburg wieder herausgekommen sein. Dies tiefe Loch hat man später zugeschüttet." Der Graf war im Jahr 1542 selbst auf dem Heiligenberg, in einer Zeit, als das Kloster nur noch eine Ruine war. Das tiefe Loch war damals bereits mit Steinen und Schutt gefüllt. Irrlichtern will der Graf dort in einer Nacht gesehen haben. Eine ähnliche Heidenloch-Sage erzählt, dass eine weiße Gans in das Loch hineingeworfen wurde und diese unten am Neckar schwarz herausgekommen wäre. Nun zu einer ganz besonderen Person, die ebenfalls mit Heidelberg in Verbindung gebracht wird – dem Doktor Faust.

1540 Die Sagen vom Doktor Faust

Der Doktor Faust ist ein berühmter Mann. Der Magier, Astrologe und Alchemist hat tatsächlich in unserer Gegend gelebt. Schon zu seiner Zeit wurden unheimliche Geschichten über ihn erzählt. Faust hat Karriere gemacht als Wunderheiler, Astrologe, Geisterbeschwörer und Goldmacher. Heute würden wir sagen, Faust besaß ein weites Spektrum paranormaler Begabungen. Faust lebte in der Zeit von Nostradamus, Luther und Paracelsus, es war die Zeit des Übergangs vom Mittelalter zur Neuzeit, der Reformation, des Bauernkriegs, die Zeit des Humanismus und der Inquisition. Aus dem Leben Fausts gibt es einige Dokumente, z. B. eine Abrechnung für ein Horoskop, das er dem Bischof von Bamberg am 12. Februar 1520 erstellte. Zehn Gulden war das fürstliche Honorar.

Fausts Wissen, seine Abenteuer, seine magischen Experimente lebten nach seinem Tod (um 1540) im Volk weiter, wurden gesammelt und zu Sagen und Schwänken geformt. Am bekanntesten ist die als Volksbuch bezeichnete *Historia von D. Johann Fausten, dem weitbeschreiten[1] Zauberer und Schwarzkünstler*. 1587 ist dieses Buch erschienen, man kann es heute noch kaufen.[2] Im Faust-Buch von 1587 ist nicht mehr von einem Teufelspakt wegen Geld und Macht die Rede, wie bei den Geschichten der früheren Teufelsbündner, sondern das Motiv Fausts ist der Wille, alles über Himmel, Hölle und irdische Welt zu erfahren.

Damit wissen wir um den historischen Faust, der wirklich gelebt hat, und wir kennen den Faust als Sagengestalt. Dazu kommt später ein Drittes, Faust in der Dichtung, hier ist vor allem Goethes Faust zu nennen.

Die Gestalt, der wir in den Faust-Sagen begegnen, ist nicht der geschichtliche Faust. Es ist der Faust, dem das Volk und die Theologen einen Teufelspakt zugeschrieben haben, der Faust, der angeblich seine Seele einem Teufel (Mephisto) verkaufte und wusste, dass er dafür in die Hölle kommt. Gemäß diesem Pakt musste Mephisto dem Faust 24 Jahre lang alle Wünsche erfüllen, alle Fragen beantworten, dann kann er als Gegenleistung die Seele Fausts in sein Höllenreich holen. Diese Sagen basieren auf der Vorstellung, dass sich mit den Teufeln der Hölle ein Bündnis schließen lässt. Und der berühmteste Teufelsbündner, das war Doktor Faust.

Fausts Ende im Kloster Maulbronn

1540

Eine Stunde von Maulbronn, in dem württembergischen Städtchen Knittlingen, ist der berühmte Zauberer Johannes Faust geboren. Nachdem er viel studiert und spekuliert und kraft des Teufels, dem er seine Seele verschrieben, viel höllischen Spuk allerorten angestiftet und ein ruch- und gottloses Leben geführt, hat ihn endlich der Teufel zur bestimmten Stunde geholt, als sich Doktor Faust gerade in Maulbronn aufhielt. Dort steigt man noch jetzt vom Kloster aus durch ein Fenster über mehrere Dächer in ein ausgemauertes Gemach, darin er gehaust. An der Wand aber befindet sich ein unvertilgbarer großer Blutflecken; daselbst hat ihn der Teufel den Schädel zerschlagen, als er mit ihm davonging.

„Den Doktor Faust hat der Teufel geholt!" Diese Nachricht muss damals umgegangen sein wie ein Donnerschlag. Faust, der Mann aus Knittlingen, Faust, der Teufelsbündner, Faust, der Goldmacher. Von all dem will uns diese Sage berichten.

Faust ist in Knittlingen geboren, das überliefert die Sage mit an Sicherheit grenzender Wahrscheinlichkeit richtig, auch ist richtig, dass er mit der Magie vertraut war. Doch was macht ein Mann wie Faust in einem Kloster? Für den aus Unteröwisheim stammenden Maulbronner Abt Entenfuß, der wegen teurer Klosterbauten das Kloster in Geldschwierigkeiten brachte, soll Faust durch Alchemie Gold herstellen. Doch das Gold konnte nicht gewonnen werden und Abt Entenfuß wurde wegen der Bauschulden abgesetzt.

Viel höllischen Spuk soll der Faust allerorten angestiftet haben, so steht es im Faustbuch, der Historia von 1587. Dieses Buch ist anonym erschienen, es ist eine Sammlung von Geschichten, die nach Fausts Tod im Volk umliefen und zu Sagen wurden. Faust ist hier der Teufelskerl, der zu allem in der Lage ist: er führt Gespräche mit einem Teufel über die Geheimnisse der überirdischen Welt, über Mikrokosmos und Makrokosmos, er hypnotisiert Bauern und Studenten und lässt die Helena, die schönste Frau der Antike, aus der Unterwelt wieder erscheinen, er verbringt sogar die Nächte mit ihr.

Doch Faust lebt gefährlich. Mit einem Teufel, im Faustbuch Mephistopheles genannt, hat der wissenshungrige Forscher einen Pakt geschlossen, durch den Faust alle Wünsche 24 Jahre lang erfüllt werden müssen. Mit eigenem Blut soll der Faust den Vertrag unterschrieben haben. Dieser Teufel hat – immer den Faust-Sagen nach – die Seele Fausts nach 24 Jahren zur bestimmten Stunde in die Hölle geholt, das war die Gegenleistung für die Erfüllung aller Wünsche, es zeigt zugleich die christliche Sicht dieser Sage. Das Faustbuch von 1587 versteht sich als abschreckendes Exempel für den christlichen Leser – denn die Teufel gibt es überall.

Gefragt hat Faust den Mephistopheles z. B. wie die Welt erschaffen wurde, wie es in der Hölle aussieht, sowie über die Astrologie, die Gestirnsdeutung. Allerdings waren die Auskünfte, die der Höllengeist dem Faust gegeben hat, dürftig. Die Astrologie könne nichts Genaues voraussagen, die Welt sei schon immer dagewesen (also nicht von Gott erschaffen), die Hölle sei zu der Stunde für Lucifer bereit gewesen, als er aus dem Himmel stürzte. In der Hölle wäre Lucifer mit Ketten gebunden. In der Hölle gibt es Feuer, Hitze, Nebel, Pech und Schwefelgestank sowie die Seelen der Verdammten samt ihrem Wehklagen. Mit dem Oberteufel Beelzebub macht Faust zu Lebzeiten sogar eine Höllenfahrt. Faust ist der Mensch, der die Grenzen der damaligen Erkenntnis durchbrechen will, der Antworten sucht auf die ewigen Fragen des Lebens.

Mit dem „ausgemauerten Gemach“, von dem die Sage erzählt, ist vermutlich der Faustturm des Klosters gemeint. Dieser Turm ist einer der Ecktürme des Klosters. Für Fausts Aufenthalt von 1516 im Kloster gibt es keine sichere historische Grundlage. Heute gehört das ehemalige Zisterzienserkloster zu den besterhaltenen Klosteranlagen. Den unvertilgbare Blutfleck will man früher gesehen haben. Erstmals wird ein Blutfleck bei Fausts Tod erwähnt in der Historia, Kapitel 68.

Die Maulbronner Faust-Sagen basieren auf einem Verzeichnis der Äbte, das im frühen 18. Jahrhundert erstellt wurde. In dieser Liste wird Abt Entenfuß aufgeführt (Abt 1512–1518), dies mit dem Hinweis, dass er des Zauberers Doktor Faust Collega gewesen sei, der den Abt in Maulbronn um 1516 besucht hat. „Sancta Simplicitas“ (heilige Einfalt) hat dort ein Leser am Rand vermerkt. Doch falls Faust tatsächlich in

Maulbronn war, der Abt an der Alchemie interessiert war und er dem Faust im Labor assistiert hat, wäre dieser Collega-Text im Äbte-Verzeichnis nicht ganz falsch.

Für Fausts Tod in Maulbronn gibt es keine zeitgenössischen Zeugnisse. Sein Ende erfolgte nicht im Kloster Maulbronn, wie es diese Sage nennt, sondern in Staufen (südlich von Freiburg i.Br.) um 1540. Dies ist bestätigt durch die Familienchronik der Grafen von Zimmern (Zimmersche Chronik)[1], sowie durch eine schriftliche Aussage des Pfarrers Johann Gast aus Basel aus dem Jahr 1548. Außerdem gibt es eine präzise Angabe, wo Faust damals gewohnt hat: in Staufen, Gasthaus „Löwen", dritter Stock, Zimmer 5. Diese Nachricht ist generationenlang im „Löwen" überliefert, wenn auch nicht schriftlich dokumentiert. Auftraggeber für Faust waren wahrscheinlich die Burgherren von Staufen, die Faust als Goldmacher engagierten. Gold machen, um das ging es in Staufen.

Heute geht die Faustforschung davon aus, dass Faust durch eine Explosion bei alchemistischen Laborarbeiten um 1540 in Staufen ums Leben kam und nicht im Kloster Maulbronn. Die Explosion erklärt, warum sein Körper zerfetzt war, auch das Blut an der Wand ist dadurch erklärlich. Fausts Tod war nichts Übernatürliches, sondern ein Unglücksfall bei alchemistischen Arbeiten. Die Alchemisten haben damals nicht nur mit harmlosen Substanzen gearbeitet, sondern mit Salzen, Metallen und Säuren, auch mit giftigen, explosiblen Stoffen wie z. B. Königswasser. Das ist bekannt aus ihren Schriften.

Was ist geblieben von Fausts Leben? Die Alchemie endete für Faust tödlich. Doch damit war die Geschichte seines Lebens nicht zu Ende. Durch das Faustbuch wird Faust zur schicksalhaften Gestalt eines Forschers in den unruhigen Jahrzehnten zwischen Mittelalter, Renaissance und Neuzeit. Und durch Goethe wird Faust zum Symbol für den nach (übersinnlicher) Erkenntnis strebenden Menschen. Faust wirkt damit lebendig bis in unsere Tage hinein.

Faustturm im Kloster

1539 Faust, sein Testament und seine Bücher

Im Originaltext der Historia von D. Fausten von 1587, Kapitel 60 und 61 heißt es:

„Als nu das Testament auffgericht war, berüfft er [Faust] seinen Diener [Wagner] zu sich, hielt im für, wie er ihn im Testament bedacht habe.“ „Meine Bücher belangendt, sind dir dieselbigen vorhin verschaffet, jedoch daß du sie nicht an Tag kommen wöllest lassen, Sondern deinen Nutzen darmit schaffen, fleissig darinnen studieren.“

So kennen wir Faust aus der Studierzimmer-Szene in Goethes Werk: der Gelehrte, inmitten seiner Bücher, seiner Gerätschaften, im Gespräch mit seinem Gehilfen Wagner. In der obigen Sage geht es um Fausts Bücher und um Fausts Testament. Dass Faust Bücher besaß, darüber berichtet die zuvor erwähnte Zimmersche Chronik. Insoweit kann sich unsere Faust-Sage darauf stützen. Fausts Testament ist leider nicht mehr vorhanden.

Welche Bücher benutzte Faust? Im Bereich der Astrologie, zur Erstellung von Horoskopen, wurden Tafeln mit den Gestirnständen der Planeten der einzelnen Jahre, die sog. Ephemeriden, gebraucht. In der Alchemie kommen Bücher mit Erfahrungen aus laborantischen Arbeiten in Betracht, z. B. die *Summa perfectionis*. Diese Bücher wird Faust bei seinen Reisen immer mitgeführt haben und somit auch in Maulbronn benutzt haben (falls er wirklich im Kloster Maulbronn gewesen sein sollte). Dazu kommen Texte der spirituellen Alchemie, z. B. die *Tabula smaragdina*, die Smaragdene Tafel. In ihr steht, dass das, was oben ist (in der geistigen Welt) dem entspricht, was unten ist (d. h. was in der materiellen Welt geschieht). Dann noch die magische Literatur: Zu den gängigen Büchern jener Zeit gehören das Buch Picatrix, die Clavicula Salomonis und das Buch Heptameron.

Was ist geblieben von Fausts Büchern? Es gibt Bücher, bei denen Faust als Verfasser angegeben ist. Die Buchtitel nennen sich *Höllenzwang*. Davon gibt es verschiedene Ausgaben. Diese Bücher enthalten Anleitungen zur Anrufung von Geistern, besonders von Höllengeistern. Diese sollen erscheinen, um Befehle auszuführen, z. B. dem Magier mitteilen, was in naher Zukunft geschieht. In Fausts Büchern ist die magische Praxis genau beschrieben: die magischen Kreise, die Räucherungen, Formeln und Zeichen und vor allem die Geister wie z. B. Mephisto. Einige dieser Buchtitel lauten: *Doktor Fausts großer und gewaltiger Höllenzwang*, *Doktor Faust Magia naturalis* sowie *Doktor Fausts letztes Testament*. Ob Faust selbst Bücher geschrieben hat, ist nicht überliefert. Einiges an handschriftlichen Aufzeichnungen dürfen wir voraussetzen, da jeder Forscher Notizen anfertigt. Es ist wahrscheinlich, dass im Anschluss an die Faustsage diese Aufzeichnungen Fausts von Verlegern zusammen mit bereits bekannter Zauberliteratur zusammengefasst und unter dem interessanten Titel *Höllenzwang* verkauft wurden, denn diese Bücher sind erst später, ab dem 17. Jahrhundert, verfasst worden. Eine dieser Ausgaben soll angeblich 1407 in Passau gedruckt sein. Das wäre vor der Erfindung des Buchdrucks (um 1450) und sogar rund 70 Jahre vor der Geburt Fausts.

Diese Bücher wurden auch benutzt: Hier ist die Jenaer Christnachtstragödie von 1715 zu nennen. Dabei wurde mit Fausts Höllenzwang die Beschwörung eines Geistes vorgenommen, zur Hebung eines Schatzes. Da es dabei Tote gab, wurde die Sache gerichtsanhängig und ist deshalb bekannt.

Was ist geblieben von Fausts Wissen? Fausts hinterlassene Aufzeichnungen und seine Alchemistenbücher, sie dürften auch für Käufer bedeutsam gewesen sein, die sich für sein alchemistisch-medizinisches Wissen interessierten. Damals, im 16. Jahrhundert, begannen Entwicklungen in der Chemie und Medizin, die sich Spagyrik sowie Chemiatrie nannten. Es ging um neue Verfahren zur Herstellung von Heilmitteln. Diese Lehren gehen vor allem auf Paracelsus zurück. Spagyrische Heilmittel werden mit Hilfe der Alchemie hergestellt. Sie gehören heute zur angewandten alternativen Medizin. In der Alchemie geht es nicht nur um die Kunst der Verwandlung der Metalle, sondern auch um die Herstellung von Arzneien. Die Spagyrik hat eine spirituelle Basis; Körper, Seele und Geist eines Menschen sind ihr wichtig. Es ging damals, modern gesagt, um ganzheitliche Medizin.

1523

Fausts Fahrt durch die Luft

Ein anderes Mal verließ Doktor Faust mittags um dreiviertel auf zwölf das Boxberger Schloss, um Schlag zwölf Uhr bei einem Gelage in Heilbronn zu sein. Er setzte sich in seinen mit vier Rappen bespannten Wagen und fuhr wie der Wind davon, so dass er richtig um zwölf in Heilbronn eintraf. Ein Arbeiter auf dem Feld hatte gesehen, dass gehörnte Geister vor dem Wagen den Weg eben pflasterten und andere hinter ihm die Steine wieder aufrissen und entfernten und jede Spur dieses Pflasters vertilgten.

Zwischen Schloss Boxberg und Heilbronn geschieht der Sage nach das Unglaubliche: gehörnte Geister ebnen dem Faust den Weg. Aber kann ein vernünftiger Mensch so etwas glauben? In Fausts und Luthers Zeit war die Antwort einfach: Geister gibt es. Da wurde auch an den leibhaftigen Teufel geglaubt, so dass man – wie von Luther behauptet wird – ein Tintenfass nach ihm werfen konnte. Wie dem auch sei, auch Luther hat sich für die Themen des Übersinnlichen interessiert.

Zu Fausts Wünschen, die Mephisto zu erfüllen hatte, gehörte diese rasche Reise. Rappen sind Pferde mit schwarzem Haar. Ein solches Pferd kann als Erscheinungsform des Teufels gelten (Teufelsross). Allgemein bekannt ist hiervon der „Pferdefuß“, das Erkennungszeichen des Teufels. In der Sage sind gehörnte Geister am Werk, damit begegnet uns hier sogar die Dämonenlehre der Renaissance. Ein Arbeiter will gesehen haben, dass diese gehörnten Geister den Weg pflastern und anschließend die ganze Arbeit wieder rückgängig machen. Das bedeutet, es soll alles unsichtbar bleiben, als hätte es das niemals gegeben. Eine fantastische Geschichte.

Der Doktor Faust ist stets für eine Überraschung gut. Er ist viel im Land herumgekommen. Vielleicht ist er damals in einer der Gassen von Bretten auch dem Philipp Melanchthon (Sage von 1553) begegnet oder dem Brettener Hundle (Sagen von 1522 und 1504).

Das Hündlein von Bretten

1522

In Bretten lebte vorzeiten ein Mann, welcher ein treues und zu mancherlei Dienst abgerichtetes Hündlein hatte, das pflegte er auszuschicken, gab ihm einen Korb ins Maul, worin ein beschriebener Zettel mit dem nötigen Gelde lag, und so holte es Fleisch und Bratwurst beim Metzger, ohne je einen Bissen davon anzurühren. Einmal sandte es sein Herr, der evangelisch war, an einem Freitag zu einem Metzger, der katholisch war und streng auf die Fasten hielt. Als nun der Metzger auf dem Zettel eine Wurst bestellt fand, hielt er das Hündlein fest, haute ihm den Schwanz ab und legte den in den Korb mit den Worten: „Da hast du Fleisch!" Das Hündlein, beschimpft und verwundet, trug den Korb treulich über die Gasse nach Haus, legte sich nieder und verstarb. Die ganze Stadt trauerte, und das Bild des Hündleins ohne Schwanz wurde, in Stein ausgehauen, übers Stadttor gesetzt.

Diese Sage findet sich in der Sagensammlung der Brüder Grimm, Sage Nr. 96. Es ist eine besonders traurige Sage vom Brettener Hundle. Der treue Hund bringt, absichtlich verletzt, seinem Herrn den Einkaufskorb zurück und bricht dann tot zusammen.

Das Hundle ist in die Wirren der Reformationszeit geraten, die im Kraichgau bereits in den 1520er Jahren begann. Die Gegensätze zwischen Protestanten und Katholiken zeigen sich in dieser Sage im Freitagsgebot. Die Begründung für die Verletzung des Hundes ist allerdings sinnlos, denn es kommt auf die Einhaltung des Fastens (hier: freitags kein Fleisch essen) an und nicht darauf, ob jemand freitags Fleisch einkauft. Schließlich hat der katholische Metzger selbst in seiner Metzgerei freitags Wurst verkauft.

Es finden sich zwei Erinnerungen an das Hundle: der Hundlebrunnen und die steinerne Gestalt des Hundle an der Südseite der Stiftskirche. Das Brettener Hundle – ein Held.

1504

Das Brettener Hundle in der Belagerung

Bei einer Belagerung Brettens wehrte sich die Einwohnerschaft so tapfer, dass die Feinde nur noch hofften, es durch Hunger zu bezwingen. Schon litten die Belagerten Mangel, da fielen sie auf eine List und mästeten den Mopps des Befehlshabers so lange, bis er ungewöhnlich fett war. Dann ließen sie ihn, nachdem sie wieder zur Übergabe aufgefordert worden, hinaus in das Lager der Feinde laufen. Als diese das fette Hündlein sahen, glaubten sie, in der Stadt seien noch Lebensmittel in Fülle, und beschlossen, die Belagerung aufzuheben. Sie hieben nun dem Mopps den Schwanz ab, warfen dann jenen über die Stadtmauer zurück und zogen davon. Zum dankbaren Andenken ließ der Stadtrat das Hündlein ohne Schwanz in Stein hauen und das Standbild außen an der Lauretikirche in der Höhe aufstellen. Dort steht es, als Brettener Wahrzeichen, noch heute und wenn jemand in einer Sache übel wegkömmt, pflegt man von ihm in der Gegend zu sagen: „Er kömmt davon (oder: Er wird heimgeschickt) wie das Hündlein von Bretten."

Der arme Hund von Bretten – auch in dieser Sage wird dem Hund der Schwanz abgehauen. Das Hundle soll bei einer Belagerung von Bretten mitgekämpft haben. In welchem Jahr diese Belagerung stattfand, ist nicht bekannt. Der Text der Sage spricht nur von (irgend) einer Belagerung. Diese Hundle-Sage wird meist in den Zusammenhang mit der Belagerung von 1504 gebracht, bei der sich Bretten tapfer und mit Erfolg gegen die Württemberger verteidigte. Diese Belagerung gab es zwar, doch ließ sich der Zusammenhang mit dem Hundle nicht belegen.

Wie könnte diese Sage zustande gekommen sein? Die Erzählforschung kennt den Begriff der Wandersage und dieser Sagentyp wird hier zutreffend sein. Derartige Belagerungssagen werden an verschiedenen Orten ziemlich baugleich erzählt. Der Ursprungsort von Wandersagen ist meist nicht zu ermitteln. In den Belagerungssagen kann es sich auch um andere Tiere handeln als um einen kleinen Hund (Mopps), z. B. um ein dickes Schwein, das den Belagerern vor der Stadt zugeschickt wird, um sie zu täuschen. Es soll die Belagerer zu dem Schluss verleiten, dass die Einwohner noch über viele Lebensmittel verfügen, da sie sogar ihre Tiere gut füttern können, so dass eine weitere Belagerung keinen Sinn macht.

In gedruckter Form ist diese Sage im Jahr 1805 erschienen in: *Bretten's Kleine Chronik* von Siegmund Friedrich Gehres, der sich auf eine mündliche Überlieferung stützt. In der Zeitschrift „Der Pfeiferturm", Jahrgang 1938, sind weitere Untersuchungen zum Brettener Hundle veröffentlicht. Neuere Erwähnung findet diese Rettungstat bei Peter Bahn in *Das Brettener Hundle*, 2011.

Simmelturm Bretten

1504

Hexen verursachen ein Unwetter

„Alß er [gemeint ist der Angreifer Herzog Ulrich von Württemberg] **nuhn seinr Gezelten uffgeschlagen und sich aller dings gerust, etliche Tag zuverharren, wie auch geschah, begab sich uff einen Tag, daß ein solch ungestumbt Wint und Wetter kame, daß meniglich erschrocken hette, dan der Windt zeriß die Sail, warf die Zelten umb, pracht alle Ding un uhnordnung, daß irer viel sich Unglücks erwegen hetten. Nuhn het man aber unlang darvor etlich Unhollen** [Unholde = Hexen] **zu Pretten verbrant, dadurch ein erdicht Greschrey endstundt, es weren viel Unholden in der Statt, deßhalben die Wurtenbergischen gemeinlich vermeinten, es hetten die Unholden solch Wetter uber sie zugericht, daß aber nitt wahr."**

Bretten im Jahre 1504: Die Hundle-Stadt mit den sehenswerten Türmen gehörte damals zur Kurpfalz. Herzog Ulrich von Württemberg wollte Bretten erobern. Der Brettener Georg Schwarzerdt, der Bruder von Philipp Melanchthon, berichtet von der Belagerung der Stadt, die 1504 stattfand sowie von einer Hexenverbrennung, die sich kurz davor ereignet hat.

Herzog Ulrich kam von Knittlingen her, das er zuvor erobert hatte. Sein Heer lagerte im Gewann Stegersee vor Bretten. Es kam ein äußerst heftiges Unwetter auf, zerriss dort Seile und Zelte, erschreckte die Soldaten und brachte alles in Unordnung. Für diejenigen Soldaten, die abergläubisch waren, kein gutes Vorzeichen. Deshalb entstand das Geschrei („Geschrey") im Lager, es seien Hexen in der Stadt, die im Auftrag der Verteidiger dieses Unwetter über die Württemberger gebracht hätten. Also eine militärische Aktion mittels Zauberei. Gemeint ist ein Wetterzauber.

Hexen sollen durch ihre Zauberkünste das Wettergeschehen beeinflussen können, d. h. Gewitter, Hagel, Regen und Sturm erzeugen können. Georg Schwarzerdt selbst sagt am Schluss seines Berichts, dass dies nicht wahr sei. Erstaunlich ist, dass der Wetterzauber von den Soldaten für möglich gehalten wurde. Das gehört mit zu den Verrücktheiten dieser Zeit, in der Zauberei- und Jenseitsängste ebenso wie der Teufelsglaube präsent waren. Zugleich war es die Zeit, in der Kopernikus und Reuchlin lebten, in der die Fugger reich und mächtig wurden, in der Humanismus und Renaissance ein neues Lebensgefühl erschlossen.

Georg Schwarzerdt, der Brettener Schultheiß, hat diesen Bericht über die Belagerung von 1504 erst ca. 1560 zusammengestellt. Zur Zeit der Ereignisse war er erst etwa vier Jahre alt. 1504 gab es eine weitere bekannte Belagerung, diese betrifft die Stadt Landshut. Dabei verliert Ritter Götz von Berlichingen seine rechte Hand und lässt sie durch eine eiserne ersetzen.

Der Bericht von Georg Schwarzerdt basiert auf späteren Zeugenaussagen. In seiner Chronik berichtet er von „Unholden". Der damals neue Begriff „Hexen" hatte sich noch nicht in der Bevölkerung durchgesetzt1. Doch das Buch zur Durchführung von Hexenverfolgungen, *Der Hexenhammer* des Inquisitoren Heinrich Institoris, war bereits geschrieben (1487).

Mit den Ereignissen dieser Sage befinden wir uns in der Anfangszeit der Hexenverfolgung. Bretten gehörte damals zur Kurpfalz, einem Gebiet, in dem nur wenige Hexenprozesse geführt wurden, doch die Kurpfalz war zugleich das Gebiet, in der die ersten Hexenprozesse im deutschen Raum begannen. Hierbei sind die Hexenprozesse von Heidelberg 1446/47 zu nennen. Ein Augenzeuge, Johannes Hartlieb, berichtet in seinem *Buch aller verbotenen Künste* (1456), im 34. Kapitel, vom Wetterzauber der Frauen von Heidelberg.

Anklagen wegen Hexerei gab es im Kraichgau in Zaisenhausen, Unteröwisheim, Weiler, Münzesheim, Gemmingen, Schweigern, Menzingen, Fürfeld, Grombach, Ersingen, Besigheim, Odenheim, Jöhlingen, Obergrombach und Neibsheim. Weitere Hexenprozesse fanden in den nahen Städten Mosbach, Ettlingen, Heidelberg und Pforzheim statt.

SAGEN DES MITTELALTERS

Auf unserer Reise entlang dem Fluss der Zeit sind wir im Mittelalter angekommen. Das sind die Jahrhunderte von ca. 500 bis ca. 1500. Tausend Jahre unter einem Begriff zusammenzufassen, das ist nicht einfach; allein schon weil der westliche (germanische) Teil Europas sich in dieser Zeit anders entwickelt hat als der östliche mit Byzanz als Hauptstadt. Mittelalter, das sind Bauern, Ritter und Kaufleute, Burgen und Klöster, das sind Normannen, Nibelungen und Minnesänger, sind Kreuzzüge und Templer, Hildegard von Bingen und Dante Alighieri, dazu Berthold Schwarz mit seinem Pulver, die derben Späße des Till Eulenspiegel, um nur einiges zu nennen. Das Hoch- und Spätmittelalter war traditionsbewusst (autoritätsgläubig), aber nicht finster. Bereits um 1200 wurden die ersten Universitäten gegründet. Natürliches und Übernatürliches war im mittelalterlichen Weltbild noch nahe beieinander. Nicht alle Glaubensvorstellungen (vor allem aus heidnischer Zeit) entsprachen der kirchlichen Lehre.

Von den Themen des Übersinnlichen sind aus dem Mittelalter nur wenige Volkssagen überliefert. Dafür begegnen wir mehr historischen Sagen. Bei diesen Volkssagen geht es weniger um die kleine Welt der Stadt- oder Landbevölkerung, sondern um die Welt des höfischen Adels, um große politische Ereignisse, um bedeutende Persönlichkeiten. Zu nennen sind der Held Siegfried, Kaiser Karl der Große und der Universalgelehrte Albertus Magnus.

Im 15. Jahrhundert kommt die Bezeichnung Aberglaube auf. Zuvor wurde dies superstitio genannt. Ein Buch, das sich damit beschäftigt, ist das *Buch aller verbotenen Künste*, welches schon im letzten Kapitel (Hexensage 1504) erwähnt wurde, erschienen um 1456. Es gibt einen Einblick in das Denken dieser Zeit.

Das Jenseits war im Mittelalter ein großes Thema. Wohin führen die Wege der Toten? Dichterisch ausgemalt findet sich die Antwort 1472 in Dante Alighieris *Divina Commedia* (Die Göttliche Komödie), in einer Reise durch Himmel, Hölle und den Läuterungsort. Die Jenseitsvorstellungen veränderten sich bereits im 13. Jahrhundert, es kam durch die katholische Kirche die Lehre vom Fegefeuer hinzu. Und der Teufel war damals eine „präsente“ Gestalt. In Sagen und Schwänken konnte man ihm literarisch begegnen, so in dem Buch *Das Narrenschiff* von 1494, das uns zur nächsten Sage führt.

Vom Reichtum

1494

An der „Krummen Helden" bei Dietlingen soll einmal ein von einem Geist gehüteter Schatz gehoben worden sein und die Finder reich gemacht haben.

Die Sage spricht von einem Schatz, der den Finder reich gemacht hat. Vielleicht waren es römische Münzen, die beim Gebiet „Krummen Helden" gefunden wurden – die alte Römerstraße führte an diesem Ort vorbei. Oder es geht um Geld, das jemand vor kurzem versteckt hatte. Das Wort „soll" kann auf die Umformulierung einer alten Sage in neuerer Zeit hindeuten, die vorgenommen wurde, als überlieferte alte Schatzsagen kritischer gesehen wurden. Das Ereignis, der Schatzfund, kann daher schon weit zurückliegen, vielleicht sogar um 1494 geschehen sein.

Ein Buch aus dem Jahr 1494 trägt den Titel *Das Narrenschiff*. Der Verfasser ist Sebastian Brant aus Straßburg. Im Kapitel 20 geht es um das Schatzfinden. Dazu ist neben dem Text in einer Zeichnung ein Schatzsucher zu sehen. Dieser trägt eine Narrenkappe und greift mit beiden Händen nach dem Schatz. Der Schatzsucher wird subtil vom Teufel zum Schatzheben verleitet. Hier geht es nicht um Schatzsuche mit einer Wünschelrute oder mit bergmännischem Rat, sondern der Teufel gibt dem Schatzsucher seine Ideen ein, was bildlich mit einem Blasebalg dargestellt ist. Unter dem Bild ist zu lesen:

Wer etwas findet und trägt das hin
Und wähnt, Gott schenk's ihm, in seinem Sinn,
So hat der Teufel beschissen ihn …
Denn es ist fortgetragen Gut
Dadurch verdammt zur Höllenglut

Der Teufel wurde damals von Albrecht Dürer für das Narrenschiff zeitgemäß dargestellt, dies hahnenfüßig mit großen Krallen, mit Fell, Fledermausflügeln, Schnabel und Stacheln. Sebastian Brants Volksbuch *Das Narrenschiff* ist eine Satireschrift des 15. Jahrhunderts. Es geht um die Schwächen und Narrheiten der Menschen, vergleichbar mit Till Eulenspiegel (1515) oder den Schildbürgern (1597). Narren sind in einem Schiff unterwegs in das fiktive Land Narragonien. Sie werden auf ihrer

Reise in Gedichten und Bildern dargestellt. Da gibt es Kapitel „Von der Habsucht", „Von Buhlschaft", „Von der Verachtung der Heiligen Schrift", „Vom Tanzen", „Von der Beobachtung des Gestirns" usw. Das Kapitel 20 „Vom Schätze finden" zeigt die menschlichen Abgründe, die sich dabei auftun, denn das gefundene Geld gehört dem, der es vor kurzem vergraben hat oder seinen Erben. Es ist ein Verstoß gegen ewiges Recht. Daher im Gedicht der Schluss mit der Höllenglut.

Der Schatz bei Dietlingen soll von einem Geist bewacht worden sein. Darin ist das Übersinnliche in dieser Sage zu erkennen. Damals war es gängige Ansicht, dass unterirdische Schätze bewacht sind. In dieser Zeit ist es meist ein böser Geist, z. B. ein böswilliger Totengeist oder gar ein Teufel, der den Schatz hütet und ihn nicht hergeben will. Zu diesen Dingen könnten wir fast den Doktor Faust mit seiner Expertise befragen. Die Schatzsuche im Mittelalter unterscheidet sich von den Schatzsuchen der Neuzeit. Denn die Nutzung von Magie bei der Schatzsuche gehört eher zu den Schatzgräbergeschichten jüngerer Zeit. Bedeutsam war im Mittelalter die Suche nach einer besonderen Sorte von Schätzen: den Reliquien. Die nächste Sage gehört zu den unglaublichsten Sagen des Mittelalters.

Von Hexen und Katzen 1456

Einem Bauern aus Menzingen gaben einst seine Kühe keine Milch mehr. Seine Kuh war des Nachts los geworden. Als dies in der nächsten Nacht wieder geschah, wurde der Bauer stutzig und hielt in der folgenden Nacht Wacht im Stall. Als er schon eine geraume Weile im Stall versteckt saß, kam plötzlich eine schwarze Katze zum Vorschein und schlich hinter eine Kuh. Der Bauer sprang auf und prügelte sie mit dem Farrenschwanz zum Stalle hinaus. Anderntags lief eine Nachbarin mit dick verschwollenem Gesicht herum.

Diese Geschichte wird in Menzingen Dorfgespräch gewesen sein. Sagen von nächtlichem Stallspuk sind häufig überliefert, z. B. aus Flinsbach, Grötzingen, Durlach und Eichtersheim. Diese Vorgänge sind selbst heute unerklärlich. In früherer Zeit wurden derartige Sagen von Erzählern und Zuhörern auf eine bestimmte Weise verstanden: als eine den Hexen nachgesagte zauberische Fähigkeit. In den Dörfern „wusste" man, diese Katze war keine echte Katze, sondern das war in Wirklichkeit eine von der Nachbarin absichtlich erzeugte Katzen-Gestalt. Wegen ihres verschwollenen Gesichts ist nach der Volksmeinung so gut wie bewiesen, dass es die Nachbarin war, die den Bauern schädigen wollte.

Stallspuk, das bedeutet, die Tiere sind wegen Spukvorgängen völlig verängstigt, Kühe geben keine Milch mehr, die Schwänze der Pferde sind so zusammengeflochten, dass sie kaum mehr lösbar sind. Als Urheber dieser Vorgänge wird eine schwarze „Katze" vermutet. Wird eine solche „Katze" verletzt, so wird immer die Person selbst getroffen, die diesen Spuk verursacht hat, in unserem Fall die Nachbarin. Diese Person hat dann die entsprechenden Verletzungen an ihrem Körper – wie in dieser Sage.

Unglaublich? Gewiss. Was hat die Gestalt einer Katze mit der Nachbarin zu tun? Eine körperliche Verwandlung in eine Katze ist nicht denkbar. Aus Gerichtsakten von Hexenprozessen ist zu ersehen, dass nach

Dingen wie Hexensalbe und Zaubersprüchen gefragt wurde, mit denen es möglich sein soll, eine Katzengestalt zu erzeugen. Diskutiert wurde auch, ob solche Vorgänge durch Blendwerk des Teufels verursacht sind, also Trugbilder sind, die den Menschen vom Teufel eingegeben wurden. Es finden sich derartige Katzengeschichten nicht nur im bäuerlichen Bereich, sondern sie wurden auch von gebildeten Menschen dieser Zeit für möglich gehalten. Juristen und Geistliche haben früher an Derartiges geglaubt. Kritiker hielten dies für Unsinn.

Es gibt leider keine Anhaltspunkte dafür, zu welcher Zeit sich diese ungewöhnlichen Vorgänge in Menzingen ereignet haben sollen. Diese Geschichten gibt es seit Jahrhunderten, z. B. berichtet schon Johann Hartlieb 1456 davon in seiner Schrift *Das Buch aller verbotenen Künste*, Kapitel 33. Ebenso ist in dem 1487 erschienen Buch *Der Hexenhammer* davon die Rede.[1] Das alles in einer Zeit, die wir die Renaissance nennen, die Wiedergeburt der antiken Gelehrsamkeit.

Hat die Sage vielleicht einen wahren Kern? Es könnte um das zeitweilige Verlassen des Bewusstseins aus dem eigenen Körper gehen, also nicht um eine körperliche Verwandlung. Denn der Körper des Menschen, der die spezielle psychoaktive Salbe (Hexensalbe) anwendet, liegt während der Zeit der „Seelenexkursion“ (in Gestalt einer Katze) regungslos und bewusstlos da, das Bewusstsein befindet sich außerhalb des Körpers und hat sich feinstofflich als Katzengestalt „materialisiert“. Seelenexkursion, das kennen wir heute auch als Phänomen der „außerkörperlichen Erfahrung“ (AKE), etwas, das bei Erlebnissen der (spontanen) Nahtoderfahrung immer wieder berichtet wird[2]. Dies insbesondere während Operationen von Unfallopfern, die sich in Todesnähe befinden. Um die Vorgänge dieser Sage einigermaßen erklärbar zu machen, muss noch etwas dazukommen, was Psychokinese genannt wird, um hier auf die Tiere im Stall einwirken zu können. Sogar zu dieser unglaublichen Kombination werden heute Erfahrungen berichtet, veröffentlicht in spezieller Seelsorge-Literatur und in Schriften der Ethnologie.[3]

Zuletzt zu dem mutigen Bauern. Er legt sich im Stall mit einem Schlagstock (Farrenschwanz) auf die Lauer. Schwarze Katzen, das ist nichts Ungewöhnliches. Doch der Bauer hält die Katze für die Urheberin des Stallspuks, deshalb verprügelt er sie. Die Rätselhaftigkeit dieser Vorgänge ist einer der Gründe, warum es solchen Geschichten immer wieder gelingt, bis in unsere Zeit zu kommen.

Das Kurbrunnenweible

1400

Inmitten blühender Äcker und Felder, etwa eine halbe Stunde von Rauenberg entfernt gegen die Rheinebene, ist eine Schwefelquelle. Es ist der Kurbrunnen. Dort soll vor Zeiten ein Kloster gestanden haben. Eine pflichtvergessene Nonne sammelte in aller Heimlichkeit in einem eisernen Kasten Gold und Silber und vergrub es. Dafür wurde sie hart bestraft. Sie kann im Grabe keine Ruhe finden und erscheint in der Dämmerung oft den Leuten auf dem Feld als das Kurbrunnenweible.

Es geht um das Seelenheil. Da sie das Gelübde der Armut verletzt hatte, muss die verstorbene Nonne als Sünderin in der Dämmerung spuken, am Ort ihrer irdischen Hinterlassenschaft. Eine Strafe kann bei diesen und anderen Klostervergehen schon zu Lebzeiten erfolgen, z. B. wenn das verbotene Liebesverhältnis zu einem Mönch aufgedeckt wurde. In derartigen Sagen ist vom Einmauern die Rede oder die Nonne wird vom Blitz erschlagen.

In unserer Sage heißt es: „Dort soll vor Zeiten ein Kloster gestanden haben". Vermutlich ist das Kloster Lobenfeld bei Frauenweiler. gemeint. „Vor Zeiten" bedeutet, vor sehr langer Zeit. Eine der Nonnen, Kurbrunnenweible genannt, ist sündhaft an ihr vergrabenes Geld gebunden, eine Bindung, die sie loswerden will. Sammelt Schätze im Himmel, sagt ein Bibelwort. Hat die Nonne stattdessen Geld vergraben oder sogar Spendengeld veruntreut? Ihre Spukgestalt wird in weiteren Fassungen der Sage (nur) als weiße Frau bezeichnet, nicht als schrecklich leidender Feuergeist. Es geht wieder um lebenslange Gewissensbisse, die in dieser Sage selbst während des Sterbens nicht erledigt werden konnten.

Besser gemacht hat es eine Mystikerin dieser Zeit, die „gute Beth" (Elisabeth Achler, 1386–1420), die als Selige in Süddeutschland bekannt ist; eine der letzten Mystikerinnen des ausgehenden Mittelalters. Ihre Seligsprechung erfolgte aufgrund der Wunder, die berichtet wurden – Hilfen aus einer anderen Welt.

1302

Die Tempelritter in Neckarelz

In der katholischen Kirche zu Neckarelz befindet sich an der inneren nördlichen Langhauswand vor dem Chor als einziger Schmuck dieser Art der Grabstein eines als Templer oder Johanniter angesprochenen Priesters Conradus aus dem Jahre 1302, kurzweg Conradusstein genannt. Die jetzige katholische Kirche war ehemals die Templerkirche.

Der Orden der Tempelritter ist der berühmteste der christlichen Ritterorden. Die Ordensritter sollten Haudegen und spirituelle Christen zugleich sein, sollten mit weltlichen und geistlichen Waffen kämpfen – im Idealfall. Über die Tempelritter gibt es etliche Sagen. Doch gab es die Tempelritter im Kraichgau? Der Kraichgau bietet schon mit Freimaurern, Illuminaten, Rosenkreuzern, Burgen und Schlössern allerhand. Und Kürnbach (Nähe Eppingen) hat nachweislich das Deutschherrenhaus, eine Station eines weiteren christlichen Ritterordens, des Deutschen Ritterordens (Deutschherrenorden).

Das Templerhaus in Neckarelz ist ein hoch aufragendes elegantes Gebäude. Es wurde bereits in einer Sage von 1799 erwähnt. Dabei ging es um einen Geheimgang zum Schloss Neuburg. Das Gebäude wurde vor ca. 300 Jahren zur Kirche umgebaut. Der im Text genannte Conradusstein befindet sich im Inneren dieser Kirche.[1] Damit wäre alles, was der Text nennt, vorhanden. Nur dass das Gebäude Eigentum des Ordens der Templer war oder von ihnen als Templerkirche genutzt wurde, ist umstritten. Die weit überwiegende Ansicht geht davon aus, dass das Gebäude ehemals dem Ritterorden der Johanniter zuzurechnen war. In einer Urkunde aus dem Jahr 1300 werden hierzu nur die Johanniter genannt,[2] von den Templern ist darin nicht die Rede. Das Gebäude wurde, wie weitere Forschungen zeigen, nicht von den Templern genutzt, sondern von den Johannitern. Genauer gesagt sind dies die „Brüder vom Johannesspital zu Jerusalem“.

Wie kommen die Tempelritter in diese Geschichte hinein? Diese Frage hat schon manchen Forscher beschäftigt. Möglicherweise wurden im Laufe der Zeit von den Bewohnern dieser Gegend die Johanniter mit den Templern verwechselt. Auf diese Unsicherheit deutet auch unser Text hin. Dort heißt es, dass der Priester Conradus ein „Templer oder Johanniter" gewesen sei.

Noch einiges zu den Templern: dieser christliche Ritterorden wurde 1119 gegründet zum Schutz der Pilger auf ihrer Reise nach Palästina. Der Name ist abgeleitet von dem damaligen Sitz des Ordens, dem Tempelberg von Jerusalem, wo früher der Tempel Salomos stand. Die Templer waren eine streitbare Mischung aus Rittern, Mönchen und Investoren. Ihr Orden wurde reich durch Handel, Finanzgeschäfte sowie durch erhaltene Schenkungen. 1307 ließ der französische König Philipp IV. den Orden vernichten:[3] Am frühen Morgen des 13. Oktober 1307, einem Freitag, wurde der Großmeister des Ordens, Jacques de Molay und führende Templer verhaftet, jahrelang inhaftiert, vor Gericht gestellt, angeklagt wegen Häresie und Blasphemie, ihr Vermögen beschlagnahmt. Im Jahr 1314 wurden diejenigen Templer auf dem Scheiterhaufen verbrannt, die ihr unter der Folter erzwungenes Geständnis widerrufen hatten. Die wirklichen Gründe für die Vernichtung der Templer konnten nie aufgeklärt werden. Vermutlich waren die Templer zu mächtig geworden, was ihnen zum Verhängnis wurde. Als zweiter Grund wird der Reichtum des Ordens vermutet, weil man damit die königliche Staatskasse auffüllen wollte.

Eine weitere Sage dieser Rittermönche behauptet, einige Templer sollen 1307 nach Schottland entkommen sein und hätten dort die ersten Freimaurer-Logen gegründet. Auch wenn es keine eindeutigen Beweise hierfür gibt, es wäre immerhin möglich.

Templerhaus Neckarelz

1274

Der Ritter bei Tiefenbach

Ein Ritter, gewappnet mit einem guten Schwert, war des Nachts auf dem unheimlichen Weg zwischen Tiefenbach und Landshausen unterwegs. Dort war der Renningergeist, ein umherirrendes Spukwesen, das den Leuten Angst und Schrecken einflößte. Auf der Anhöhe nahe der Gemarkungsgrenze trat ihm ein Feuergeist entgegen. Der Ritter zog sofort blank und stach auf die Erscheinung ein. Diese löste sich in Nichts auf, aber ein übler, fauler Geruch verpestete die Luft. Im nächsten Augenblick hockte ihm der Geist auf den Schultern, und er musste die schwere Last tragen. Inzwischen am Wegekreuz angelangt, schlug der Ritter das Kreuzzeichen. Damit bannte er die schwere Geisterlast und zwang sie, zu entweichen. Der Ritter musste mit geschwollenen Schultern und blauem Rücken im Bett die Folgen dieses Erlebnisses ausheilen.

Die große Zeit der Ritter war das 11. bis 13. Jahrhundert. Ritter waren mittelalterliche Berufskrieger zu Pferde. Sie hatten adelige Abstammung. Ritter wurden sie erst, indem sie in den Ritterstand erhoben würden (Ritterschlag). Zu den ritterlichen Idealen gehörte neben der Beherrschung der Waffen die Treue gegenüber ihrem Lehensherrn sowie der Schutz von Witwen, Waisen und Bedrängten. Der Kirche war es gelungen, Ritter mit ihrem Kampfgeist zu den Kreuzzügen zu mobilisieren.

Unser Ritter wird in einen Kampf mit einem feurigen Geist verwickelt. Der Volksglaube sieht darin vor allem Geister, die aus dem Fegefeuer heraus spuken oder sogar Höllengeister, die aus der Hölle heraus spuken. Feuergeister haben brennende Probleme.[1] Die älteste Feuergeistersage stammt aus dem Jahr 1125 (Brüder Grimm, *Deutsche Sagen*, Nr. 284). Auf dem Konzil zu Lyon wurde das Fegefeuer 1274 „offiziell" definiert, seit dem 11. Jahrhundert wurde bereits darüber nachgedacht. Dass es Geister gibt, das war damals für die Kirche etwas Altbekanntes.

In den Schriften der Bibel begegnen uns diese Wesen immer wieder. Da gibt es das Nachtgespenst Lilith (Jes 34,14), es gibt Texte über Totengeister (1 Sam 28) und über Engel (Lk 2,9), die ja ihrer Natur nach zu den Geistern zählen.

Aufhocker zählen zu den unangenehmen Geistern. In den Sagen sind es meist abgelegene Gebiete, in denen Menschen Erlebnisse wie dieser Ritter haben (unheimliche Wege, einsame Gassen). Da gibt es Wanderer, die behaupten, ein Geist sei ihnen in solch einer Gegend auf den Rücken oder auf die Schulter gesprungen und sie mussten ihn schleppen, wobei er ständig schwerer wurde. Rational ließe sich diese Erfahrung so deuten, dass der Wanderer übermüdet oder betrunken war, ihm sitzt auf dem einsamen Weg die Angst im Genick, die sich mit jedem Schritt steigert. Durch plötzliches Glockengeläut, Lichter oder ein Gebet hört dieser Zustand plötzlich auf, der Wanderer wird aus seiner Angst gerissen.

Im Kampf mit diesem Geist, der nicht tot bleiben will, versucht der Ritter das Übernatürliche mit dem Schwert zu bekämpfen, was keinen Sinn macht. Der Gestank erinnert an den Schwefelgestank der Hölle. Die Geisterbegegnung endet beim Wegkreuz. Dieses Kreuz und das christliche Kreuzzeichen sind für den Geist zu viel, deshalb muss er weichen. Oder es ist dort sein Geisterrevier zu Ende, das er nicht überschreiten kann. Das ist ein häufiger Schluss in derartigen Sagen. Zurück bleibt ein Ritter, der das Bett hüten muss, mit der Diagnose geschwollene Schultern und blauer Rücken. Der Kontakt mit dem Übersinnlichen ist eben nicht für jeden gut.

1248

Albertus Magnus

Albert von Lauingen (1193–1280) gehört zu den erstrangigen mittelalterlichen Gelehrten: er ist Theologe, Philosoph, Naturwissenschaftler, seine Kenntnisse reichen bis in die Bereiche des Übersinnlichen. Dadurch bildeten sich abenteuerliche Sagen um ihn, die in ganz Deutschland bekannt wurden. So soll Albertus auf dem Rücken des Teufels nach Rom geritten sein. Es wird behauptet, er hätte das Schwarzpulvers erfunden, den Stein der Weisen besessen, Zauberbücher geschrieben und hätte an drei Orten zugleich Messen gelesen. Für die Theologen ist der Mann aus dem 13. Jhd. ein Heiliger, für die Gelehrten war er einer von ihnen. Er wird Albertus Magnus genannt, Albert der Große. Für das Volk war er Albertus Magus, Albert der Magier.

Albertus Magnus, der spätmittelalterliche Universalgelehrte, ist in der Welt des Geistes eine herausragende Persönlichkeit. Ebenso ist Albertus Magnus eine Gestalt der Sagenwelt. Als brillanter Denker war er im 13. Jahrhundert seiner Zeit durch Beobachtung und Experimente gut 300 Jahre voraus.[1] Als Philosoph, Theologe und Wissenschaftler hat er uns die Schriften Aristoteles zugänglich und verständlich gemacht.

Albertus war viel unterwegs. Zu dem Kraichgauort Bad Wimpfen gibt es eine Verbindung, wahrscheinlich war es Albertus, der das dortige Dominikanerkloster geweiht hat. In einer weiteren Sage zwingt Albertus den Teufel, ihn nach Rom zu tragen. Albertus Magnus war tatsächlich in Rom. Der Gottesmann ist stärker als der Teufel, das will diese Sage vermitteln.

Das Schwarzpulver ist eine nicht ganz ungefährliche Mischung aus Salpeter, Schwefel und Holzkohlepulver. Dass Albertus dieses Pulver als Sprengstoff erfunden hat, ist wenig wahrscheinlich. Es gibt einen weiteren Mönch, dem diese Erfindung zugeschrieben wird: Berthold Schwarz aus Freiburg (14. Jhd.). Doch auch er ist kaum der Erfinder des Schwarzpulvers, sondern er hat eher diese Mischung oder dessen Körnung verbessert, so dass es schneller, explosiver abbrennt.[2]

Durch seine Experimente als Naturforscher geriet Albertus in den Ruf eines Alchemisten. Tatsächlich hat er sich mit Chemie und Alchemie beschäftigt, was wenig bekannt ist. Die Alchemisten bewegen sich in ihren Laboratorien außergewöhnlich zwischen geistiger Welt und Naturwissenschaft, so wie auch Albertus zwischen Glaube und Wissen. Der Stein der Weisen ist in der eindrucksvollen Sprache der Alchemisten die geheimnisvolle Substanz, mit der sie unedle Metalle in Silber und Gold verwandeln wollen (Transmutation). Eine Alchemisten-Sage erzählt, dass Albertus durch seine Kenntnisse Gold herstellte und damit die Schulden des Bistums Regensburg beglich, dessen Bischof er zeitweise war. Eine Auflistung dieser getilgten Schulden ist noch vorhanden. Allerdings, die Tilgung könnte auch durch sein gutes Wirtschaften oder durch erhaltene Schenkungen zustande gekommen sein.

Die Zauberbücher: Es gibt tatsächlich Zauberbücher, die Albertus Namen als Verfasser tragen, sie wurden durch die Jahrhunderte immer wieder nachgedruckt. Die bekanntesten dieser Bücher heißen: *Le Grand Albert* und *Die Egyptischen Geheimnisse*. Zweifellos hat sich Albertus mit Wundern und Magie ausgekannt, ebenso mit der Astrologie, das gehörte zu den Interessen dieser Zeit. Doch Zauberbücher hat er nicht geschrieben, die angebliche Verfasserschaft wurde ihm unterschoben.

Zum Übersinnlichen gehört die Erzählung, dass Albertus an mehreren Orten zugleich gesehen wurde, an denen er zeitgleich Messen gehalten hat. Dieses Phänomen ist unter der Bezeichnung Bilokation bekannt. Besonders wird diese Fähigkeit von Heiligen erzählt.

Eine weitere Sage ist *Der Wintergarten*: Albertus hat am Dreikönigstag 1248 für den deutschen König in Köln ein Gastmahl auszurichten. Dabei verwandelt er die einfachen Wintergerichte wundersam in sommerliche Köstlichkeiten. Als die Tischgesellschaft danach greifen will, verschwindet der ganze Schein und die adligen Herren halten einander an den Nasen. Durch derart magische Erzählungen wurde der heilige Albertus Magnus zum Magier, so dass er vom Volk „Albertus Magus“ genannt wurde – Albert, der Magier.[3]

1140

Die Weiber von Weinsberg

Im Jahre 1140 belagerte der König Konrad III., der Hohenstaufe, die Feste Weinsberg, die dem Herzog Welf von Bayern gehörte. Dieser zog zwar zum Entsatze heran, wurde aber geschlagen, worauf die Festung, vermöge einer Übereinkunft, in Konrads Hände kam. Dabei hatte er aus königlicher Milde den Weibern die Erlaubnis erteilt, dass eine jede mitnehmen dürfe, was sie auf ihren Schultern tragen könne. Da gedachten die Frauen mehr an die Treue, die sie ihren Männern schuldig waren, als an die Rettung ihrer Habe, ließen alle Dinge fahren und eine jegliche nahm ihren Mann auf die Schultern und trug den von der Burgfeste herab. Als nun der junge Herzog Friedrich, der Neffe des Königs Einspruch tat, weil das nicht die Meinung des Vertrags gewesen wäre, und es deshalb nicht geschehen lassen wollte, so lächelte der König über den listigen Anschlag der Weiber und erklärte zu ihren Gunsten: dass ein Königswort unwandelbar bleiben müsse (regium verbum non decere immutari) – seitdem nannte das Volk die Burg „die Weibertreue".

Fast 900 Jahre sind wir inzwischen von unserer Zeit entfernt. Im Mittelpunkt der Ereignisse stehen die schwäbische Burg Weinsberg, der deutsche König Konrad III. und vor allem die heldenhaften Frauen in der belagerten Burg. Sind die Ereignisse in dieser Sage korrekt überliefert?

Die Belagerung, die Übergabe der Burg, die Angaben zu Zeit und Personen sind korrekt. Doch die Überlieferung zu der List der Frauen von Weinsberg wurde lange für unhistorisch gehalten, da ähnliches von weiteren Burgen erzählt wurde. Inzwischen wird diese Erzählung von Historikern für glaubwürdig gehalten, da sie bereits in zeitgenössischen Chroniken des 12. Jahrhunderts aufgezeichnet ist,[1] also in zeitlicher Nähe zu den Ereignissen. Erst im 16. Jahrhundert wird die Geschichte von weiteren Burgen erzählt, erst hier kommt es zu einem Übergang von Chronikberichten zu Volkssagen.[2] Anders gesagt, diese Sage ist nicht seit dem Jahr 1140 durch die Jahrhunderte in der Bevölkerung mündlich weitergetragen worden, sondern die Überlieferung blieb verborgen in den Büchern der Geschichtsschreiber, bis sich ab dem 16. Jhd. diese Erzählung an viele Burgen heftete, zu Sagen von diesen Orten wurde. Frühestens in dieser Zeit kam diese Geschichte als Wandersage im Umlauf. Wandersage, das bedeutet, dass die Ereignisse einer Sage auch von anderen Orten erzählt werden. Ist die Erzählung von der Burg Weibertreu historisch, hat sie sich also tatsächlich so ereignet, dann ist die Erzählung von den Weibern zu Weinsberg keine Sage, sondern der literarische Ausgangspunkt für die später entstandenen Wandersagen.

Die List und die Treue der Frauen werden bewundert. Wie sieht es für die Männer aus? Für diese geht es um Kopf und Kragen. Die Belagerten haben den Inhalt des Vertrags geschickt nach dem Wortlaut ausgelegt. Es wurde ihnen zugestanden, so viel mitzunehmen, wie sie auf ihren Schultern tragen können. Das war damals ein Kriegsrechtsbrauch.[3] Der Berater des Königs, Herzog Friedrich, erhob Einspruch, will den Vertrag nach Sinn und Zweck auslegen – doch dann wären die Männer als Gefangene abgeführt worden. Wie ist also der Vertrag auszulegen, nach Sinn und Zweck oder nach dem Wortlaut? Der König schmunzelt über die List der Belagerten. Von wem diese Idee, die Männer zu tragen, stammt, von den Frauen oder von den Männern, ist nicht überliefert. Konrad III. ließ die wörtliche Auslegung zugunsten der Verteidiger gelten, bewies damit königlichen Großmut und Sinn für Humor.

906

Die alte Handschrift

Auch in diesem fernen Jahrhundert wurden Sagen überliefert, gab es Volksglauben und außergewöhnliche Erfahrungen. Einblick in das Denken dieser Zeit gewährt uns eine alte kirchliche Handschrift. Von einer heidnischen Sagengestalt mit dem Namen Diana ist darin zu lesen, diese soll Frauen aus der Region zu einer Art Flug durch die Nacht mitgenommen haben.

In dieser Handschrift mit dem Namen Canon Episcopi steht: „... dass einige verruchte Frauen von den Vorspiegelungen und Hirngespinsten böser Geister verführt sind und glauben und behaupten, sie ritten zu nächtlicher Stunde mit Diana, der Göttin der Heiden und einer Menge von Frauen auf Tieren und legten in der Stille der Nacht weite Landstrecken zurück und gehorchen ihren (Dianas) Befehlen." Und weiter: „Die Priester müssen überall in den ihnen anvertrauten Kirchen dem ganzen Volk eindringlich predigen, dass diese Dinge vollkommen falsch sind."

So steht es in dieser alten Handschrift. Die „verruchten Frauen" gaben sich ab mit einer heidnischen Sagengestalt, der Göttin Diana. Ähnliches ist uns in der Sage vom wilden Heer (1780) begegnet. Beim wilden Heer sind es meist die Geister verstorbene Ketzer, Hexen und Zauberer, die wild mit Sturm und Geschrei durch die Lüfte jagen müssen und dabei Schäden anrichten. Dagegen macht die Diana mit ihren Frauen lediglich einen vergnüglichen (außerkörperlichen) Nachtflug durch die Landschaft, ohne jemanden zu schaden, eine Art „Seelenwanderung". Für die einen sind das Verrücktheiten, die Frauen behaupten, es sind echte Erlebnisse, die Kirche hat für solche Art heidnischer Ausflüge kein Verständnis.

Der Canon Episcopi ist eine Sammlung von kirchenrechtlichen Bestimmungen, die von dem Abt Regino von Prüm um das Jahr 906 zusammengestellt wurde. Diese Sammlung wurde von Bischöfen benutzt zur

Visitation ihrer Pfarrgemeinden. Damals war altes heidnisch-übersinnliches Denken in den christlichen Gemeinden noch vorhanden, es sollte aufgespürt werden. Exemplare dieser Handschrift sind erhalten.

Der Bischof sowie seine Pfarrer hatten bei den Visitationen Fragen zu stellen. Es musste z. B. gefragt werden, wer der Trunksucht verfallen war. Dann wurde dafür eine Buße bestimmt. Weitere Beispiele: Im 2. Buch des Canon Episcopi, Kapitel 252 heißt es: „Wer sich durch verführerische Umarmungen einer Frau oder durch einen Kuss befleckt, soll 30 Tage büßen.“ Kapitel 355: „Wenn einer dem Brauch der Heiden folgt und Seher und Wahrsager in sein Haus holt, damit sie gleichsam Unheil austreiben oder Zaubermittel erfinden, soll eine Buße von fünf Jahren ableisten.“

Die Dienste von Sehern und Wahrsagern zu nutzen, das war aus Sicht der Kirche Abweichung vom rechten, christlichen Glauben. Dasselbe gilt für die Ansicht der Frauen, die mit der Diana Streifzüge durch die Nacht fliegen würden. Davon handelt das Kapitel 371. Die Kirche ging gegen diesen offenbar weit verbreiteten (sündhaften) Glauben durch Predigt und Beichte vor. Allein schon, wer an die Sagengestalt der Diana und an den Flug mit ihr glaubt (und nicht wer das tut!), der soll mit einer Kirchenbuße bestraft werden. Dabei zeigt diese Vorschrift vernünftige Ansichten, denn die Flugerlebnisse werden als Einbildung bezeichnet. Es wurde schon die Einbildung bestraft, nicht der Flug selbst, der zudem auf körperliche Weise gar nicht möglich war. In den späteren Hexenprozessen ab dem 15. Jahrhundert wurde das anders gesehen. Die angebliche Flüge der Hexen zu ihren Versammlungen galten weitgehend als Realität, denn: die Hexen dieser Zeit sieht die Kirche als neue antichristliche Sekte und diese Hexen fliegen nicht mit der Diana, sondern sie fliegen mit Hilfe des Teufels!

800 Der Drache vom Michelsberg

Als dieser Berg noch eine Wildnis war, hatte ein feuerspeiender Drache dort seine Höhle. Er richtete auf dem Felde großen Schaden an und fraß jede Woche einen Menschen. Um sich von ihm zu befreien, gelobten die Bewohner der Gegend, auf dem Michaelsberg eine Kapelle zu bauen. Darauf gelang es den Priestern, den Drachen in seine Höhle zu beschwören, über die dann der steinerne Altar der Kapelle gesetzt wurde. Bald unternahm man zu ihr Wallfahrten.

Weder die Germanen, noch die Kelten, nicht einmal die Römer haben es fertiggebracht, diesen entsetzlichen Drachen zu erledigen. Erst den christlichen Priestern gelingt dies. Das zeigt die Überlegenheit der christlichen Religion. Der Text ist eine Mischung aus christlicher Legende und Volkssage, die wir der Zeit der Christianisierung und der Regierung von Kaiser Karl dem Großen um das Jahr 800 zuordnen können.[1]

Dieser schreckliche, feuerspeiende Drache wird nicht erschlagen oder erstochen, wie wir dies üblicherweise kennen, sondern er wurde von den Priestern „beschworen". In einer Variante dieser Sage heißt es, er wurde „gebannt". Beides bedeutet, der Drache ist nicht tot, sondern er wird – mit der Macht des Himmels – in eine Höhle unter der Kapelle gezwungen, die er nicht verlassen kann. Da der Altar ein geweihter Gegenstand ist und hier wohl auch Reliquien eingemauert sind, hat dort der Drache seine Macht eingebüßt.

Die St.-Barbara-Kapelle

620

Über die Gründung dieser Kapelle erzählt die Sage: Als in unseren Gauen das Christentum durch irische Sendboten im 6. Jahrhundert verkündet wurde, hatte ein fränkischer Häuptling bei Langensteinbach seine Burg. Seine einzige Tochter Barbara, die heimlich Christin geworden war, sollte mit einem heidnischen Fürstensohn die Ehe eingehen. Sie hatte aber ewige Jungfrauschaft gelobt, um Gott dienen zu können. Heimlich entfloh sie deshalb dem Elternhaus und wohnte im Walde. Ihr ergrimmter Vater aber stöberte sie in ihrem Versteck auf und enthauptete sie mit eigener Hand.

Doch da geschah das Wunder: Die Jungfrau lebte fort, sie ergriff ihr abgeschlagenes Haupt und trug es unter dem Arme herunter ins Tal, und wo die St.-Barbara-Quelle entspringt, entschlummerte sie eines sanften Todes. Die Bewohner der ganzen Umgebung bekehrten sich nach diesem unerhörten Ereignis zum christlichen Glauben. Vater und Bräutigam erbauten der Heiligen zum Angedenken die St.-Barbara-Kirche. Durch viele Wunder wurde die Stätte berühmt und zum vielbesuchten Wallfahrtsort.

Gehen wir weiter dem Fluss der Zeit entlang, gelangen wir in die Zeit der Germanen. Im 6. und 7. Jahrhundert begannen christliche Missionare, ihren Glauben an den einen Gott zu der germanischen Bevölkerung unserer Region zu bringen. Das ist der geschichtliche Hintergrund dieser Sage. Es ist zugleich der Beginn der Zeit, in der Sagen mit christlichem Inhalt entstanden sind.

Wie der Text zeigt, ging der Religionswechsel nicht immer harmonisch ab. Das Christentum, eine Religion, die aus dem Vorderen Orient stammt, traf hier auf germanische Kulturen.[1] Zu ihren Glaubensvorstellungen gehören Riesen, Drachen und Zwerge, Nixen und Walküren, gehören Midgard (Mittelerde) und Walhall, dazu germanische Götter wie Odin (oberster Gott), Donar (Donnergott) und Freyja (die Liebesgöttin).

Was diese Sage beschreibt, ist kein Einzelfall. Wunder dieser Art sind aus den Heiligenlegenden bekannt. So wird vom heiligen Alban von England und vom heiligen Dionysius von Augsburg das Wunder erzählt, dass sie nach ihrem Tod durch Enthaupten ihren Kopf in die Hände nahmen und ihn zu ihrer Grabstätte trugen. Das sind Geschichten, die die Menschen beeindruckten.

Die große St.-Barbara-Kapelle ist als Ruine gut erhalten. Sie befindet sich am Waldrand bei Karlsbad-Langensteinbach (Grenzbereich Kraichgau-Schwarzwald). Die Kapelle war früher ein Wallfahrtsort, das ist zutreffend. Das 7. Jahrhundert kommt allerdings als Bauzeit nicht in Betracht. Das Gebäude wurde um 1330 durch Mönche des nahen Klosters Herrenalb erbaut. Die Kapelle ist ein Anziehungspunkt für außergewöhnliche Phänomene, sie hat etliche Sagen zu bieten. Dazu zählen Gespenster- und Schatzsagen aus verschiedenen Jahrhunderten. Es spukt dort eine weiße Frau als Schatzhüterin (wenn man Glück hat) sowie der Geist des unwürdigen Mönchs, der dem Vater das Versteck der Barbara verriet. Er muss dort in der Gestalt eines kopflosen Geistes umgehen.[2] Den Sagen nach hat dieser Geist schon viele Besucher erschreckt. Dennoch ist die Ruine ein sehenswertes Bauwerk. Der Turm der Kapelle ist begehbar und bietet einen weiten Ausblick. Außerdem gibt es einen unterirdischen Gang, von dem mehrere Räume abzweigen, die sich erkunden lassen.

SAGEN AUS ANTIKER ZEIT

Der Wolfsbrunnen 500

Einst lebte auf dem Jettenbühel, wo jetzt das Schloss [Heidelberg] steht, eine Wahrsagerin namens Jetta. Sie hauste in einer heidnischen Kapelle. Die Menschen reisten von weit her zu dem berühmten Hügel unterhalb des Königsstuhls, um sich von der prophetischen Seherin die Zukunft vorhersagen zu lassen. Wer ihren Rat begehrte, dem pflegte sie die Antwort, ihr Gesicht mit den Händen verbergend, vom Fenster der Kapelle aus zu geben. Kurz vor ihrem Tode prophezeite sie die kommende Zeit: „Auf diesem Hügel werden Paläste erbaut, die von weisen Fürsten bewohnt werden!" Sie kündete von Jubel und Treiben im Tal, aber auch von grausigen kriegerischen Zeiten. An einem sonnig heißen Tag verließ die Seherin ihre Behausung. An einer rauschenden Quelle kniete sie nieder, um sich am frischen Wasser zu laben, als eine hungrige Wölfin mit ihrem Jungen sie angriff und tödlich verletzte. Seitdem heißt die Quelle auch der Wolfsbrunnen.

Die Seherin Jetta ist eine Gestalt aus nachrömischer Zeit. Sie hat die Spur eines außergewöhnlichen Lebens hinterlassen. Dieses Schicksal teilt Jetta mit einem berühmten Seher dieser Zeit, dem keltischen Druiden Merlin. Die Sagen von Merlin, König Artus, Avalon und vom heiligen Gral – sie gehören zu den großen Themen des mittelalterlichen Abendlandes.

„Sie hauste in einer heidnischen Kapelle." Gemeint ist wohl ein aus heidnischer Zeit stammendes kleines Gebäude. Es gab tatsächlich in römischer Zeit kleine Tempel, die gerade groß genug waren, um einem Götterbild Schutz vor Witterung zu geben. Die Beschreibung in der Sage erinnert an die germanische Seherin Veleda, die in einem Turm hauste. In Betracht kommt für das kleine Gebäude aus heidnischer Zeit auch ein ehemaliges keltisches Heiligtum.

„Kapelle“ bezeichnet ein kleines christliches Gebetshaus oder ein kleines Gebäude, in dem Reliquien aufbewahrt werden. Die Bezeichnung Kapelle wird seit dem 7. Jahrhundert verwendet. Es gibt auch Taufkapellen, Grabkapellen, alles kleine Gebäude für christliche Zwecke, doch die Bezeichnung „heidnische Kapelle“ ist nicht üblich. In einer Variante dieser Sage, die sich im Sagenbuch der Brüder Grimm findet, wird nur von einer Kapelle gesprochen.

„Die Menschen kamen von weit her“, heißt es in der Sage. Wir dürfen davon ausgehen, dass auch Ratsuchende aus dem nahen Kraichgau dabei waren. Gute Wahrsager haben oft ein weites Einzugsgebiet. Jetta verkündet das in der Zukunft Verborgene. Ihr Beruf ist nicht einfach, denn die Zukunft entspricht nicht immer unseren Erwartungen. Jetta wird als Wahrsagerin bezeichnet, als Seherin, sogar als prophetische Seherin. Zu Jettas Zeit gab es mehrere Wahrsagetechniken, dazu gehört die Traumdeutung, die Deutung der Runen, auch die Wasserschau. Jetta war eine Wahrsagerin, bei der diese Wahrsage-Verfahren nicht genannt werden. Es gab und gibt Begabte, die sich auf die gestellte Frage konzentrieren und dann nur ihre Intuition, ihre innere Stimme für die Deutung benutzen. Im Text der Sage heißt es, Jetta pflegte, wer ihren Rat begehrte, die Antwort vom Fenster der Kapelle aus zu geben, wobei sie ihr Gesicht mit den Händen verbarg. Das spricht mehr dafür, dass Jetta eine solche Begabte war, es verschaffte ihr zudem einen eindrucksvollen Auftritt.

Die Jetta-Sage dient ferner dazu, die Herkunft des Namens Wolfsbrunnen zu erklären. In der nächsten Sage geraten wir in die unruhige Epoche der Völkerwanderung, in die Zeit unserer germanischen Urväter samt ihren Heldensagen.

Der Siegfriedsbrunnen

425

Bei Odenheim fließt inmitten des schönsten Buchenwaldes eine in Stein gefasste Quelle unter einem mächtigen Eichbaum aus dem Berge. Daneben steht eine steinerne Bank, die aus uralter Zeit stammen soll. Hier soll kein Geringerer als Siegfried von Hagen erschlagen worden sein.

Die Nibelungensage ist der wohl bekannteste Erzählstoff dieser Zeit. Zunächst finden sich in dieser Heldensage märchenhafte Inhalte: Der Königssohn Siegfried erhält vom Zwerg Alberich eine Tarnkappe, mit der er sich unsichtbar machen kann, er erschlägt einen Drachen, badet in dessen Blut, so dass er unverwundbar wird, bis auf eine kleine Stelle am Körper. Zudem raubt Siegfried den Schatz der Nibelungen. Trotz all dem lässt sich vermuten, dass Siegfried tatsächlich gelebt hat.

Der jugendliche Siegfried kommt mit dem Ruf seiner Heldentaten nach Worms, um die schöne Königstochter Kriemhild zu heiraten. Vorrangiger Ort der Sage ist das Reich der Burgunden mit ihrer Hauptstadt Worms. Siegfried wird am Wormser Hof in Intrigen verwickelt, Hagen will Siegfried ermorden. Um seinen Plan auszuführen, wird eine Jagd im Odenwald bestimmt, zu der auch Siegfried eingeladen ist. Hagen führt seinen Plan bei einer Quelle aus, als Siegfried sich niederbeugt, um vom Wasser der Quelle zu trinken. Hagen wirft einen Speer auf Siegfried, genau auf die Stelle, an der er verwundbar ist. Diese Tat soll sich an einer Quelle „bei dem Dorf Odenhain" ereignet haben. Odenheim ist einer der möglichen Orte dieses Ereignisses. Die Szene um Siegfrieds Ende wurde dort in Stein gefasst. Die Steinplatte ist über der Quelle bei Odenheim zu sehen.

Die Ereignisse der Sage von Siegfried, den Nibelungen und Burgunden lassen sich der Zeit des frühen 5. Jahrhunderts zuordnen. Einige Jahre später wird das Reich der Burgunden 436/437 von Römern und Hunnen vernichtet. Der Schatz der Nibelungen, den Hagen an einer geheimen Stelle im Rhein versenkte, ist der bekannteste Schatz der deutschen Kulturgeschichte. Ob es ihn gibt, bleibt strittig.

230

Römische Sagen im Kraichgau

Der Kraichgau gehörte damals zum Römischen Weltreich. Um 230 n. Chr. werden hier heidnische Götter verehrt. In Stettfeld steht ein Götterrelief mit Apollo, Minerva und Merkur. Zu Remchingen gehört ein Viergötterstein, in Brackenheim-Hausen ist ein Wochengötterstein zu sehen. Diese Götter waren hier immer präsent, samt ihren Sagen.

Seit den 70er Jahren des ersten Jahrhunderts besetzten die Römer den Kraichgau. Sie errichteten den Limes und bauten Straßen, die militärisch und für den Handel wichtig waren. Das römische Stettfeld lag an einer Vierstraßenkreuzung, das war ein idealer Ort für den Handel. Stettfeld hatte damals bis zu 800 Einwohner sowie mehrere Handwerksbetriebe.[1]

Nun zu den Sagen: In den Göttersagen[2] geht es nicht wie bei den Volkssagen um persönliche Erlebnisse der Menschen in ihrer Welt des Alltags, sondern um die ganz bedeutsamen Vorgänge: die Erschaffung von Himmel und Erde (Mythen), die Taten von Göttern, sowie um die Erlebnisse zwischen Göttern und Menschen. Zu Minerva, der Göttin der Handwerker, konnten die Handwerker Bittgebete schicken für gutes Gelingen. Apollo ist ein griechischer Gott, der von den Römern übernommen wurde. Er ist u. a. zuständig für Heilkunst und Weissagungen. Merkur ist der Gott des Handels, des guten Gewinns, des geschickten Verhandelns und – der Gott der Diebe. Einer Sage nach hat Merkur dem Gott Apollo 50 Rinder gestohlen. Die Händler von Stettfeld konnten Merkur z. B. versprechen, bei einem guten Vertragsabschluss Merkur 10% des Gewinns zukommen zu lassen.

Die Menschen erwarteten einiges von den Göttern: man konnte gewissermaßen mit ihnen einen Vertrag abschließen. Der Mensch gab Gebete und Opfer, die Götter gaben eine Gegenleistung z. B. eine Heilung („do ut des“). Wunder zu wirken, das gehört ja zur Tätigkeit der Götter. Doch nicht immer gab es für die Menschen das Gewünschte.

Der Wochengötterstein zeigt sieben Götter, die den einzelnen Wochentagen zugeordnet waren, was auf die sieben Planeten verweist: Sol = Sonntag, Luna = Montag, Mars = Dienstag, Mercurius = Mittwoch, Jupiter = Donnerstag, Venus = Freitag, Saturnus = Samstag.

Über was werden sich die Bauern, Handwerker, Händler, Beamten und Legionäre damals im Kraichgau in ihrem Latein unterhalten haben? Über die Arbeit und das Geld, über die kalten Winter, über den neuen sauren Wein, den man nur mit Honig gesüßt trinken konnte, und bestimmt auch über die Schönheit der alemannischen Frauen, die hier auf dem Gebiet östlich des Limes manchmal zu sehen waren. Wer sich über nichtalltägliche Themen unterhalten wollte, der fand in der Antike genug Gesprächsstoff. Da gab es die Sagen vom Akephalos, dem kopflosen Geist, oder die Überlieferung von dem Nachtgespenst Lilith, das in der Bibel erwähnt wird.[3]

Wer Latein sprechen und schreiben konnte, der bekam Einblick in die gesamte antike Welt, in Literatur, Philosophie und Mythologie. Die Gebildeten werden etwas philosophiert haben, über Platon und Aristoteles, über die Frage, wieso etwas ist und nicht vielmehr das Nichts (diese Frage ist so alt wie ungelöst), weiter über die Unsterblichkeit der Seele, über Ovids Metamorphosen etc. In dieser Zeit waren die Ansichten des Pythagoras wieder modern. Pythagoras, eine legendäre Geistesgröße der Antike (6. Jhd. v. Chr.), war nicht nur ein griechischer Mathematiker, sondern auch Weisheitslehrer (Philosoph) und Wundertäter. Als Neupythagoreer werden die Anhänger des Pythagoras dieser Zeit bezeichnet. Eine ihrer Lehren war, dass die Seele unabhängig vom Körper sei. Dazu kamen Zahlenspekulationen und Astrologie. Das bot Gesprächsstoff, besonders mit den ersten Christen unter den Legionären – der Religion einer neuen Zeit.

1

Vom Anfang einer neuen Zeit

Auf römischen Kupfermünzen, die auch im Kraichgau im Umlauf waren, ist die Sagengestalt des doppelköpfigen Gottes Janus zu sehen, dabei vorwärts und rückwärts blickend, in die Vergangenheit und in die Zukunft. Der erste Januar wurde von den Römern zu Ehren des Janus gefeiert. Neben den Festlichkeiten war das eine Zeit zum Nachdenken über das, was war, über das, was ist und über das, was kommen wird.

Der Kraichgau grenzte zu dieser Zeit an das Römische Weltreich. Das Gebiet westlich des Rheins war römisch besetzt. Das Gebiet des Kraichgaues war zwar nicht besetzt, doch weitgehend von den Römern kontrolliert. Das war im Jahr 1 der Stand der Dinge.

Auch wenn wir hier am Beginn einer neuen Zeitrechnung stehen – die christliche Zeitrechnung gab es damals noch nicht. Erst im 6. Jahrhundert wurde begonnen, die Jahre „nach Christus" zu zählen. Auch das Jahr Null gab bzw. gibt es nicht. Denn wenn wir ab dem Jahr 1 n. Chr. rückwärts zählen, folgt in unserer Zeitrechnung nicht das Jahr Null sondern das Jahr 1 v. Chr.[1]

Von der oben erwähnten römischen Kupfermünze dieser Zeit, die As genannt wird, gab es mehrere Serien, auf den Münzen einer Serie ist das Bild des doppelköpfigen Gottes Janus zu sehen, dabei vorwärts und rückwärts blickend. So sind römische Göttersagen im antikem Münzumlauf erhalten – summa summarum das Geld und Geist in einem.[2]

Der erste Januar wurde im Römischen Reich zu Ehren des Janus gefeiert. Dieser Tag war schon damals ein Orakeltag, man wollte die Zukunft erkunden. Der erste Januar ist so gesehen ein „ominöser" Tag.[3] In den Jahren um Christi Geburt regierte in Rom Kaiser Augustus. Dieser Kaiser war ein Freund der Astrologie, Voraussagen zum Imperium und über den Kaiser wurden jedoch von ihm verboten.

Druiden und die andere Welt

100 v. Chr.

„Den Druiden obliegen die Angelegenheiten des Kultus, sie richten die öffentlichen und privaten Opfer aus und interpretieren die religiösen Vorschriften. Der Kernpunkt ihrer Lehre ist, dass die Seele nach dem Tod nicht untergeht, sondern von einem Körper in einen anderen wandere. Sie stellen häufig Erörterungen an über die Gestirne und ihre Bahn, über die Größe der Welt und über die Macht der unsterblichen Götter und vermitteln dies alles der Jugend." (Nach Caesar, 100–44 v. Chr., *De bello Gallico*, 6. Buch, Kapitel 13–15)

„Die Druiden glauben an die Unsterblichkeit der Seele." (Poseidonios, ca. 135–51 v. Chr.)[1]

Damals lebten die Kelten im Kraichgau. Ihre Druiden werden als vorchristliche Hüter religiösen und esoterischen Wissens gesehen. Die keltische Bezeichnung Druide bedeutet „der Sehr-Weise" oder „derjenige, der sieht, was der Normalsterbliche nicht wahrnimmt". Damit sind wir nahe bei den Themen unserer Sagen.

Die Druiden waren religiöse Autoritäten, geschätzte politische Berater und Richter. Sie kannten sich aus beim Zusammenhang von Geist und Natur. Die Ausbildung der Druiden dauerte bis zu 20 Jahre. Viele ihrer Lehren waren geheim. Der oben genannte Poseidonius war ein griechischer Philosoph, Historiker und Astronom,[1] der zu Beginn des 1. Jahrhunderts v. Chr. nach Gallien (linksrheinisches Gebiet) reiste. Er hatte dort persönlichen Kontakt zu einigen Druiden, so dass er authentisch von ihrem Glauben an die Unsterblichkeit der Seele berichten konnte. Dieser Glaube und das Leben in einer angenehmen anderen Welt muss für die Römer und Griechen schwer verständlich gewesen sein, denn diese hatten andere Ansichten. So beschrieb es damals der Philosoph Lucanus.

Die Druiden konnten also sehen, was die gewöhnlichen Menschen nicht wahrnehmen. Es ist ein Sehen in der sichtbaren und in der unsichtbaren Welt. Die Druiden glaubten, dass die Seele unsterblich ist, dass sie am Lebensende in einer anderen Welt weiterlebt, in der sie einen anderen Körper hat. Diese Welt wird als „Anderswelt" oder „Die andere Welt" oder „Autre Monde" bezeichnet. Mit dem christlichen Jenseits (Himmel, Hölle, Fegefeuer) hat diese Welt wenig gemeinsam. Die Anderswelt befindet sich nach keltischer Ansicht zudem nicht unter der Erde oder im Himmel, sondern ist eine Parallelwelt, sie befindet sich gewissermaßen überall neben uns. Das ist eine überzeugende Alternative im Vergleich zu den Jenseitsvorstellungen anderer Religionen.

Leider haben uns die Kelten so gut wie keine schriftlichen Aufzeichnungen hinterlassen, obwohl sie die griechische und lateinische Schrift kannten. Von den Kelten in Irland ist wenigstens die Ogham-Schrift überliefert, die zu rituellen Zwecken benutzt wurde. Einblick in das Denken der Kelten gewähren uns ihre Münzen. Die Kelten prägten seit dem 3. Jhd. v. Chr. Münzen. Diese waren nicht nur Zahlungsmittel, sondern enthielten auch Botschaften in ihren geprägten Bildern. Wir kennen Münzen mit dem Symbol des Januskopfes, Münzen mit der Vereinigung von Sonne und Mond (Vereinigung der Gegensätze). Dazu Münzen mit Motiven von Tieren sowie von phantastischen Tieren. So haben die Kelten ihre Sagen und ihre Philosophie in Münzen geprägt und bei uns in Umlauf gebracht.[2]

Eine keltische Sage sei noch erwähnt. Diese war zumindest in Britannien bekannt. Die Fee Niamh aus dem Land der Jugend ritt am nebelverhangenen Ufer des Longh Leane, sie trifft dort Oisin, der sich in sie, die Fee mit dem Goldhaar, verliebte. Gemeinsam ritten sie in den See und in die Anderswelt. Dort ist Überfluss vorhanden und weder Tod noch Verfall, es gibt Silber, Gold und Edelsteine. 300 Jahre lebte Oisin in der Anderswelt mit Niamh zusammen, ohne einen Tag älter zu werden. Doch er sehnte sich nach seiner Heimat. Obgleich Niamh ihm sagte, dass nichts mehr so sei, wie es gewesen war, bestand Oisin darauf, seine Heimat wiederzusehen. Niamh gab nach, warnte ihn aber davor, den Fuß dort auf den Boden zu setzen. Oisin gelangte wieder in die diesseitige Welt. Doch die Burg seines Vaters ist eine zerfallene Ruine und sein Vater lebt nur noch in der Erinnerung seines Volkes. Oisin vergaß Niamhs Warnung, er steigt vom Pferd, um sich an einem Trog zu waschen. Als sein Fuß den Boden berührt, altert er um 300 Jahre.[3]

Der Menhir von Schatthausen

450 v. Chr.

In der Nähe von Schatthausen steht ein besonderer Stein. Er wird der Menhir von Schatthausen genannt, auch als Heidensäule oder als der lange Stein bezeichnet. Unbeschriftet steht er da und fordert uns auf: „Enträtselt, aus welcher Zeit ich komme, enträtselt, was ich damals erlebt habe."

Dieser besondere Stein befindet sich außerhalb des Ortes Schatthausen,[1] ist ca. 2,5 Meter hoch, besteht aus Sandstein und ist rund geformt. Wir können annehmen, dass der Stein ursprünglich als Stele zu einem eisenzeitlichen Hügelgrab gehörte. In der Umgebung von Schatthausen sind Hügelgräber aus der Eisenzeit bekannt, aus der Hallstatt- und La-Tène-Zeit. Im Kraichgau gibt es viele dieser Hügelgräber: in Eppingen, Schwaigern, Bad Rappenau, Sinsheim, Eichelberg, Hoffenheim, Ehrstädt, auch in Fürfeld, Richen, Gemmingen, Weingarten, Königsbach, Wössingen sind Hügelgräber zu entdecken.

Nun dürfen wir nicht erwarten, dass eine keltische Sagenschicht aus der Eisenzeit in mündlicher Überlieferung durch die Jahrhunderte bis in unsere Zeit gelangen konnte, sei es in veränderter oder unveränderter Gestalt. Was die Welt der Sagen mit den Hügelgräbern verbindet, sind die Erlebnisse der Menschen mit den Grenzbereichen unserer Welt, Schatzräubersagen sowie Totensagen sind es, die an solche Gräber anknüpfen.

Gab es bei den Kelten Kontaktversuche der Lebenden zu ihren Ahnen? Der Arzt und Dichter Nikandros von Kolophon überliefert uns bereits aus dem 2. Jahrhundert v. Chr., die Kelten hätten zur Vorhersage der Zukunft mit ihren Toten Zwiesprache gehalten. Dazu verbrachten sie die Nacht neben den Gräbern ihrer Familienmitglieder, in der Hoffnung, die Verstorbenen zu erreichen, eine Botschaft von ihnen zu empfangen.[2] Uralte Wurzeln von Schatzräubersagen liegen in der Zeit dieser Hügelgräber, da in den Gräbern Schätze (Grabbeigaben) vermutet wurden.[3] Die Ansichten, die aus dem alten Glauben entstanden sind, dass der Tote in der anderen Welt weiter existiert und dass die Grabbeigaben sein Eigentum sind, bilden die Grundlage für die aus jüngerer Zeit stammenden unheimlichen Sagen von der Begegnung des Schatzgräbers mit der Totenseele des Grabes.

Gut erhalten sind Hügelgräber aus dem nahen Eppingen. Sie sind einen Besuch wert, auch wenn sie nach 2.500 Jahren einiges an Größe eingebüßt haben. Diese Gräber befinden sich in der Nähe der Eppinger Linien. Dort kann man auf Spurensuche gehen.[4] Gut erhalten sind besonders die kleineren Hügelgräber; die größeren mit Durchmessern von bis zu 17 m sind in der Mitte aufgegraben. Das prunkvollste Hügelgrab wurde in Dühren entdeckt, es enthielt Gegenstände aus Edelmetall. Zu erwähnen sind die frühen Grabungen des Pfarrers Karl Wilhelmi (1786–1872) aus Sinsheim.

Wir können noch einen Blick auf zeitlich parallele Entwicklungen werfen. Die keltische Kultur war den Griechen bekannt, sie haben diese Bevölkerung keltoi genannt, Kelten. In Griechenland entwickelte sich damals ein neuer Naturgedanke, es wurde von antiken Philosophen nachgedacht, wie die Welt entstanden ist, es wurde nachgedacht über Materie und Geist und ob der Mensch eine unsterbliche Seele hat (an diesen Fragen arbeiten wir heute noch). Bisher hatten Mythen und Religionen diese Fragen beantwortet. Diese uralten Erzählstoffe, die Mythen von der Erschaffung der Welt und die Göttersagen genügten den Naturphilosophen nicht mehr. Empedokles (ca. 480 bis ca. 430 v. Chr.) war einer dieser griechischen Naturphilosophen. Er entwickelte um 450 v. Chr. die Lehre von den vier Elementen: Feuer, Wasser, Erde und Luft. Nur wenig jünger ist aus diesem Jahrhundert die konkurrierende Lehre von Leukipp und Demokrit: Alle Dinge unserer Welt bestehen aus Atomen.

SAGEN VON URALTER ZEIT

Ein Riese auf dem Steinsberg

1000 v. Chr.

Auf diesem Berge herrschte in grauer Vorzeit ein mächtiger Riese, der oft Hirten und Reisende beraubte, und wenn sie sich wehrten, mit sich nach seiner steilen Felsenburg schleppte, wo er sie den Hungertod sterben ließ. Nahte er auf wildem Streitrosse, so brausten die Lüfte wie stürmisches Waldesrauschen, schlug er mit seiner Wehr an ein Haus, so fiel es in tausend Stücke. Nicht weit von der Riesenburg lag ein liebliches Tal, und in diesem wogte ein tiefer, grün umwaldeter See.

Ein holdes Mägdlein ging einst am Ufer entlang. Da brach der Bergriese aus dem Dickicht hervor, ergriff die zitternde Jungfrau und riss sie mit sich fort. Auf einmal entwand sich die Gefangene den todbringenden Händen des Riesen, rief den Himmel zum Beistand an und sprang wagemutig in den grünlichen See. Und wunderbar! Sie versank nicht in den Wellen, denn unsichtbare Hände trugen sie sanft über das Wasser hin zum jenseitigen Gestade. Voll Wut wollte der Riese der Flüchtigen nachsetzen, aber die Wellen schlugen über dem Räuber zusammen und begruben ihn in ihren geheimnisvollen Tiefen.

Weit zurück verlegt der Sagenerzähler die Geschichte des Riesen vom Steinsberg. „In grauer Vorzeit", heißt es im Text, soll ein Riese hier geherrscht haben. Die Beschreibungen seiner Taten sind stark übertrieben. So heißt es: „schlug er mit seiner Wehr an ein Haus, so fiel es in tausend Stücke". Riesen wohnen – den Sagen nach – gern im hohen, wilden Gebirge. So etwas hat der Kraichgau nicht, doch immerhin den auffallenden Berggipfel eines erloschenen Vulkans, den Steinsberg. Zu sehen ist dieser beim Dorf Weiler, einem heutigen Ortsteil von Sinsheim. Dort befindet die imposante Burgruine Steinsberg. Dieser hohe Vulkankegel ist ein standesgemäßer Wohnsitz für einen Riesen.

Geschichten von Riesen sind uns wohl allen bekannt. Es gibt den Riesen Rübezahl, eine überregionale Sagenfigur. Nach ihm ist das Riesengebirge benannt. Es gibt Riesensagen aus uralter Zeit, dazu zählen die Riesensagen der Bibel (Genesis, Kap. 6). Wir kennen aus den Irrfahrten des Odysseus den Kampf mit dem Riesen Polyphem. Manche Riesensage wird entstanden sein aus der Deutung großer germanischer und keltischer Begräbnisstätten, den Hünengräbern. Auch die Deutung seltsamer großer Naturgebilde mag Anlass zu Riesensagen gegeben haben. Da ist z. B. die Anhäufung der großen Steine des „Felsenmeeres" im Odenwald zu nennen (ätiologische Sage).

Riesen gehören eigentlich der Geisterwelt an, wie auch die Zwerge. So ist der Riese Rübezahl ein Berggeist. Andere Riesen sind große, extrem starke Menschen. In weiteren Riesensagen symbolisieren Riesen die starken Naturkräfte. Ein anderer Grund für das Entstehen von Riesensagen sind die gefundenen Überreste von Tieren aus der Urzeit, z. B. Mammutknochen, die als Knochen von Riesen gedeutet wurden.

Das zweite Thema dieser Sage ist ein Frauenraub. Riesen, Wassermänner, böse Zauberer, der wilde Jäger – sie gehören zu den Sagengestalten aus vielen Jahrhunderten, die schon mal eine Frau rauben, jedenfalls derartigen Sagen nach. Sogar der Teufel raubt nicht nur Seelen, sondern gelegentlich auch eine Frau, ebenfalls den Sagen nach. Riesen sind zwar riesengroß und mächtig, gelten aber als nicht sehr intelligent, was in dieser Riesensage zu sehen ist.

Steinsburg

Wie das Rheintal entstand

Vor 20 000 Jahren

In uralten Zeiten war die weite Ebene am Oberrhein von den Schwarzwaldbergen bis hinüber zu den Vogesen und vom Odenwald bis zur Hardt ein riesiger See. Damals hausten auf dem Turmberg bei Durlach Riesen, die Seeräuber waren. Es gelang, ihren Anführer gefangen zu setzen. Dieser versprach den Siegern, er werde ihnen das obere Rheintal trocken legen, wenn sie ihm als Dank die Freiheit schenkten. Gerne nahm man das Anerbieten an.

Der Riese fuhr auf das Wasser hinaus bis zu der Felswand, die quer durch das Tal lief und den See absperrte. Er arbeitete viele Monate lang. Plötzlich wich der Fels dem Druck des Wassers und mit gewaltigem Rauschen schossen die Fluten durch das Loch und brachen es weiter aus. Der Strudel erfasste den Riesen und zog ihn in die Tiefe, wo er jämmerlich ertrank. Nun hatte das Wasser einen freien Abfluss. Rasch senkten sich die Fluten des Sees, und seitdem fließt der Rhein als mächtiger Strom durch das „Binger Loch" ins Meer ab.

So märchenhaft diese Geschichte vom Rhein und dem Riesen klingt – etwas Wahres ist auch in dieser Sage enthalten. Dass Riesen auf dem Turmberg, also am Rande des Kraichgaues, gelebt haben, das dürfen wir als phantastisch ansehen. Die Veränderungen der Landschaft in diesen langen Zeiträumen waren jedoch real. Das Binger Loch ist eine Engstelle im Durchbruchsbereich des Rheins durch das Rheinische Schiefergebirge. Würde hier der Rhein nicht durchfließen in Richtung Nord, dann könnte tatsächlich die Oberrheinische Tiefebene voll Wasser geraten und wir hätten einen riesigen See im Kraichgau.

Dieser Durchbruch des Rheins war nur durch gewaltigen Kraftaufwand zu schaffen, was nach alter Ansicht eben nur Riesen vermögen. Soweit wurde in der Sage folgerichtig, wenn auch mit viel Fantasie gedacht: An diesem schmalen Durchbruch haben der Rhein und der Ur-Rhein gearbeitet und nicht ein Riese. Die Binger Engstelle war lange Zeit für die Schifffahrt ein gewaltiges Hindernis. Bis ins 17. Jahrhundert war hier das Ende der Rhein-Schifffahrt. Die Schiffe mussten bei Bingen ausgeladen werden. Die Waren wurden dann über die Felsenbarriere auf die andere Seite verbracht, wurden also umgeladen. Erst durch Sprengungen an dieser Engstelle des Rheins wurde im 17. Jahrhundert eine passable Durchfahrt geschaffen.

Die Sage versucht einen Vorgang zu erklären, der in alter Zeit geschehen ist. Vor 20 000 Jahren begann der Rhein sich in die Schotter der Oberrheinischen Tiefebene einzuschneiden und die heutige Rheinniederung zu formen (Christiane Schmid-Merkl: *Der Oberrhein*, 2016, S. 34). So alt ist die Sage natürlich nicht. Der Zeitpunkt des Ereignisses (vor 20 000 Jahren) und das Alter der Sage sind hier sehr verschieden. In älterer Zeit floss der Alpenrhein zur Donau ab. Noch früher gab es dort den Ur-Rhein, der nördlich des Kaiserstuhls entsprang und der dazu aus den Quellen des Nordschwarzwalds und der Vogesen ergänzt wurde.

Eine Geschichte aus der prähistorischen Schatzkammer hat der Kraichgau noch zu bieten, es ist die Geschichte des Urmenschen von Mauer.

Der Urmensch von Mauer

Vor 600 000 Jahren

„Heut hab ich de Adam gfunne" – mit diesen Worten soll 1907 der Sandgrubenarbeiter Daniel Hartmann seinen Urzeitfund bekannt gemacht haben: die Entdeckung eines 600 000 Jahre alten menschlichen Unterkiefers in einer Sandgrube zwischen Mauer und Wiesental, nahe Heidelberg. Es war ein bedeutsamer Schritt zur Enträtselung der ewigen Frage nach dem Woher und Wohin des Menschen.

Dass es sich nicht um einen Überrest des biblischen Adam handelt, das war den wissenschaftlich Gebildeten klar.[1] Schon gut 50 Jahre zuvor, nach der Entdeckung des Neandertalers (1856) wurden die Fragen der Existenz des ersten Menschen zwischen Kirchen und Wissenschaft (Evolutionsbiologie) heftig diskutiert – ist der Mensch nur das Ergebnis der Evolution? Ist der Mensch mit seinem Bewusstsein nur ein Wesen materieller Natur?

Nicht nur wir, sondern auch die Menschen vor 600 000 Jahren waren mit der äußeren und der inneren Welt befasst. Da war die gefährliche Jagd, schließlich durchstreiften Löwen, Bären und andere Raubtiere den Kraichgau. Das war die Frage des Überlebens. Und da war die Macht des Feuers. Von der Entdeckung des Feuers erzählen viele Sagen. Etwas anderes waren die Erfahrungen dieser Urzeitmenschen aus ihrem Inneren, aus ihrer Seele. Da war z. B. ein Traum, in dem ein verstorbener Angehöriger erschien. Das ist etwas, das auch uns immer wieder begegnet.

Abends saßen unsere steinzeitlichen Vorfahren vor vielen Jahrtausenden vor einer kleinen Felswand am Lagerfeuer, die mutigen Jäger sahen zu den hübschen Sammlerinnen hinüber, man sprach über die Jagd, über alltägliche und nichtalltägliche Dinge. Die Flammen des Feuers zauberten Schatten an die Felswände, deren Landschaft in tausenden Jahren einmal „der Kraichgau" genannt sein wird.

EINIGE WORTERKLÄRUNGEN

Zum **Aberglauben** ist in der Sage von 1880 Die Wasserguckerin von Zeutern einiges gesagt. Aberglaube ist das, was im Bereich des „Übersinnlichen" dem christlichen Glauben bzw. der wissenschaftlichen Erkenntnis widerspricht. Aberglaube ist ein negatives Etikett, das auch die Konnotation Dummheit enthält. Das Wort wird im kirchlichen Bereich verwendet, häufig im Sinn von Resten des heidnischen Weltbildes einschließlich Magie und Orakel. Einfacher Aberglaube ist z. B. der Glaube an die „Unglückszahl" 13 oder dass Hufeisen Glück bringen würden. Von wissenschaftlich arbeitenden Astronomen wird meist die Astrologie (Horoskope) als Aberglaube bezeichnet. Für die Volkskunde sind die Überlieferungen zum Aberglauben eine Fundgrube von Formen alten Volksglaubens.

Legenden sind den Sagen ähnlich. Es handelt sich um Erzählungen aus dem Leben von religiös besonders bedeutsamen Personen, meist von Heiligen. Legenden sind wie die Sagen historisch unverbürgt. Auch der Legende soll geglaubt werden. Es wird von Wundern erzählt, die mit Gottes Hilfe geschehen sind. Dieser religiöse Bereich grenzt die Legende von der Sage ab. Das Wort „legendär" kann auch bedeuten: erstaunlich, unglaublich. Manchmal werden Sagen als Legenden bezeichnet.

Märchen ssind im Gegensatz zu den Sagen fantastische dichterisch geformte Geschichten. Die Orte der Märchen sind auf keiner Landkarte zu sehen, ihre Personen (Könige, Prinzessinnen, Riesen) haben nie gelebt. In der Märchenwelt ist das Übersinnliche normal, Feen und Zauberer sind darin ganz selbstverständliche Gestalten, die in die Welt der Menschen eingreifen. Das ist ein weiterer Unterschied zu den Sagen.

Das Paranormale ist das, was die Parapsychologie erforscht. Es sind Eigenschaften, die neben den „normalen" Eigenschaften der Natur, die die Wissenschaften erforschen, stehen. Zum Paranormalen gehören z. B. Spuk, Gedankenübertragung, Erscheinungen, Außerkörperliche Erfahrungen, Alchemie.

Parapsychologie: Dieser Begriff ist in den Erläuterungen und Anmerkungen zu der Sage von 1894 „Im Wandel der Zeit" erklärt.

Sagen: Sagen sind meist kurze Geschichten, die von ungewöhnlichen Erlebnissen erzählen. Diese Erlebnisse werden häufig als übersinnlich, übernatürlich bezeichnet oder als unerklärlich. Im Gegensatz zu den Märchen sollen sich diese Begebenheiten tatsächlich ereignet haben. Da gibt es z. B. Sagen von verborgenen Schätzen, von Gespenstererscheinungen, vom Hexenglauben und Aberglauben, vom Gold der Alchemisten und von berühmten Persönlichkeiten wie dem Doktor Faust. Diese Sagen, die aus dem Leben der breiten Bevölkerungsschichten stammen (kleine Welt), werden als Volkssagen bezeichnet. Die zweite große Gruppe der Sagen sind die historischen Sagen. Hierbei geht es um die Welt des höfischen Adels, um politische Ereignisse wie Kriege und Verträge (große Welt). Außerdem gibt es noch die Götter- und Heldensagen. Was die Sage erzählt, soll sich tatsächlich ereignet haben. Es wird meist ein bestimmter Ort genannt, an dem das ungewöhnliche Ereignis stattgefunden hat. Oder es wird eine bestimmte Person genannt, die gelebt hat und der das Seltsame zugestoßen ist. Es gibt allerdings für die einzelnen Sagen meist keine sicheren historischen Quellen, also keine Dokumente wie Gerichtsprotokolle oder wenigstens Zeugenaussagen. Die heute schriftlich vorliegenden Sagentexte wurden früher als mündliche Erzählungen von Generation zu Generation weitergegeben, bis sie aufgezeichnet wurden. Die Sammeltätigkeit von Sagen wurde vor allem angeregt durch die Brüder Grimm mit ihren zwei Bänden *Deutsche Sagen* (1816 und 1818). Dazu kamen viele regionale Sagensammler mit ihren Arbeiten.

Übersinnlich und **übernatürlich** sind allgemein verwendete Bezeichnungen. Wenn in diesem Buch diese Bezeichnungen verwendet werden, dann ist das nicht in dem Sinne zu verstehen, dass ungewöhnliche Erlebnisse wie z. B. Erscheinungen in jedem Fall übernatürlich verursacht seien, also aus einer übernatürlichen Welt (Götter, Geister, Jenseits) verursacht wären. Ungewöhnliche Erfahrungen können im Einzelfall auch durch seelische Kräfte lebender Personen verursacht sein oder Zufall oder eine Fehlwahrnehmung als Ursache haben. Die Parapsychologie verwendet daher an Stelle der Bezeichnungen übersinnlich bzw. übernatürlich die neutrale Bezeichnung „außersinnliche Wahrnehmung" (ASW), was Gedankenübertragung, Hellsehen und den Blick in die Zukunft umfasst. In der Anomalistik wird der neutrale Begriff „anomale Phänomene" verwendet, z. B. für Nahtoderlebnisse, Spontanheilungen, Erscheinungen, Homöopathie, Wahrträume. Derartige Erfahrungen gibt es, vollständig erklärbar sind sie noch nicht.

Volksglaube ist all das, was der Großteil der Bevölkerung über die Welt jenseits der Alltagserfahrung denkt. Dazu gehört der Bereich des Übersinnlichen, z. B. der Glaube an arme Seelen, Hexen, Glücks- und Unglückstage, an die Wirkung von Amuletten. Häufig kam es zu Mischformen von christlichen und alten heidnischen Glaubensdingen, z. B. wurden Kreuzzeichen und Pentagramm zusammen an den Haustüren angebracht.

ANMERKUNGEN ZU DEN SAGEN

Zeitliche Zuordnung der Sagen

Manche Sagen nennen das Jahr, in dem sich ihre Vorgänge ereignet haben. Dann lassen sie sich dieser Zeit zuordnen. Die meisten Sagen sind jedoch ohne zeitlichen Hinweis überliefert. Diese Sagen wurden vom Verfasser einem historischen Umfeld (z. B. einem bestimmten Jahrhundert) zugeordnet, in dem ihre Ereignisse stattgefunden haben können bzw. in dem sie als Sagen entstanden sein können. Es handelt sich dann um „relative Zeitangaben". So wurden z. B. Zeitpunkte gesucht, in denen in der Literatur über derartige Vorgänge berichtet wurde. Oder es wurde z. B. wie in der Sage von 1885 („In der Spinnstube von Bretten") die Sage dem späten 19. Jhd. zugeordnet, der Zeit der zu Ende gehenden Spinnstubentreffen.

Anmerkungen zu allen Sagen

Der originale Wortlaut der Sagentexte wurde weitgehend beibehalten. Bei einigen Sagen wurden kleinere textliche Korrekturen vorgenommen, insbesondere die Texte an die derzeitige Rechtschreibung angepasst. Lange Sagentexte wurden zugunsten der Verständlichkeit gekürzt. Gelegentlich wurden andere Überschriften gewählt. Bei Sagen handelt es sich häufig um „übersinnlich" bzw. „übernatürlich" genannte Erlebnisse. Wenn in diesem Buch die Bezeichnungen „übersinnlich" oder „übernatürlich" verwendet werden, dann ist das nicht in dem Sinne zu verstehen, dass ungewöhnliche Erlebnisse wie z. B. Erscheinungen in jedem Fall übernatürlich verursacht seien, also aus einer übernatürlichen Welt (Götter, Geister, Jenseits) verursacht wären. Außergewöhnliche Erfahrungen (übersinnliche oder übernatürlich genannte Erlebnisse) können im Einzelfall auch durch seelische Kräfte lebender Personen verursacht sein oder ein Zufall oder auf einer Fehlwahrnehmung basieren.

Anmerkungen zu den einzelnen Sagen

1929 Ein Abenteuer im alten Schloss

1 Ein Schatz ist eine Sache, die so lange verborgen lag, dass der Eigentümer nicht mehr zu ermitteln ist (§ 984 BGB).

1921 Das Gold unter der Diele

1 Diese Münzen waren bis 1938 gesetzliches Zahlungsmittel, doch praktisch nicht mehr im Umlauf. Juristisch sind diese Münzen kein Schatz, sondern Gegenstände des Nachlasses, den die Geschwister geerbt haben (§ 1922 BGB).

2 Es kann sich um hypnagoge „Halluzinationen" handeln (Silberer-Effekt). Solche inneren Bilder treten beim Aufwachen oder Einschlafen auf, ohne dass dies krankhaft ist.

1894 Im Wandel der Zeit

1 Kurt Emmerich: *Eichelberg*. Darin finden sich Details zum Keltergebäude.

2 Gerhard Mayer und Eberhard Bauer sind Mitarbeiter am „Institut für Grenzgebiete der Psychologie und Psychohygiene“ (IGPP), Freiburg. Beide sind durch zahlreiche Veröffentlichungen bekannt.

3 Genaue Bezeichnung: *Report on the census of hallucinations.* (1894). H. Sidgwick, A. Johnson, F.W.H. Myers, F. Podmore u. E.M. Sidgwick.

4 Mitteilung von Eberhard Bauer, IGPP Freiburg.

5 E. Haraldsson: *Experiences of Encounters with the Dead. 337 new Cases.* Journal of Parapsychology (2009). S. 73 u. S. 91ff

6 Hierbei ist das „Institut für Grenzgebiete der Psychologie und Psychohygiene e.V.“ (IGPP) zu nennen, gegründet 1950 von Hans Bender, igpp@igpp.de. Dazu kommt seit 1981 die „Wissenschaftlichen Gesellschaft zur Förderung der Parapsychologie“ (WGFP). Diese wird geleitet von dem Psychologen und Physiker Walter von Lucadou, info@parapsychologische-beratungsstelle.de. Das IGPP und die WGFP unterhalten jeweils Informations- und Beratungsstellen in Freiburg. Sie nehmen die Menschen ernst, die ungewöhnliche, Erfahrungen gemacht haben. Ferner gibt es eine Forschungsgesellschaft für Anomalistik, die „Gesellschaft für Anomalistik“, www.anomalistik.de. Auch hier geht es um Grenzfälle unserer Alltagswelt, z. B. außerkörperliche Erfahrungen, Wahrträume, Nahtoderfahrungen. Das älteste wissenschaftliche Institut, das sich mit diesem Forschungsgebiet beschäftigt, ist die „Society for Psychical Research“ S.P.R., gegründet in London 1882. Über die Forschungstätigkeiten des IGPP und der WGFP informiert die „Zeitschrift für Parapsychologie und Grenzgebiete der Psychologie“. Die Gesellschaft für Anomalistik gibt die „Zeitschrift für Anomalistik“ heraus. Eine eher ablehnende Haltung nehmen die wissenschaftlich arbeitenden Skeptiker ein, die ebenfalls Untersuchungen zu den Themen des Übersinnlichen durchführen. Für Deutschland ist hier die GWUP zu nennen, die „Gesellschaft zur wissenschaftlichen Untersuchung von Parawissenschaften“.

1880 Die Wasserguckerin von Zeutern

1 Dort wird ab S. 171 eine Wasserschauerin beschrieben, die eine halbe Stunde von Weinsberg entfernt wohnte. „Wenn etwas abhandenkam, gingen die Leute zu ihr … Sie füllte dann ein Glas mit frischem Wasser, stellte dasselbe auf den Tisch, bestrich es mit den Fingern, dann starrte sie mit ihren schwarzen, stechenden Augen mehrere Minuten, oft eine Viertelstunde auf die glänzende Fläche und sagte dann: ‚Ich sehe jetzt deutlich, das Gestohlene ist da und da und so und so versteckt, der Dieb steht daneben, hat die und die Kleidung an …‘ Oft sagte sie aber auch: ‚Es ist nicht gestohlen, es ist nur verlegt …‘“ Auch sie traf häufig das Richtige.

2 Insbesondere Frederic William Henry Myers (1843–1901), Philosoph, Altphilologe u. 1900 Präsident der S.P.R., der englischen parapsychologischen Gesellschaft „Society for Psychical Research“. Hans Bender (1907–1991): *Psychische Automatismen* (1936); sowie *Zur Geschichte des Kristallsehens und seiner Verwendung im Laboratorium* (1965). In: ZfPpsy, Sonderheft 1991.

3 Der Heimatverein Ubstadt-Weiher hat eine ausgezeichnete Homepage mit Sagen, die sich nicht in den üblichen Sagensammlungen finden.

1870 Eine Hexe als Wespe

1 Carl Krieger: S. 38.

2 Theodor Brauch: Ö*stringen, Geschichte einer Stadt* (1982). S. 634.

3 Pentagramm: ein fünfzackig gezeichneter Stern.

1850 Drei Liebesorakel

1 Im 1. Buch Mose, Kap. 3. Allerdings ist dort nicht von einem Apfel die Rede, den Eva dem Adam gibt, sondern von den Früchten des Baumes.

2 Wahrsagerei: Wenn vorgegeben wird, dass die Zukunft genau so kommt wie vorhergesagt, z. B. Heirat in vier Jahren, Berufswechsel im 45. Lebensjahr.

1848 Im Löwen in Rauenberg

1 Eine bedeutsame Schrift zum Thema Spuk veröffentlicht 1836 der schwäbische Arzt und Dichter Justinus Kerner: *Eine Erscheinung aus dem Nachtgebiete der Natur*. Kerner beschreibt darin seine Beobachtungen sowie Augenzeugenberichte über die spukhaften Vorgänge im Gefängnis Weinsberg von 1835 bis 1836. Es wurden damals nicht nur in den Sagen Erlebnisse von seltsamen Vorgängen überliefert – eben der Nachtseite der Natur – sondern es gab Parallelfälle, die dokumentiert und durch Zeugen bestätigt wurden.

2 Carl Krieger: S. 30. Der Krug, den in dieser Sage der spätere Löwenwirt geöffnet hat, war allerdings nicht der Krug, den der Geistliche als Behältnis benutzt hat. Vergleichbare Erfahrungen zeigt eine Sage aus Menzingen, auch hier wurde ein Pfarrer ins Haus geholt, um einen Geist auszutreiben.

3 Biblische Grundlagen: Mk, Kap. 5; Apg. Kap. 19.

4 Monika Huesmann u. Friederike Schriever: *Steckbrief des Spuks*. In: ZfPpsy (1989), S. 52, aus einer Sammlung von 54 Spukberichten des IGPP der Jahre 1947–1986.

5 Die animistische These geht von noch zu wenig erforschten Möglichkeiten der Seele aus, die diese außergewöhnlichen Vorgänge verursachen. Dies hat den Vorteil, dass dabei Vorgänge wissenschaftlich erforschbar sind. Bei den Vorgängen im Haus der Familie Fox könnte es sich um Spuk gehandelt haben, der von den jugendlichen Kindern der Familie unbewusst ausgelöst wurde. Bei der Alternative, der spiritistischen These (Verstorbene als Ursache), ist Forschung nicht möglich, da wir im Jenseits keine Forschungen durchführen können.

6 Hierzu ausführlich Diethard Sawicki: *Leben mit den Toten – Geisterglauben und die Entstehung des Spiritismus in Deutschland 1770–1900.* Sawicki zeigt die wissenschaftlichen, religiösen und sozialen Kontroversen dieser Zeit, die der Spiritismus ausgelöst hat.

7 Die erste wissenschaftlich arbeitende Forschungsgesellschaft ist die englische Society for Psychical Research (S.P.R.), gegründet 1882. Die Forscher beschäftigte vor allem die Frage einer unsichtbaren geistigen Welt, dazu kamen Untersuchungen zum Mesmerismus und Spiritismus.

1843 Gaukeleien?

1 Das lässt sich alles in der älteren und neueren Hypnose-Fachliteratur nachlesen. Die Menschen machen dabei, in tiefe hypnotische Trance versetzt, die unsinnigsten Sachen, z. B. gackern auf der Bühne wie ein Huhn, weil der Hypnotiseur ihrem Unterbewusst-

sein die Anweisung (Suggestion) gegeben hat, sie seien Hühner. Das ist ein Bühnenspektakel, das man vermeiden sollte. Derartiges hat kaum etwas mit der Hypnose zu tun, wie sie ein Arzt oder Psychotherapeut für einen Patienten anwendet, um diesem wieder zu seelischer Gesundheit zu verhelfen. Bei den therapeutischen Hypnosen wird alles zuvor mit dem Patienten besprochen, es werden keine lächerlichen Suggestionen gegeben. Zudem wird meist nur eine leichte bis mittlere Hypnosetiefe angewandt, bei der sich die Person an das erinnern kann, was während der Hypnose geschehen ist.

2 Zurzeit wird das Jahr 1820 diskutiert, in dem der Begriff Hypnose auftaucht.

1840 Tanz in der Fastenzeit

1 Es wurde erzählt, dass früher in jenem Hause ein Durchreisender ermordet worden sei. Später wurde dort beim Fällen eines Baumes ein menschliches Skelett gefunden (nach F. Hodecker: *Rohrbach in Vergangenheit und Gegenwart* (1929). S. 68.

1840 Irrlichtersagen

1 B. Baader schreibt: „In den dortigen Feldern". Zuvor wird eine Sage aufgeführt, die die Gegend „an der steinernen Brücke gegen Au" nennt. Es handelt sich wohl um dieselbe Gegend.

2 Werner F. Bonin: *Lexikon der Parapsychologie.* (1984). S. 345–347.

1836 Der weiße Hexenkuchen

1 Diethard Sawicki: *Leben mit den Toten – Geisterglauben und die Entstehung des Spiritismus in Deutschland 1770–1900* (2016). S. 195.

2 R. Fetzer, T. Fuchs: *Hexen im Kraichgau* (2012). S. 112.

1832 Mit Goethe durch die Sagenwelt

1 Goethe kannte alchemistische Bücher: das *Opus mago-cabbalisticum et theosophicum* des Georg von Welling aus Durlach (1735), Schriften des Paracelsus, Basilius Valentinus, sowie die *Aurea Catena Homeri.*

2 Faust, Teil l, 2540. Es geht um den einen Zaubertrank zur Verjüngung.

1831 Geheimnisvolle Zahlen und Zeichen

1 In der Numerologie (Zahlensymbolik), werden Namen in Zahlen umgewandelt u. ausgedeutet, um Aussagen zu Charakter u. Zukunft zu gewinnen.

2 Bretten: Herrmann Hellmann: *Von Sitten und Bräuchen, Volks- und Aberglauben in und um Bretten* (1973). S. 192 u. S. 218.

3 H. Reichert: *Volkskundliches aus Obergrombach* (1936). S. 140.

1829 Das Haus der Friederike Hauffe

1 Reinhard Schmid: *Alte Gasthäuser erzählen Geschichte* (2008). S. 140. Nur noch eine Bodenplatte erinnert an das Haus u. seine Geschichte.

2 Es ist typisch für Sagen, dass es keine Dokumente gibt. Doch hier gibt es zeitnahe Aufzeichnungen von J. Kerner. Soweit diese die Zeit betreffen, bevor F. Hauffe zu Kerner nach Weinsberg kam, sind die ihm mitgeteilten Informationen Aussagen von F. Hauffe. Die Spukvorgänge, die im 20. Jhd. in Kürnbach stattfanden, sind nicht dokumentiert, sondern mündlich überliefert.

1825 Die Seherin von Prevorst

1 Bei solchen Aussagen stellt sich immer die Frage: Betrug, Zufall oder ist tatsächlich der Blick in die Zukunft gegeben? Diese Vorgänge lassen sich, wenn Betrug und Zufall ausscheiden, unter dem Begriff der Präkognition einordnen (von lat. prae = voraus, u. cognoscere = erkennen). Hierbei wird ein zukünftiges Ereignis voraus „gesehen" oder innerlich erfahren, wobei es sich um solche Ereignisse handeln muss, die nicht erwartet werden konnten.

2 Details bei Th. Kerner: *Das Kernerhaus und seine Gäste* (1897).

3 Die genaue Bezeichnung ist „Animalischer Magnetismus". Mesmer heilte zunächst mit Magneten, dann entdeckte er, dass das „Magnetisieren" des Kranken gelang durch Streichbewegungen mit geringem Abstand entlang dem Körper des Patienten („Passes"). Die Heilungen erfolgten durch eine Kur mit wiederholtem „Magnetisieren". Mesmer führte Zuber ein, sog. „Baquets", aus denen Eisenstäbe oder Schnüre herausragten, die den Patienten als Kontaktmittel dienten. In diesen Zubern wollte Mesmer die heilwirksame Energie speichern. Wie auch immer, die Sache hatte oft Erfolg. Die Patienten gerieten in einen anderen Bewusstseinszustand, gingen wie Schlafwandler umher (Somnambule) und hatten manchmal eine magnetisch-heilwirksame Krise. Der Zusammenhang dieser Methode mit Psychosomatik, Suggestion und Hypnose ist auffällig.

1822 Die Sagen vom Eisinger Loch

1 Hermann Schönleber: *Eisingen* (2010). S. 23. Noch 1974 konnte man in einen unteririschen Gang gelangen. Heinrich Tölke (1995). In: *Göbrichen/Neulingen*. Bd. 1, S. 13 u. 48. Auch wurde erzählt, dass das „Lamm" einen Höhleneingang als Bierkeller genutzt hat, der 1968 zugemauert wurde (H. Tölke, S. 182, 183 u. 205).

2 Vgl. bei B. Baader, Bd. 1, S. 137: Dort sollen Jesuiten eine Kiste voll Geld mit einem geheimnisvollen Schlüssel erbeutet haben.

1809 Die Freimaurer im Kraichgau

1 Angesehene Baumeister, Architekten u. Steinmetze beschäftigten sich damals mit dem Bau von Kathedralen, dabei schlossen sie sich in Vereinigungen zusammen. 1717 wurde die erste Großloge in England gegründet. Zuvor gab es einzelne Logen, z. B. in Edinburgh, Schottland. In der Freimaurerzeitung wurden 1860 einige Freimaurersagen veröffentlicht.

2 *Freimaurer in Baden-Württemberg* (1999). S. 109.

3 Gero von Wilpert: *Freimaurerlexikon* (1998). S. 340.

1796 Im Kloster von Maulbronn

1 Ein Prälat ist ein hochrangiger Geistlicher.

2 Der große Wunsch, in dieser Kutsche mit dieser Kleidung zu fahren, blieb etwas Unerledigtes im Leben des Prälaten. Das Spukphänomen deutet darauf hin, dass sich beim Sterbevorgang die enge Bindung der letzten Gedanken (Kutsche, Kleidung) sich verselbständigt hat. Einen ähnlichen Vorgang haben wir bei der Sage vom Weinklopferle (1862) gesehen.

3 Faust I. Teil, Nacht, 672ff.

1785 Die Illuminaten im Kraichgau

1 Aus: Hermann Schüttler: Die *Mitglieder des Illuminatenordens 1776–1787/93* (1991), sowie Wilhelm Kreutz: *Aufklärung in der Kurpfalz* (2008). Eine sehr umfangreiche Darstellung der Illuminaten bringt Wolfram Frietsch: *Die Illuminaten* (2011).

1778 Dreikönigszettel

1 Die Nutzung als Amulett bedeutet, dass sein Besitzer davon ausging, dass diese Zettel aus sich selbst heraus wirken. Das ist nicht mit dem „bittet für uns" zu vereinbaren. Gemeint ist ein Bittgebet zu Gott, das die drei Könige zur Unterstützung für den Gläubigen in seinem Anliegen bei Gott vorbringen mögen.

2 Nach H. P. Stemmermann: *Volksleben von einst* (1977). S. 14.

1772 Das Beste vergessen

1 Der Mann könnte im Weinberg bei einer Pause eingeschlafen sein. Beim Aufwachen kommen ihm innere Bilder ins Wachbewusstsein. Als Silberer-Phänomen werden diese Vorgänge in der Psychologie bezeichnet oder als hypnagoge Halluzinationen. Das hat nichts mit einer psychischen Krankheit zu tun. Der Betroffene sieht seine Umgebung korrekt, doch dazu kommen diese Traumgestalten und Traumsymbole.

1760 Rabbi Rewwerle in Michelfeld

1 Veröffentlicht in: *ZfPpsy* (1998/1999). S. 23–40.

2 Vgl. hierzu die Sage *Im Wandel der Zeit* (1894). Dort Anm. 6. Weitere Spukvorgänge mit Kommentierungen haben wir in den Sagen von 1848: *Im Löwen in Rauenberg*. Veröffentlichungen der heutigen Spukforschung: Fanny Moser: *Spuk (1950)*. Neuauflage 1977: *Spuk: ein Rätsel der Menschheit*. M. Huesmann u. F. Schriever: *Steckbrief des Spuks*. ZfPpsy (1989). S. 52–107. Walter von Lucadou u. Manfred Poser: *Geister sind auch nur Menschen* (1997). Walter von Lucadou (Hrsg.): *Dimension PSI* (2003). Dokumentarfilm von Volker Ending: *Die Geister, die mich riefen* (2012). Mayer, Schetsche, Schmied-Knittel, Vaitl: *An den Grenzen der Erkenntnis* (2015). *Andreas Fischer, Dieter Vaitl: Spuk! Die Fotografien von Leif Geiges* (2021). Spukvorgänge werden in der Parapsychologie als „spontane wiederkehrende Psychokinese bezeichnet". Das Wort „Poltergeist-Spuk" ist die volkstümliche Bezeichnung. Spuk, das sind psycho-physikalische Vorgänge, d. h. psychische und physikalische Vorgänge wirken dabei zusammen. Die zentrale Frage ist, ob derartiger Spuk vom Unterbewusstsein lebender Menschen (hier von einem Familienmitglied) verursacht wird oder ob gar Verstorbene oder andere Geister den Spuk auslösen, was meist vermutet wird.

3 Es gab Bücher mit magischem Inhalt, die Salomo zugeschrieben wurden, insbesondere das „Testament Salomos" mit seinen Zaubertexten (1. bis 3. Jhd. n. Chr.). Der legendäre Text des „Testament Salomos" überliefert, dass Salomo sich Geister dienstbar machte und sie in ein bestimmtes Gefäß bannte, das er mit seinem Siegel verschloss. Aus etwa dem 13. Jhd. n. Chr. stammt die Schrift „Clavicula Salomonis" („Schlüssel Salomos").

4 Gemeint ist eine Frau, die Tote befragt, sie ist aus dem Ort En-Dor. König Saul bedrängte sie, damit sie den verstorbenen Propheten Samuel aus dem Jenseits heraufhole, um ihn zu befragen.

5 Spuk kann als eine nach außen verlagerte psychosomatische Reaktion gesehen werden (Walter von Lucadou). Nach dieser Theorie wären es nicht Geister, die Spukvorgänge verursachen, sondern der Spuk wird von einer bestimmten Person unbewusst verursacht, der Fokusperson. Um diese herum geschieht der Spuk. Es ist bekannt, dass bei einem Wohnungswechsel dieser Person, der Spuk gewissermaßen mitgeht. An ihrem neuen Aufenthaltsort geht der Spuk weiter, bis die Probleme gelöst sind. Wie diese psycho-physikalischen Vorgänge zustande kommen, ist in der Forschung heute ungeklärt. Das Phänomen wird als Externalisierung bezeichnet.

1745 Die geheimnisvolle Kutsche

1 Halluzinationen erscheinen dem Betreffenden sehr real im Gegensatz zu Vorstellungsbildern. Das Bild eines Teufels war für die religiöse Frau mehr als beunruhigend, da geht es aus ihrer Sicht um Kopf und Kragen. Halluzinationen gibt es nicht nur bei psychischen Erkrankungen, auch bei seelisch gesunden Menschen kann so etwas vorkommen. Nur ist Halluzination keine Erklärung für paranormale Vorgänge, sondern nur eine Bezeichnung für Vorgänge im Gehirn. Doch wird ein Großteil der Vorstellungen von Ungeheuern und Geistern so deutbar sein.

1721 Zunehmender Mond

1 Wetterprognosen erfolgten z. B. nach dem Wetter der Zeit zwischen Weihnachten und Dreikönig. So wie das Wetter an den jeweiligen 12 Tagen zwischen Weihnachten und Dreikönig ist, so soll es in den folgenden 12 Monaten sein. Auch die Wetterprognosen in dem Büchlein *Bauernpraktik*, Erstausgabe 1508, waren bekannt.

2 Manchmal wird hier das Jahr 1701 genannt.

1717 Verfahrener Schüler

1 HdA Bd. 2, Sp. 1123

2 So in Christoph Daxelmüller: *Zauberpraktiken* (1993). S. 296.

1701 Der Traum vom Schatz auf der Brücke

1 Mt 19,21: „…verkaufe alles und gib das Geld den Armen…"; Mt 6,20: „Sammelt euch Schätze im Himmel …".

2 Leander Petzoldt: *Deutsche Volkssagen* (2007) S. 450. Um 1300 wird die Sage auf einer Brücke in Paris lokalisiert u. verbreitet sich von dort nach Deutschland. Eine derartige Sage findet sich bei Grimm: *Deutsche Sagen*, Nr. 212.

1689 Aus einem Visitationsbericht

1 Visitationen waren Untersuchungen über die Zustände in den Kirchengemeinden sowie zum Lebenswandel der Lehrer. Dazu wurde ein Visitator bestellt. Mit der Tincturam Philosophorum ist in der eindrucksvollen Sprache der Alchemisten der Stein der Weisen gemeint.

2 Ein alchemistisches Experiment hat der Verfasser beschrieben in: *Geister, Gold, geheimnisvolle Orte – Nordschwarzwald* (2020). S. 134ff.

1614 Die Hexenverbrennung von Grombach

1 Zum Begriff der Sage gehört es, dass es gerade keine Beweise für ihre Ereignisse gibt, keine historischen Dokumente, keine Zeugenaussagen. Urkunden können jedoch in jüngerer Zeit gefunden werden. Ausführlich gehen Ralf Fetzner u. Thorsten Fuchs in: *Hexen im Kraichgau Ein historisches Lesebuch* (2012) auf diesen Prozess ein.

2 Wollen wir das verstehen, müssen wir in das Jahr 1486 zurück. Damals wurde ein von dem Inquisitor Heinrich Institoris verfasstes Buch veröffentlicht: *Der Hexenhammer*. Es war als Handbuch für Hexenjäger sowie für Gerichte zur Führung von Hexenstrafprozessen.

3 Z. B. der Canon Episcopi, eine kirchenrechtliche Vorschrift aus der Zeit um 900.

4 Von einem besonders schrecklichen Hexenprozess von 1616 in Neibsheim wird von Leopold Feigenbutz, Flehingen, berichtet in: *Der Kraichgau und seine Orte* (1878). S. 171): Barbara Kiesel beteuerte ihre Unschuld trotz Folter, gleichwohl wurde sie stranguliert u. ihr Vermögen zur Deckung der Kosten des Hexenprozesses verwendet.

1614 Die Geheimgesellschaft der Rosenkreuzer

1 Andreae bekam Widerstand von seiner Kirche. Er hat später die Idee der Rosenkreuzer als Jugendsünde bezeichnet. Dieser Widerstand verwundert nicht, geht es doch in der Fama um die Smaragdene Tafel, die Grundlage von Hermetik u. Esoterik.

2 Im Hintergrund dieser Sage existiert ein Wendepunkt der Geistesgeschichte, der auch für das Verständnis unserer Sagen wichtig ist. Die Entwicklung der Gesellschaft ging in Richtung Rationalismus, zu wissenschaftlich-technischer Naturbeherrschung. Während im 16. Jahrhundert Naturphilosophie samt Magie, Astrologie, Alchemie u. die Wissenschaft noch nahe beieinander waren, wurde die wissenschaftlich-technische Naturbeherrschung immer stärker. Die Naturwissenschaften waren zunehmend am Diesseits interessiert ohne einen geistigen Bereich in der Natur und im Forscher zu berücksichtigen, wie dies noch die Alchemisten bei ihren Experimenten sahen. Vor allem der Philosoph René Descartes (1596–1650) ist hier zu nennen. Er begann Geist (Denken) und Materie weltanschaulich zu trennen.

3 Diese Rosenkreuzer nennen sich „Alter mystischer Orden vom Rosenkreuz" (AMORC). In Karlsruhe treffen sich moderne Rosenkreuzer in der Bismarckstraße 83. „Lectorium Rosicrucianum" gibt es in Calw und in Freiburg. Man beschäftigt sich mit den Fragen vom Sinn des Lebens, mit Selbsterkenntnis sowie der Ganzheit von Körper, Seele und Geist, um Wege des heutigen Menschen zu sich selbst.

1553 Philipp Melanchthon als Astrologe

1 Details bei Kocku von Stuckrad: *Geschichte der Astrologie* (2003). S. 244ff sowie Jürgen G.H. Hoppmann: *Astrologie in der Reformationszeit* (1998). S. 63 u. S. 70. Außerdem ist die Dissertation von Claudia Brosseder zu nennen: *Im Bann der Sterne – Caspar Peucer, Philipp Melanchthon und andere Wittenberger Astrologen* (2004).

1540 Die Sagen vom Droktor Faust

1 Weitbeschreit = weitbekannt, schändlich.

2 Weitere Bearbeitungen des Faust-Stoffes erfolgten durch G. Widman (1599) und J. N. Pfitzer (1674). Durch diese Bücher sowie durch Puppenspiele wurde der Fauststoff damals verbreitet. Eine kleine Auswahl neuerer Literatur zu

Faust: Günther Mahal: *Faust* (1980), sowie: *Faust. Und Faust* (1997). H. J. Gernentz (Hrsg.): *Der Pakt mit dem Teufel* (1988). D. Roth (Hrsg.) u. J. Eickmeyer (Hrsg.): *Gretchen – Goethes Margarete in interdisziplinärer Perspektive* (2018). Ein Überblick zum aktuellen Stand findet sich im *Faust-Handbuch*, 2018.

1540 Fausts Ende im Kloster Maulbronn

1 Diese Chronik ist in den 1540er bis 1560er Jahren geschrieben worden. Dort ist vermerkt, dass der Faust „in großem Alter vom bösen Geist umgebracht wurde" (Mahal: *Faust starb in Staufen*, S. 28–31 sowie S. 47 u. 48). Diese Chronik wurde erst 1869 gedruckt und daher erst spät bekannt. So war es in Maulbronn möglich, dass es dort im 19. Jhd. zu einer Sagenbildung um Faust kam. (Mahal: *Faust. Und Faust*, S. 76 u. S. 128).

1523 Fausts Fahrt durch die Luft

1 Das Schloss Boxberg wurde 1523 zerstört. Die Vorgänge konnten daher noch dem Jahr 1523 zugeordnet werden.

2 Die Dämonologie ist der Lehre von den Dämonen. Diese werden meist als böse Geister oder gar als Teufel angesehen. In der Bibel finden sich Ansichten über Dämonen, z. B. bei Markus, Kap. 5.

1504 Das Brettener Hundle in der Belagerung

1 Unholde, das konnte damals zweierlei bedeuten: a) Zauberinnen, die Schadenzauber betrieben, z. B. mit Magie versuchen, Unwetter hervorrufen. Gegen die damit in Verdacht geratenen Personen wurden schon weit vor 1504 Zauberei-Prozesse (Strafprozesse) geführt; b) Die zweite Wortbedeutung von Unholde ist die der Hexe, d. h. einer Person, die ebenfalls Schadenzauber macht und dazu – und das ist wichtig – einen Teufelspakt geschlossen hätte und Mitglied einer antichristlichen Hexensekte sei. Das war damals etwas Neues. Regional gab es früher schon für Zauberinnen unterschiedliche Bezeichnungen z. B. in Bayern „Trude", im alemannischen Raum „Hexe". Der neue Hexenbegriff (mit Zauberin, Teufelspakt, Sekte) ist um 1400 entstanden, als Hexenmerkmale kamen noch Hexenflug und Teufelsbuhlschaft hinzu.

2 Zu den Hexenprozessen von Heidelberg: Jürgen Michael Schmidt: *Glaube und Skepsis – Die Kurpfalz und die abendländische Hexenverfolgung 1446–1685* (2000). S. 23. Wetterzauber: „Hexenhammer", 1486, II., Kap. 15.

1456 Von Hexen und Katzen

1 Im „Hexenhammer", jenem Buch zur Durchführung von Hexenprozessen (Erstdruck Speyer 1486) wird im zweiten Teil, Kapitel 8, diskutiert, ob es möglich sei, dass sich Hexen in Tiergestalt verwandeln können. Weitere Hinweise hierzu: Hermann Löher: *Wehmütige Klage der frommen Unschültigen* (ca. 1675).

2 *An den Grenzen der Erkenntnis. Handbuch der wissenschaftlichen Anomalistik* (2015). S. 151, sowie: *Die Aussendung des Astralkörpers,* von S. J. Muldoon und H. Carrington (1929 u. 1995). Muldoon hatte mit 12 Jahren die erste spontane außerkörperliche Erfahrung (AKE) erlebt.

3 Der Theologe Dr. Kurt E. Koch berichtet in „Okkultes ABC" (1984), S. 596, von Personen, die den Wahn hatten, dass sie ein Tier seien. Dazu berichtet Koch von

einem zweiten Bereich. Koch: „Es gibt starke Materialisationsmedien, die in Trance Energie abspalten, diese in eine Katze verwandeln und dann das Tier aussenden, um irgendeinem Nachbarn Ärger zu bereiten. Wird eine solche Katze erwischt und geschlagen, so fallen die Schläge auf das Medium zurück." Gut 30 Katzengeschichten, die Koch in der Schweiz sammelte, liegen auf der gleichen Ebene. Von weiterem Stallspuk aus dem 19. u. 20. Jhd. berichtet die Biologin und Parapsychologin Fanny Moser (1872–1953) in: „Spuk – Irrglaube oder Wahrglaube?" (1950). S. 296–302.

1302 Die Tempelritter in Neckarelz

1 Eine online-Führung gibt es auf www.tempelhaus-neckarelz.de.

2 Fritz Liebig: *Tempel- oder Templerhäuser?* In: *Badische Heimat (1956).* S. 122. Horst Uhl: *Tempelhaus Neckarelz* (2022).

3 Der Orden hatte inzwischen seinen Sitz nach Paris verlegt. Blasphemie ist Gotteslästerung, Häresie ist Lossagung vom Kirchenglauben.

1248 Albertus Magnus

1 Albertus unterscheidet Glauben u. Wissen: „Ich habe mit Wundern nichts zu tun, wenn ich Naturwissenschaft betreibe."

2 Der englische Theologe, Mönch u. Naturphilosoph Roger Bacon wird ebenfalls als Erfinder dieses Pulvers in der Zeit um 1250 vermutet. Ob es Chinesen im 11. Jhd. waren, die diese Mischung als Sprengstoff benutzten oder nur als Medizin und für Feuerwerkszwecke, ist umstritten.

3 Die Magie war ein wesentlicher Bestandteil der mittelalterlichen Kultur, vom Volksglauben bis hinein in die höfische Welt. Theologen, Missionare und Philosophen beschäftigten sich damit. Im 13. Jhd. kam die Ansicht auf, dass es eine (erlaubte) natürliche Magie (magia naturalis) gibt, im Unterschied zur dämonisch verursachten Magie, so z. B. bei Wilhelm von Auvergne (ca. 1180–1249), dem Bischof von Paris. Auch Albertus war dieser Unterschied bekannt.

1140 Die Weiber von Weinsberg

1 L. Petzoldt: *Historische Sagen,* Bd. 2 (2001). S. 309 u. K. Seeber: *Führung durch die Burg Weibertreu* (1967). S. 9. Zeitgenössische Quellen, die *Paderborner Annalen,* sowie die *Kölner Königschronik* von 1175, sind leider verlorengegangenen.

2 L. Petzoldt: *Historische Sagen*, Bd. 2 (2001). S. 309.

3 Walter Stucke: *Das Recht in badischen Sagen* (1937). S. 126.

800 Der Drache vom Michelsberg

1 Dazu Ludwig Boer, Bruchsal: *Die Drachensage vom Michaelsberg* (1974), in: *Zeitschrift für Kultur und Heimatgeschichte* (1974), Heft 2. Evtl. liegen unter dem Altar die Reste einer heidnischen Kultstätte.

620 Die St.-Barbara-Kapelle

1 Im nahen Kämpfelbachtal missionierte um 600 ein christlicher Mönch namens Merwinius, verstorben vermutlich 622.

2 Bei B. Baader, Sage Nr. 182, wird dieser Verrat erwähnt.

230 Römische Sagen im Kraichgau

1 Nach Thomas Adam: *Der Kraichgau* (2017). S. 24; sowie P. Filtzinger, D. Planck, B. Cämmerer (Hrsg.): *Die Römer in Baden-Württemberg* (1986). S. 586. Gut ausgestattete Römermuseen gibt es in Stettfeld u. Remchingen.

2 Göttersagen unterscheiden sich von den Volkssagen (kleine Welt). Göttersagen sind umfangreich, sind dichterisch geformte Texte. Es geht um Schöpfungsmythen (Entstehung der Welt), oder sie wollen das Wirken der Naturkräfte (Sturm, Blitze) erklären, also die Welt erklären (was die Volksagen u. historischen Sagen nicht tun) oder es geht um die Beziehungen zwischen Göttern und Menschen.

3 Jes. 34,14. Nach einer rabbinischen Tradition war Lilith die erste Frau Adams u. durch diesen die Mutter von Riesen u. bösen Geistern.

1 Vom Anfang einer neuen Zeit

1 Das Kalenderwesen dieser Zeit ist verwickelt. Im Römischen Reich galt der von Caesar 45 v.Chr. eingeführte Julianische Kalender. Die christliche Zeitrechnung begann nicht bereits im Jahr 1, sondern wurde nach dem Vorschlag des Abtes Dionysius Exiguus erst rückwirkend ab dem Jahre 525 eingeführt. Sie sollte mit Christi Geburt beginnen, doch war die Rückrechnung ungenau. Das Jahr der Geburt Jesu ist daher nicht das Jahr 1, sondern wahrscheinlich das Jahr 7 v. Chr.

2 Michael Krumme: *Römische Sagen in antiker Münzprägung* (1995).

3 Das wurde schon damals kritisch gesehen. Der römische Philosoph Cicero schrieb bereits um 50 v. Chr. das Buch *De divinatione* („Über die Wahrsagung"), mit kritischer Haltung zu Voraussagen.

100 v. Chr. Druiden und die andere Welt

1 Poseidonios versuchte eine Begründung der Mantik, die auch der Astrologie Geltung verschaffte.

2 Eine Sagensammlung findet sich in Fiona Macleod: *Wind uns Woge* (2014).

3 L. Lengyel: *Das geheime Wissen der Kelten* (1997); zu Numismatik.

4 R. Tewes-Eck u. E. Dunkel: *Die keltische Sagenwelt* (2004). S. 46.

450 v. Chr. Der Menhir von Schatthausen

1 Am besten, man fragt sich zum Standort durch. Der Stein steht auf Privatgelände, außerhalb des Ortes.

2 Nach Miranda J. Green: *Die Druiden* (2000). S. 30.

3 Ausgezeichnete Information zu Schatzsuche u. Schatzräuberei bietet: *Raubgräber* – Schatzgräber (2008). Hrsg. Museum Biberach, Frank Brunecker.

4 Man geht vom Parkplatz an der Chartaque (Wehrturm) den 1,5 Km langen Waldweg, dann kommt rechts eine Tafel als Wegweiser mit Erklärungen zu den Hügelgräbern.

Vor 600 000 Jahren: Der Urmensch von Mauer

1 Die heutige Bezeichnung dieses frühen Menschen ist Homo erectus heidelbergensis. Entscheidend beteiligt an diesem Fund von Daniel Hartmann (1854–1952) war der Heidelberger Professor Otto Schoetensack, ein Anthropologe u. Paläontologe. Aufgrund seiner Hinweise fanden die Arbeiter immer wieder Fossilien in den Kies- und Sandgruben.

SONSTIGE HINWEISE

Abkürzungen

Bd.	Band
BGB	Bürgerliches Gesetzbuch
d. h.	das heißt
Ebd.	Ebenda
IGPP	Institut für Grenzgebiete der Psychologie und Psychohygiene e.V.
Jhd.	Jahrhundert
Kap.	Kapitel
S.	Seite
sog.	sogenannt
Sp.	Spalte
z. B.	zum Beispiel

Fundstellen

B. Baader 1851	Bernhard Baader: *Volkssagen aus dem Lande Baden*, 1851.
B. Baader 1859	Bernhard Baader: *Neugesammelte Volkssagen aus dem Lande Baden*, 1859.
L. Bopp	Ludwig Bopp: *Sagen und Geschichten aus Ettlingen und dem Albgau,* 1949.
Grimm, DS	Jacob und Wilhelm Grimm, *Deutsche Sagen*, 2 Bände, 1816 und 1818.
HdA	Hanns Bächtold-Stäubli und Eduard Hoffmann-Krayer: *Handwörterbuch des deutschen Aberglaubens*, 10 Bände, 1927–1942.
C. Krieger	Carl Krieger: *Kraichgauer Bauerntum*, 1933.
J. Künzig	Johannes Künzig: *Badische Sagen*, 1923.
E. Meier	Ernst Meier: *Deutsche Sagen, Sitten und Gebräuche aus Schwaben*, 2 Bde, 1852.
L. Vögely	Ludwig Vögely: *Sagen des Kraichgaus*, 1987.
J. Wipfler 2020	Jürgen Wipfler: *Geister, Gold, geheimnisvolle Orte – Eine abenteuerliche Zeitreise durch die Sagenwelt des Nordschwarzwaldes sowie ihre Deutung,* Verlag Regionalkultur, 2020.
A. Wuttke	Adolf Wuttke: *Der deutsche Volksaberglaube der Gegenwart*“, 1900.
ZfPpsy	*Zeitschrift für Parapsychologie und Grenzgebiete der Psychologie.*

Quellenangaben

Sagen aus neuerer Zeit

1929 **Schatzsuche im alten Schloss**: C. Krieger, S. 20

1921 **Das Gold unter der Diele**: C. Krieger, S. 25

1910 **Spuk in Doktor Fausts Geburtshaus**: K. Weisert, *Heimatbuch Knittlingen* (1968), S. 235

Sagen aus dem 19. Jahrhundert

1894 **Im Wandel der Zeit**: J. Künzig, Nr. 102

1885 **In der Spinnstube von Bretten**: Hellmann: *Brettener Jahrbuch* 1972/73, S. 189ff

1883 **Der Schlosshund von Gochsheim**: *Der Pfeiferturm* (1933), S. 83

1880 **Die Wasserguckerin von Zeutern**: P. Assion, R. Lehr, P. Schick: *Das pfälzisch-fränkische Sagenbuch* (1983),Nr. 109

1878 **Teures Haus in Heidelsheim**: Otto Härdle: *Heidelsheim* (1960), S. 280

1875 **„Ein Schoppe Wein un zwei Schoppe Wasser …"**: J. Künzig, Nr. 28

1870 **Eine Hexe als Wespe**: C. Krieger, S. 33 sowie L. Vögely, S. 35

1865 **Das verschwundene Schloss**: J. Bernhard: *Kurpfälzer Sagenborn* (1933) sowie L. Vögely, S. 15

1862 **Das Weinklopferle**: Th. Kerner: *Das Kernerhaus und seine Gäste* (1897), S. 57 (Ausgabe 2005)

1862 **Kann man einen Geist fotografieren?**: Text des Verfassers

Sagen aus der Zeit der Romantik: Text des Verfassers

1850 **Drei Liebesorakel**: C. Krieger, S. 34 sowie G. Brandauer: *Aus unserer Heimat Oberderdingen* (1966), S. 218. Das Thomas-Orakel erwähnt E. H. Meyer in: *Badisches Volksleben* (1900), S. 167

1849 **Angekettete Bücher**: E. Meier, S. 196

1848 **Vorlautes Reden …**: J. Künzig, Nr. 245

1848 **Im Löwen in Rauenberg**: P. Assion und R. Lehr, P. Schick (Hrsg.): *Das pfälzisch-fränkische Sagenbuch*, 1983, Nr. 56 sowie G. Geissler: *Rauenberger Sagenschatz*, in: Konrad Dussel, *Rauenberg* (2003), S. 435

1843 **Gaukeleien?**: B. Baader, Nr. 278

1841 **Hexerei in Kleinsteinbach**: B. Baader, Nr. 237

1840 **Tanz in der Fastenzeit**: B. Baader, Nr. 299

1840 **Irrlichtersagen** : 1. Sage: in B. Baader, Nr. 219. 2. Sage: Leander Petzoldt: *Schwäbische Sagen*, S. 66

1836 **Der weiße Hexenkuchen**: B. Baader, 1859, Nr. 130

1835 **Von Silvester und Neujahr**: Th. Brauch: Ö*stringen, Geschichte einer Stadt* (1982). Bretten: H. Hellmann, *Von Sitten und*

Bräuchen, Volks- und Aberglauben in und um Bretten, in: Brettener Jahrbuch 1972/73, S. 190. Oberderdingen: G. Brandauer: *Aus unserer Heimat Oberderdingen* (1966), S. 218. Kraichgau: C. Krieger: *Kraichgauer Bauerntum* (1933), S. 18

1832	**Mit Goethe durch die Sagenwelt** Text des Verfassers
1831	**Geheimnisvolle Zahlen und Zeichen**: C. Krieger, S. 39
1830	**Das Schanzenweible**: F. Sander: *Steiner Heimatbuch* (1975), S. 407
1829	**Das Haus der Friederike Hauffe**: H. Drechsler: *Kürnbach* (2005), S. 346
1825	**Die Seherin von Prevorst**: J. Kerner: *Die Seherin von Prevorst* (1829), Ausg. 2004, S. 69
1822	**Die Sagen vom Eisinger Loch**: B. Baader, Nr. 249
1821	**Weiße Frauen**: Hellmann: *Brettener Jahrbuch,* 1972/73, S. 196
1820	**Schwarze Männer**: L. Vögely, S. 108
1816	**Drei Seejungfrauen**: Jacob u. Wilhelm Grimm: *Deutsche Sagen* (1816), Nr. 307
1810	**Die alte Ratschreiberin**: Gustav Brandauer: *Aus unserer Heimat Oberderdingen (*1966), S. 212 u. S. 218
1809	**Die Freimaurer im Kraichgau**: J. Künzig, Nr. 214 (Dilsberg), L. Vögely, S. 90 (Odenheim), das weitere Material ist aus HdA, Bd. 3, Sp. 23ff zusammengestellt
1800	**Zu spät in Spechbach**: L. Vögely, S. 23
1799	**Die Wasserfräulein vom Schloss Neuburg**: B. Baader, 1859, Nr. 363
1797	**Goethes Schatzgräber**: J. W. von Goethe
1796	**Im Kloster von Maulbronn**: J. Kerner: *Das Bilderbuch aus meiner Knabenzeit* (1846), Ausgabe 1957, S. 85
1795	**Gespenstische Ratsversammlung**: B. Baader, 1859, Nr. 132

Sagen aus der Aufklärungszeit: Text des Verfassers

1790	**Der verschwundene Schatz**: L. Vögely, S.63
1785	**Die Illuminaten im Kraichgau**: Text des Verfassers
1780	**Das wilde Heer im Kraichgau**: nach L. Vögely, S. 19, von Mundart übersetzt
1779	**Die gefährliche Nixe**: C. Krieger, S. 23
1778	**Dreikönigszettel**: J. Wipfler, 2020, S. 64
1775	**Der Schimmelreiter im Kraichgau**: L. Vögely, S. 15
1772	**Das Beste vergessen**: B. Baader, Nr. 215
1770	**Die Geistermesse von Bruchsal**: B. Baader, Nr. 314
1760	**Rabbi Rewwerle in Michelfeld**: L. Vögely, S. 53
1745	**Der Dreifaltigkeitstag**: B. Baader, Nr. 319
1745	**Die geheimnisvolle Kutsche**: A. Schnezler: *Badisches Sagenbuch (1846),* Bd. 2, S. 409
1741	**Ein polternder Spukgeist:** Gustav Rommel: *Kleinsteinbach* (1951), S. 86

1735 **Die Burg auf dem Remberg:** L. Vögely, S. 157 sowie Kurzfassung von Gustav Rommel: *Dietlingen* (1925), S. 146
1733 **Ein Teufel bringt Geld**: B. Baader, Nr. 312
1732 **Das Schatzgräbergebet**: B. Baader, Nr. 324
1730 **Grenzstein verrückt**: L. Vögely, S. 63
1725 **Das verbrannte Tuch**: Assion, Lehr, Schick: *Das pfälzisch-fränkische Sagenbuch* (1983), Nr. 154
1721 **Zunehmender Mond**: C. Krieger, S. 19 sowie Carl Krieger: *Festgabe für Friedrich Panzer* (1930), S. 25
1717 **Verfahrener Schüler**: B. Baader, Nr. 280
1716 **Geheimgänge**: B. Baader (1859) Nr. 126
1715 **Zu Staub zerfallen**: B. Baader (1859), Nr. 126
1710 **Kohlen werden zu Geld**: B. Baader, Nr. 315
1701 **Der Traum vom Schatz auf der Brücke**: B. Baader, Nr. 296

Aberglaube und Wissenschaft: Text des Verfassers
1689 **Aus einem Visitationsbericht**: Manfred Scheck: *Visitations- und Pfarrberichte aus Vaihingen* (2006), S. 47
1680 **Die Glocke von Eppingen**: B. Baader, Nr. 297
1648 **Die Glocke von Zeutern**: L. Vögely, S. 93
1638 **Der Schöpflöffelpfarrer**: C. Krieger, S. 18
1614 **Die Hexenverbrennung in Grombach**: O. Augustin: *Heimatchronik des Kreises Sinsheim*, Bd. 1, 1951
1614 **Die Geheimgesellschaft der Rosenkreuzer**: Text des Verfassers nach der *Fama* und der *Confessio*
1607 **Das Besenmännle**: Nach Hellmut J. Gebauer, in: *Graf Hubert von Calw (2006), S. 127. Diese Sage wird auch im Kraichgau erzählt.*
1589 **Der Drachen von Obergrombach**: L. Vögely, S. 119
1553 **Philipp Melanchthon als Astrologe**: Text des Verfassers auf Basis von Melanchthon: *Tetrabiblos*
1542 **Im Kloster Neuburg**: Reinhard Hoppe: *Sagen vom Rhein zum Main* (1958), S. 60
1540 **Die Sagen vom Doktor Faust**: Text des Verfassers
1540 **Fausts Ende im Kloster Maulbronn**: E. Meier, Nr. 167
1539 **Faust, sein Testament und seine Bücher**: *Historia von D. Fausten*, 1587, Kap. 60 u. 61
1523 **Fausts Fahrt durch die Luft**: B. Baader, Nr. 367
1522 **Das Hündlein von Bretten**: J. u. W. Grimm: *Deutsche Sagen* (1816), Bd. 1, Nr. 96
1504 **Das Brettener Hundle in der Belagerung**: B. Baader, Nr. 308
1504 **Hexen verursachen ein Unwetter**: Bericht von Georg Schwarzerdt, ca. 1561, in: L. Vögely, S. 128

Sagen des Mittelalters: Text des Verfassers
1494 **Vom Reichtum**: L. Vögely, S. 157
1456 **Von Hexen und Katzen**: L. Vögely, S. 102

1400	**Das Kurbrunnenweible**: Konrad Dussel: *Rauenberg* (2003), S. 433
1302	**Die Tempelritter in Neckarelz**: Peter Albert: *Das „Templerhaus" zu Neckarelz* (1937)
1274	**Der Ritter bei Tiefenbach**: nach L. Vögely, S. 92
1248	**Albertus Magnus**: Text des Verfassers
1140	**Die Weiber von Weinsberg**: E. Meier, Nr. 374
906	**Die alte Handschrift**: Text des Verfassers sowie *Canon Episcopi*
800	**Der Drache vom Michelsberg**: B. Baader, Nr. 310
620	**Die St.-Barbara-Kapelle**: nach Ludwig Bopp, S. 65

Sagen aus antiker Zeit

500	**Der Wolfsbrunnen**: Rudi Dorsch: *Heidelberger Schloss - Sagen und Geschichten* (2007), S. 13. Außerdem Jacob und Wilhelm Grimm, *Deutsche Sagen,* 1816, Sage Nr. 139.
425	**Der Siegfriedsbrunnen**: J. Künzig: Nr. 335
230	**Römische Sagen im Kraichgau**: Text des Verfassers
1	**Vom Anfang einer neuen Zeit**: Text des Verfassers
100 v. Chr.	**Druiden und die andere Welt**: Text des Verfassers, nach Caesar: *De bello Gallico*, 6. Buch, Kap. 13–15
450 v. Chr.	**Der Menhir von Schatthausen**: Text des Verfassers

Sagen aus uralter Zeit

1 000 v. Chr.	**Ein Riese vom Steinsberg**: L. Vögely, S. 34
v. 20 000 Jahren:	**Wie das Rheintal entstand**: L. Bopp, S. 49.
v. 600 000 Jahren:	**Der Urmensch von Mauer**: Text des Verfassers

Ortsverzeichnis

Bildnachweis

Umschlag:	Foto des Verfassers
S. 55	mit freundlicher Genehmigung der Gemeinde Kürnbach (Sage 1829)
S. 144	mit freundlicher Genehmigung des Fourierverlags Wiesbaden (Sage 1539)

Alle übrigen Fotos stammen aus dem Archiv des Verfassers.

Dank

Meinen Dank möchte ich meinem Sohn Maximilian aussprechen für seine Idee mit der Zeitreise durch die Welt der Sagen und meinem Sohn Markus für die technische Unterstützung. Besonderen Dank auch an meine Ehefrau Ingrid für ihre Ideen und für ihre Mitarbeit in der Zeit, in der das Buch entstand.

Namentlich möchte ich eine weitere Personen nennen, die zum Entstehen des Buches beigetragen hat: Eberhard Bauer (Institut für Grenzgebiete der Psychologie und Psychohygiene, Freiburg i. Br.). Für seine Hinweise aus der Sicht der Parapsychologie und Anomalistik möchte ich mich bei ihm besonders bedanken.

Meinen Dank geht ebenso an die Mitarbeiter der verschiedenen Archive, die Anfragen des Verfassers beantworteten. Hier sind zu nennen: Stadtarchiv Bruchsal, Melanchthonhaus Bretten, Heimatkreis Oberderdingen, Gemeindeverwaltung Kürnbach, Gemeinde Königsbach-Stein, Stadt Wiesloch, Stadtverwaltung Kraichtal, Gemeinde Angelbachtal, Stadtverwaltung Eppingen, Heimatverein Ubstadt-Weiher.

Jürgen Wipfler

Geister, Gold, geheimnisvolle Orte

Eine abenteuerliche Zeitreise durch die Sagenwelt des Nordschwarzwaldes sowie ihre Deutung

Dieses Buch ist eine abenteuerliche Zeitreise durch die Welt der Schwarzwaldsagen. Denn wo, wenn nicht im Schwarzwald kann man sie noch finden – Gespenster, Hexen, verborgene Schätze und mystische Orte? Vieles von dem, was uns in Sagen als außergewöhnlich und übersinnlich begegnet, gibt es nach Ansicht des Verfassers tatsächlich, auch in unserer Zeit. In diesem Band stellt er nicht nur zahlreiche Sagen des Nordschwarzwaldes vor, sondern beleuchtet auch ihre historischen Hintergründe und Deutungen. Das macht dieses Buch zu weit mehr als einer einfachen Sagensammlung!

240 S. mit 27 Abb., fester Einband. ISBN 978-3-95505-180-8. € 19,90.

Markus Weber

Weinheimer Märchen frei nach den Brüdern Grimm

Zweisprachige Ausgabe Woinemerisch – Deutsch

Mit viel Liebe und Sachkenntnis hat Dr. Markus Weber – leidenschaftlicher Weinheimer, Pharmazeut, Philologe und weithin bekannt durch seine vielfältigen, mitreißenden Bühnenauftritte – zwölf bekannte Grimm'sche Volksmärchen ins Kurpfälzische übertragen und damit dem Dialekt wiedergegeben. Und er hat Aschenputtel, Schneewittchen & Co. in seiner Heimatstadt angesiedelt – auf wundersame Weise verwischen sich hier die Grenzen von Geschichten und Geschichte.

256 S. mit 60 Abb. und 12 Illustrationen, fester Einband.

ISBN 978-3-95505-300-0. € 24,80.